여자다운 게 어딨어

여자
다운 게
어딨어

Girls Will Be Girls

어느 페미니스트의
12가지 실험

에머 오툴 지음 | 박다솜 옮김

창비

재수 없는 나의 형제들
로넌 오빠와 남동생 키아란에게

젠더는 리허설을 거친 연기이고, 그것을 써먹는 특정 연기자들보다 더 오래 존속하는 각본으로서, 다시 한번 현실에 실현되고 재생산되기 위해 연기자들을 필요로 한다.

— 주디스 버틀러Judith Butler[1]

'여성' 그 자체를 정체성으로 보는 것은 한 여성, 모든 여성을 폄하하는 행위다. 어떻게 그럴 수 있는가? 여성은 이상도 범주도 아니다. 여성은 무대에 등장하고, 차이라는 공연에서 관객들의 시선을 독차지한다——사실 여성이 공연 그 자체다. 그러나 여성은 '그 자체로' 하나의 효과로 고정될 수는 없다. 여성은 언제나 상호작용이 가능하며, 자위적이거나 자기도취적이지 않다. 여성은 거울 속에서 익사하지 않는다. 거울은 여성의 본질적 아이러니의 도구 혹은 은유다.

— 리사 더건Lisa Duggan, 캐슬린 맥휴Kathleen McHugh[2]

나는 여자들이 혁명적인 영혼의 힘으로 세상을 바꿀 수 있으며 실제로 바꾸리라고 내 온 가슴과 마음과 몸으로 믿는다.

— 캐슬린 해나Kathleen Hanna[3]

차 례

서 문	조명, 카메라, 액션	009
제1장	리허설	029
제2장	연기	065
제3장	분장	085
제4장	현실 재현의 난관	123
제5장	의상을 벗고	145
제6장	무대 위의 몸	175
제7장	털 난 아가씨, 별 탈 없나요?	201
제8장	대사	245
제9장	베드신	271
제10장	역할극	311
제11장	그대의 관객을 알라	335
제12장	재공연	355
결 론	마지막 커튼콜	381
	옮긴이의 말	391
	주	396

서문

조명,
카메라,
액션

우리가 배워야만 할 수 있는 것들을 우리는 하면서 배운다. 예를 들어, 우리는 건축을 함으로써 건축가가 되고 리라를 연주함으로써 리라 연주자가 된다. 마찬가지로 우리는 의로운 행동을 함으로써 의로운 사람이 되고, 온화한 행동을 함으로써 온화한 사람이 되고, 용감한 일을 함으로써 용감한 사람이 된다.

—아리스토텔레스[4]

인물 연구

나는 열여섯살이고, 지금 막 기절해 소프라노석 꼭대기에서 굴러떨어지면서, 무례하게도 학교 합창단의 「고요한 밤」Silent Night 공연을 중단시킨 참이다. 아래쪽에 서 있던 여자애들의 새된 비명소리가 강당을 가득 메웠다.

기절해본 적이 있는지 모르겠지만, 경험을 근거로 말하건대 이건 꽤 재미있는 일이다. 물론 전교생 앞에서 바보 천치 같은 짓을 한 16세 소녀로서 재미 따위에 집중하기란 어려웠지만 뭐, 개의치 말라. 기절하면 어렴풋한 먹구름이 바깥쪽에서 안쪽으로 천천히 밀려들어오며 시야를 잠식해가는 것과 비슷한 감각을 느끼게 된다. 세상을 내다볼 수 있는 빛의 웅덩이가 콩알 크기로 쪼그라들었다는 사실을 자각할 때쯤이면, 여기가 꿈속인지 현실인지 더이상 확신할 수 없다. 나는 이게 꿈이라는 결론을 내린다. 그리고 정신을 차리자 내 아래에 퍼트리샤 홀리헌이 깔려 있는 게 보인다. 그애는 "하느님 맙소사"를 외치고 있는데, 이런 신성모독은 우리 학교에서 방과 후에 남는 벌을 받는다. (별로 드문 일도 아니다. 실제로 나는 게일운동협회Gaelic Athletic Association, GAA(아일랜드식 축구를 비롯한 아일랜드 전통 스포츠, 문화와 언어(게일어)를 홍보하는 아마추어 선수조직)의 설립자가 누구냐는 역사 선생님의 질문에 "예수요"라고 대답했다가 같은 벌을 받은 적이 있다.)

가여운 퍼트리샤에게서 몸을 떼어내자 친절한 교감선생님이 나를 밖으로 데리고 나가서 "안이 너무 후텁지근했지?" 같은 상냥한 말들을 건넨다. 하지만 산소 부족이 문제가 아니라는 것을 나는 잘 안다. 나는 시퍼렇게 질려서 돌릴 때마다 딱딱 소리가 나는 여윈 손목을 내려다본다. 문제는 내가 매일 저녁 엄마가 제발 먹으라고 애원하는 음식을 절반만 먹고 남기고는 위타빅스Weetabix 씨리얼과 수프와 사과로 연명한다는 것이다. 교감선생님은 부모님께 연락하고 싶냐고 물었지만 나는 아니라고 대답했다. 하교 시간이 다가오고 있었던 것이다. 「고요한 밤」의 후렴구가 다시 들려오자 나는 몸을 찔린 고슴도치처럼 어깨를 움츠린다. 일평생 불안한 10대들을 관찰하면서 심령술사 뺨치는 직관을 얻은 교감선생님이 내게 말한다. "방학이 끝나고 돌아오면 아무도 기억 못할 거야." 내가 기억하는 바로는, 이것이 기절했을 때 벌어지는 일이다.

이 책은 우리가 젠더를 어떻게 수행하는지에 관해 이야기한다. 그리고 많은 부분에서 몸에 관해 이야기한다. 몸은 우리를 규정하고 사회화하는 수단이기 때문이다. 나는 내 몸이 바닥으로 추락한 경험으로 서두를 열었다. 그것은 일종의 연기다. 의도치 않았고 무의식적이었지만, 그래도 역시 연기다. '소녀' 역할을 연기하는 배역 말이다. 추락은 흐뭇한 미소를 짓게 하는 상냥하고 달콤한 소녀 연기와는 다르다. 도리어 건강에 해롭고 슬픈 연기로서, 우리에게 새로운 각본이 필요한 이유를 보여준다. 앞서 말한 고등학교 시절 교감선생님도 그랬지만, 문제를 알아보는 사람들은 많다. 그러나 새로운 각본을 어떻게 써야할지는커녕 애초에 각본이 지금처럼 쓰인 이유를 아는 사람조차 없다. 그래서 문제는 무시되고 만다. 어쨌든, 쇼는 계속되어야 하는 것이다.

이 책은 또한 많은 경우에 나 자신의 개인적이고 주관적인 경험을 이야기한다. 내 인생에 보편적 의미가 없다는 것쯤이야 알고 있다. 다만 나는 사회적 기대를 거스르는 장난을 좋아하고, 수치심 따위는 내다버린 지 오래이며, 소녀와 여성을 연기하는 데 따르는 쾌락과 위험과 모순에 대해 아주 오랜 시간 동안 생각해온 여자로서 그동안 얻은 교훈을 함께 나누려 한다. 부디 독자들에게도 내 이야기가 가치있기를 바란다.

이 책이 다루지 않는 것에 대해서도 간략히 짚고 넘어가야겠다. 이 책은 남녀의 두뇌 차이에 관한 과학서적이 아니다. 해당 주제에 대해서는 시중에 훌륭한 책이 여럿 나와 있는데, 특히 리스 엘리엇Lise Eliot의 『파란색 뇌, 분홍색 뇌』*Blue Brain, Pink Brain*와 코딜리아 파인Cordelia Fine의 『젠더, 만들어진 성』*Delusions of Gender*을 추천하고 싶다. 두 권 모두 신경학 분야에서 박사학위를 딴 여성 저자가 철저한 연구를 바탕으로 쓴 재미있는 책이다.

엘리엇과 파인, 그리고 또다른 저자들의 책을 읽으면서 내가 남녀의 두뇌 차이에 대해 이해한 바는 이러하다. 남녀의 정신에 내재된 생물학적 차이란 별로 크지 않다. 그것을 종종 우려스러울 만큼 커다란 차이로 벌려놓는 것은 우리가 남성의 신체를 지닌 사람과 여성의 신체를 지닌 사람을 대하는 방식이다. 뇌는 유연하다. 한 사람이 빚어지는 데에는 본성과 양육이 함께 작용하지만, 사실은 인간에게 있어서는 양육도 본성의 일부다. 이것이 바로 젠더를 일종의 연기—의식적으로 다른 각본을 채택할 수 있는 일련의 행동—로 간주하는 생각에 혁명적인 힘이 있는 이유다. 젠더를 다르게 연기할 수 있다면, 사회에서 남성으로서 혹은 여성으로서 살아간다는 것의 의미를 바꿀 수도 있다.

나는 연극학에서 박사학위를 땄다(세살 때부터 훤히 예견된 일이었다). 당신이 장거리 비행 중 심장마비를 일으켰을 때 도움이 될 부류는 아니지만 진토닉을 홀짝이며 뮤지컬 곡을 흥얼거리고 싶다면 꽤 달가운 동행으로 느껴질 사람이라는 뜻이다. 농담은 접어두고, 나는 무대 위와 아래에서 펼쳐지는 연기를 연구함으로써 인간의 행동과 정체성을 이해할 수 있다고 믿는다.

하지만 우선은 손가락이 시퍼렇게 질리고 뼈에서는 딱딱 소리가 나던 10대의 나에게로 돌아가보자. 나는 왜 스스로를 굶기고 있었을까? 자기 자신에게 굶주림을 강요하는 것은 외부자의 시선으로 보면 신체에 대한 자기학대와 다름없다. 만약 내가 반년 동안 매일 1,000칼로리 이하만을 섭취한 것이 ─ 그래서 월경이 끊기고, 손발이 파래지고, 두피보다 학교 점퍼 어깨에 붙은 머리카락이 더 많아진 것이 ─ 우리 부모님 탓으로 보였다면, 학교 선생님들은 아마 사회복지사에게 연락했을 것이다. 명백히 학대이기 때문이다. 그렇다면 개인주의를 기반으로 굴러가는 우리 사회에서 스스로 굶기를 선택하는 것은 자기혐오나 자해와 동등하다고 간주할 수 있을 것이다. 실제로 자해의 한 방식으로 음식을 먹지 않는 사람들이 있기도 하다. 하지만 나는 나 자신을 혐오하지 않았고, 내 몸에 해를 가하고 싶은 마음도 전혀 없었다.

가족, 친구, 연인 들은 내 식이장애가 가정 문제, 성정체성에 대한 혼란, 시험 스트레스, 벌레 모양의 애완동물 간식에 대한 유년기의 욕구불만 등에서 비롯되었다고 주장했다. 나는 그 말을 전부 경청하고, 진지하게 검토해보았다(내가 **정말로** 무의식적으로 벌레 모양 간식을 먹고 싶어했던가?). 하지만 여러 가설 뒤에 숨은 진실은 단순했다. 나는 단지, 아주 날씬해지고 싶었다.

고대 그리스 철학자인 아리스토텔레스는 『니코마코스 윤리학』*Ethika Nikomacheia*에서, 그 자체를 위해 욕망할 수 있는 것은 행복이 유일하다고 주장한다. 왜 돈을 벌고 싶냐는 질문에 누군가는 "다이아몬드를 사고 싶어서요"라고 대답할 것이다. 다이아몬드를 사고 싶은 이유를 물으면 "아름다우니까요"라는 대답이, 아름다워지고 싶은 이유를 물으면 "날 행복하게 해주니까요"라는 대답이 돌아올 수 있다. 그러나 왜 행복해지고 싶냐는 질문은 말이 되지 않는다. 행복은 궁극적인 목적이기 때문이다. 다른 무엇이 아니라 온전히 그 자체를 위해 욕망할 수 있는 유일한 것이 바로 행복이다.

고대 그리스의 아리스토텔레스가 10대의 나를 만났다면 골치깨나 아팠을 것이다. 상상해보자. 기원전 340년, 열여섯살의 나는 막대기처럼 비쩍 마른 다리로 아크로폴리스를 타박타박 걷고 있다. 그러다가 아리스토텔레스 씨와 마주친다. 그는 질을 가진 인간들이란 어지간히 비이성적이어서 제대로 된 사고 따위를 할 수 없다고 믿지만,[5] 그럼에도 너그러운 척하며 내게 말을 건다. "아니 이런, 에머 아닌가." 그는 말한다. "보아하니 페따 치즈를 잔뜩 먹어야 할 것 같군그래. 말해보게, 왜 굶고 있는 건가?" 나는 대답한다. "음, 아리스토텔레스 씨, 그건 제가 날씬해지고 싶기 때문이에요." "아, 그렇군. 하지만 날씬해지고 싶은 건 왜지?" 나는 대답한다. "여자애들은 날씬해야 하니까요." "남성미 넘치는 아테네 청년들을 사귀고 싶은 게로군." "음, 그건 아니에요. 전 남자친구가 있고, 걔는 제가 살을 찌워야 한다고 생각해요." "그렇다면 장래 희망이 유명한 모델이라 날씬해지고 싶은 게로구나. 물론 이곳 아테네에서는 아니겠지. 여기 조각가들은 미적 이유와 현실적 이유로 뼈가 덜 튀어나온 여인을 선호하니 말일세. 어디 괴상망측한 외국이나 미래의 언젠가엔 수척한 여인이 숭상을 받을지도 모르지만." "음, 아녜요. 저는 커서 의사가 되고 싶은데요."

아리스토텔레스는 슬슬 화가 나지만, 가까스로 짜증을 억누르고 교육적인 설명을 늘어놓는다. "이것 보게나, 모든 욕망이나 필요는 또다른 욕망이나 필요의 측면에서 설명할 수 있다네. 궁극의 목적인 행복에 다다를 때까지 말일세. 알겠나? 자, 그렇다면 자네가 날씬해지면 행복해질 거라고 믿는 이유는 뭔가?" "날씬하면 좋으니까요? 텔레비전에 나오는 여자애들처럼 말예요." 아리스토텔레스는 여기까지 듣고 분통을 터뜨리며 그냥 집으로 가버린다. 그리고 여성들에게는 깊이 사고하는 능력이 떨어진다고 휘갈겨 쓴다. 그의 논평 때문에 여성들은 향후 천년 동안이나 고통을 받게 된다. 죄송.

우리의 뇌가 복잡하다는 것은 곧 우리 모두가 철학자라는 뜻이다. 아리스토텔레스의 관점에서 인간은 모두가 타고나길 이성적이기 때문에, 행복은 대체로 어떤 행동이 최선인지를 판단하고 그것에 의거하여 좋은 인생을 사는 데서 나온다. 건강을 유지하고, 충분한 돈을 벌고, 즐거움을 느끼는 것도 행복에 기여한다. 하지만, 우리는 모두 생각하는 존재인지라 자신이 가치있다고 믿는 방식으로 행동하지 않으면 아무래도 마음에 차지 않는다.

아리스토텔레스는 용감한 행동을 함으로써 용감한 사람이 되고, 온화한 행동을 함으로써 온화한 사람이 되고, 의로운 행동을 함으로써 의로운 사람이 된다고 말했다. 우리가 오랜 시간에 걸쳐 하는 행동이 우리라는 인물을 빚고, 우리의 가치관과 행복을 만든다. 아리스토텔레스의 관점에서 우리는 모두 '덕'Virtue에 따라 행동한다. 그런데 그의 덕 이론에서 특히 매력적인 부분은, 덕에 대한 개념이 사람마다 다르기 때문에 모두가 자기 힘으로 자신에게 가장 알맞은 행동방식을 찾아야 한다는 것이다.

아리스토텔레스의 행복론은 약 2,350년 전에 탄생한 것이지만 오늘날 우리에게도 많은 가르침을 준다. 아리스토텔레스가 '덕'이라고 표현한 것을 새로이 해석해보자면, 우리가 원하는 세상을 만들 수 있도록 자신의 사회적 역할을 생각하고 행동해야 한다는 뜻이 된다. 쉬운 일은 아니다. 가족에게서, 친구에게서, 그리고 보다 넓게는 사회 전체에서 끊임없이 우리가 행해야 하는 사회적 역할에 대한 '통념'을 주입받기 때문이다. 통념에 부합하는 역할을 했을 때는 보상을 받고, 어긋나게 행동했을 때의 나쁜 결과는 감내해야 한다.

10대의 내가 말라깽이가 되고 싶었던 까닭은 우리 사회에서는 날씬함이 곧 좋음이라는 사실을 알았기 때문이다. 왜냐는 질문이 터무니없게 느껴질 정도였다. 내 또래 여자애들은 다들 날씬해지고 싶어 했다. 잡지와 텔레비전에 나오는 여자들은 전부 날씬했다. 뚱뚱한 사람들은 조롱받거나 동정을 샀다. 물론, 내 다이어트가 선을 넘었다는 건 인정한다(어쩌면 내가 이미 날씬했기 때문에 남들보다 빠르게 건강을 해쳤을지도 모른다). 하지만 내 '거식증'이 내 친구들이 다이어트 중 겪는 요요현상에 비해, 또 그들의 몸이 음식과 맺는 죄의식으로 점철된 관계에 비해 특이할 게 뭔가? 우리는 모두 같은 배역을 따내려고 애쓰고 있었다. 날씬한 예쁜이 주인공 역 말이다.

나는 여자는 날씬해야 한다고 믿도록 사회화되었다. 나를 둘러싼 이미지와 태도 들에서 일찍부터 익힌 믿음을 내면화하기에 이르렀다. 이론적으로는 이 믿음을 의심할 수 있었을지 모르지만 현실 속, 일상적 경험에서 이 믿음은 부정할 수 없는 진실이었다. 날씬해지는 것은 내가 속한 사회에서 이상적으로 여겨지는 여성성을 수행하는 하나의 방식이었고, 친구들과 나는 남들에게 아름답게 보이면 행복해질 거라는 전제하에 우리가 정답이라고 생각하는 방식으로 연기를 해나갔다. 그 연기가 우리 자신에게, 그리고 우리 주위의 세상에 어떤 영향을 미치는지 멈춰서 생각해볼 틈은 없었다. 다른 연기의 가능성을 면밀히 검토할 여유도 없었다.

우리 사회의 이상적인 여성성을 연기하려면 날씬해지는 것만으로 충분치 않았다. 크기가 작고 둥글지 않아서 보기 흉한데다 툭 튀어나온 젖꼭지가 너무 자극적인 가슴에는 뽕브라가 필요했다. 밋밋한 얼굴에는 화장을 해야 했고, 근사한 구릿빛을 띠지 못한 피부에는 페이크태닝 제품이 필수였고, 체모는 역겨우니 면도기로 밀어야 했다. 나는 사회화를 통해 이 모든 것을 믿게 되었고, 그 믿음을 내면화했을 뿐더러, 사회적 기준에 순응하지 않는 다른 여자들을 비난했다. 살을 빼고 뽕을 덧대고 분칠을 하고 털을 뽑은 여성적 정체성을 연기함으로써 받게 된 찬사를 즐겼다.

가정과 학교에서, 그리고 미디어 노출과 문화를 통해 나는 여성의 행동을 둘러싼 갖가지 무형의 태도들을 배웠다. 자녀 양육과 부모로서의 소임, 집안일에 대한 태도. 힘있는 지위에 대한 태도. 언어에 대한 태도. 성에 대한 태도.

엄마의 하루는 대개 한시간 동안 다림질을 하고 나서 오빠와 나와 남동생을 등교시키는 것으로 시작했다. 눈을 뜨면 다리미대가 삐걱거리는 편안한 소리가 들렸고 주방에서는 훈훈하고 좋은 냄새가 풍겨왔다. 엄마는 세 아이를 침대에서 간신히 일으켜 세워 교복을 말쑥하게 입히고, 아침을 먹이고 점심 도시락을 손에 들린 다음, 바깥의 온도와 습도에 적합한 겉옷을 입었는지 확인해 학교로 쫓아 보내고 난 뒤에야 골웨이 시내로 출근했다. 우리가 어렸을 때는 오후에 학교에서 돌아오면 베이비시터가 밥을 차려 주고 집을 청소했다. 하지만 우리가 조금 더 나이가 들자 엄마는 더이상 베이비시터를 부르지 않았고, 우리 남매는 집을 온통 어지르고 부엌을 쑥대밭으로 만든 뒤 엄마가 돌아올 때까지 텔레비전 앞에 붙어서 드라마 「홈 앤 어웨이」 Home and Away를 보았다. 퇴근한 엄마를 기다리는 것은 더러운 집과 불러도 대답 없는 아이들뿐이었다. 엄마는 화가 나서 우리에게 고함을 지르며 집을 청소하고 저녁을 만들기 시작했다. 아빠는 요리를 전혀 하지 않았다. 아니, 정확히 말하자면 집안일 자체에 거의 손을 대지 않았다.

철이 들고 부모에게 감정이입을 하는 흥미로운 능력을 갖게 된 뒤로, 나는 엄마가 퇴근하기 전에 집을 정리하는 습관을 들였다. 그 말인즉슨, 오빠와 남동생이 어지럽힌 뒷정리를 하기 시작했다는 얘기다. (동생 키아란은 플레이스테이션을 사기 전까지는 그래도 내 부탁을 가끔 들어주었지만 로넌 오빠는 꿈쩍도 하지 않았다.) 만약 누군가 내가 여자애라서 오빠와 남동생과 아버지가 어지른 집을 청소하고 있는 거냐고 물었다면, 나는 이렇게 대답했을 거다. "아뇨, 저는 엄마가 퇴근하자마자 화내는 게 싫어서 청소를 하는 거예요." 그러나 나는 분명히 어딘가에서 집안일이 내 일임을 배웠다. 그리고 오빠와 남동생 역시 어딘가에서, 자기들은 두 손 놓고 앉아만 있어도 된다는 것을 배웠을 것이다.

저녁 뉴스를 틀면 연설을 하고 결정을 내리는 정치인의 대다수가 남성이었다. 부모님과 학교 선생님들은 내가 커서 어떤 사람이든 될 수 있다고 말했지만, 내가 감지하기 시작한 내 주위의 권력구조는 그 메시지를 말없이 반박하고 있었다. 힘있는 지위는 주로 남자들의 자리였다.

텔레비전에서 중장년 남성들은 아름답고 젊은 여성 동료

들과 나란히 앉아 토크쇼를 진행했다. 여기에는 노골적이 지는 않으나 명백한 의미가 내포되어 있었다. 즉, 남성들 은 재능으로 그 자리에 올랐고 여성들은 (설령 재능이 있 다 해도) 외모로 그 자리에 올랐다. 똑똑하고 성실한 것만 으로는 부족했다. 성공하고 싶다면, 나 또한 예뻐져야 했다.

나는 책을 읽고 학교 수업을 듣고 주변 사람들의 말에 귀를 기울이면서, 사람들의 집단을 뜻하는 '인류'humanity 라는 단어에 '남성'man이 포함되어 있음을 알게 되었 다. '사람의 형제애'brotherhood of man는 '동류의식'fellow feeling(fellow는 남자들의 또래 친구, 녀석의 뜻이다)에서 비롯된다 는 설명을 읽었다. (내가 이 표현을 처음 마주친 것은 '세 계인권선언'Universal Declaration of Human Rights에서였다. 선언 문의 공저자인 엘리너 루스벨트Eleanor Roosevelt는 개인적으 로 나의 우상이고, 그가 이 표현을 쓴 것은 1950년대이니 변명의 여지가 있다. 그러나 90년대의 신인 팝밴드 '포 넌 블론즈'4 Non Blondes가 「왓츠 업」What's Up에서 '사람의 형제 애'라는 표현을 쓴 데에는 변명의 여지가 없다. 그러니 취 향이 촌스러운 누군가가(나 말이다) 파티에서 (시대를 초 월한 명곡인) 「왓츠 업」을 연주하기 시작하면 다 같이 가 사를 바꿔 불러보자.) 학교에서는 대명사를 사용해야 하는 경우 성별이 불명확할 때 '그'를 사용하라고 가르쳤다. 경 영학 수업에서는 편지의 받는 사람을 '신사분께' 혹은 '신사분 또는 숙녀분께'라고 쓰라고 가르쳤다. '숙녀분께'라고만 써서는 안 된다. '숙녀분 또는 신사분께'라고 써서도 안 된다. 나는 성인 남성들은 '미스터'라는 호칭을 평생 간직하지만 여성들은 손에 반지를 끼는 순간 '미스'에서 '미시즈'로 변해야 한다는 것을 알게 되었다. 두 남녀가 결혼하면 아내가 남편의 성을 따르고, 아내의 배 속에서 자라나는 작은 '인간'human들도 같은 성을 쓰게 된다는 것을 알게 되었다. 즉, 나는 남성의 경험과 남성의 정체성에 특권을 부여하고 여성은 둘째로 제쳐두는 언어 사용법을 배웠다.

나는 '여자애'나 '여자'라는 단어는 모욕으로, '남자'라는 단어는 칭찬으로 쓰이는 것을 들었다. 섹스 파트너가 여러명인 여자를 일컫는 단어는 헤픈 년, 걸레, 잡년, 문란한 여자, 홀리고 다니는 여자, 끼 부리는 여자, 헐렁한 년, 쉬운 여자, 갈보, 화냥년, 창녀를 비롯해 수도 없이 많았으나 섹스 파트너가 많은 남자를 칭하는 단어는 '바람둥이'뿐으로, 어쩐 일인지 항상 유머러스한 업적을 암시하는 느낌이었다. 그리고 나는 아주 나쁜 말, 최고로 심한 욕설이 '보지년'cunt임을 알게 되었다. 나는 여성의 성적 행동과 신체를 남성의 그것들과 다르게, 즉 열등하게 일컫는 법을 배웠다.

아일랜드공화국에서 자란 거의 모든 아일랜드인과 마찬가지로 나는 가톨릭 학교에 다녔다. 그곳에서 성부와 성자와 성령의 이름으로 성호를 긋는 법을, 신과 권위는 남성이며 필멸자인 신의 어머니 마리아는 처녀라서 축복받았음을 배웠다. 주일미사에 가면 (여성에게는 금단의 장소인) 제단 위의 남자가 내게 어떤 행동이 바람직한지 설교했다. 나는 독실한 신자가 된다는 것이 곧 여성의 열등한 지위를 받아들인다는 의미임을 배웠다. (신에게 감사하게도, 나는 이제 무신론자다.)

(있으나마나 했던) 성교육에서 우리는 낙태가 잘못이며 금욕만이 임신을 방지하는 유일하게 확실한 방법이라고 배웠다. 남녀 합해서 120명이었던 우리 학년에서 마지막 기말고사를 치르기 전까지 한해 동안 임신한 여학생은 3명이었다. 20명 중 1명꼴, 5퍼센트 비율이다. 아일랜드에서는 여성의 낙태권을 인정하지 않는다. 우리는 매일 아일랜드 여성 14명이 내리는 선택, 즉 잉글랜드로 가서 임신중절수술을 받는 것이 도덕적으로 옳지 않다고 배웠다. 우리는 그런 여성들이 부도덕하다고 배웠다.

성의 문제는 어땠을까? 나는 동성애 혐오, 여성혐오, 성범죄 피해자를 '걸레'라고 부르며 책임을 전가하는 무지에 둘러싸여 성장했다. 대부분의 친구들에 비하면 우리 가정은 진보적이었으나(엄마는 성건강 관련 일을 해서 많은 걸 알고 계셨다), 나는 엄마가 이렇게 말하던 걸 똑똑히 기억한다. "물론 네가 동성애자라도 엄마는 널 사랑할 거야.

하지만 그렇지 않기를 바란단다. 인생이 훨씬 힘들어질 테니 말이야." 아주 다정하고 모성애가 가득 담긴 말이었지만 1990년대 서부 아일랜드 전반에 깔려 있던 퇴행적 태도와 결합되었을 때, 정상적 연애의 테두리 바깥에서 나의 성적 정체성을 탐험해보라고 격려하는 말은 아니었다. 결국 나는 이성애자 소녀처럼 행동하는 법을 배웠다.

나는 우리 사회에서 가장 바람직하다고 여겨지는 대로 여성적 정체성을 연기하는 법을 알고 있었다. 다른 나라, 문화, 계급, 인종의 소녀들 역시 내가 배운 것과 완전히 같지는 않지만 상당한 교집합이 있는 성역할을 배운다. 나는 성인이 되고도 한참 후에야 내가 신중하게 각본이 쓰인 공연에 참여하고 있다는 것을 자각했다. 조명과 커튼, 기대감에 차서 노래를 따라 부르는 청중을 보면서도 나는 내게 떠맡겨진 역할을 그만두지 않았다. 계속해서 내게 강제된 여성성의 의상을 입은 채 안무에 맞춰 몸을 움직였고, 적절한 여성성을 빚어내는 적절한 여성적 행동들을 반복했다. 내가 아는 각본은 단 하나였다. 무대 위에서 즉흥적으로 새로운 대사를 만들어내면 어떤 일이 일어날지 짐작조차 할 수 없었다.

이 책을 내 몸이 굴러떨어지는 장면으로 시작한 까닭은, 내가 지금부터 우리의 신체를 쓰러뜨리고 다시 세울 작정이기 때문이다. 의사가 "공주님입니다!"라고 외친 순간부터 우리의 몸은 우리를 정의하고, 우리가 어떻게 행동해야 하며, 다른 이들이 우리를 어떻게 대해야 하는지를 규정한다.[6] 부호화되고 의상이 입혀진 신체는 우리를 남성과 여성으로 쉽게 알아볼 수 있도록 해서 사회 내에 인위적인 구분을 만들며 어떤 젠더의 사람들이 정체성을 당당하게 수행하지 못하도록 제한한다. 그러니 우리가 수행하는 여자다움이라는 것에 대해 한번 생각해보자. 그것이 어디서 왔는지, 누가 그로부터 이득을 보는지. 그리고 새로운 각본을 써보자.

제1장

리허설

세상은 온통 무대요,
남자와 여자는 죄다 배우에 지나지 않소.
그들은 각자 등장하고 퇴장하며,
한 남자는 그의 일생 동안 여러 역을 맡아 하오.

—셰익스피어의 희곡 『뜻대로 하세요』*As You Like It*에서
제이퀴즈의 대사

여자라서 행복해요

아홉살짜리 디바인 나는 토요일 연극학교에서 연말마다 개최하는 학예회 무대에 서기 전, 성모학교 강당에서 대기 중이다. 학예회는 활기 넘치는 행사다. 오늘밤 많은 추억이 생기고 꿈이 깨질 것이다. 집중 리허설을 마친 골웨이의 조숙한 꼬맹이들은 각성제를 맞은 나비가 배 속을 헤집고 다니기라도 하는 양 잔뜩 흥분해 있었다. 백스테이지에는 페이크태닝 제품, 헤어스프레이, 찢어진 팬티스타킹, 저렴이 쇼핑몰에서 산 오렌지색 파운데이션 스틱과 작은 인간들의 형체에 깃든 백여개의 비대한 자아가 어지럽게 뒤섞여 있었다.

올해 나는 폴이라는 남자애와 듀엣 곡을 부를 파트너로

선발되었다(나는 개를 좋아하지 않는다. 남자친구가 아니라고 몇번 말해야 하는가? 내가 그애 무릎에 앉아야 하는 건 그냥 안무일 뿐이다!). 헨젤과 그레텔 역을 맡아 레더호젠Lederhosen(바이에른 민속의상인 무릎길이의 가죽 반바지)과 목장 소녀 의상(사실 폴의 의상은 멜빵 달린 교복 바지 아랫단을 자기 아빠 양말 속에 구겨넣은 게 다였고, 내 옷은 그냥 꽃무늬 원피스였다)을 입은 우리는 무대 옆에서 윗학년 여자애들이 코러스 곡을 부르는 걸 지켜보고 있었다.

내가 부른 헨젤과 그레텔 노래는 (내가 폴의 무릎 위에 앉는 안무가 완전히 불필요하다고 생각했던 것 외에는) 이제 기억에서 잊혔지만, 이상하게도 우리 무대 직전의 노래는 언제나 또렷이 기억난다. 무대 위에는 모조진주와 도일리(케이크 종류를 접시에 놓을 때 쓰는 작은 깔개)로 만든 프릴이 달린 갖가지 채도의 분홍빛 의상을 입고, 머리에는 컬클립을 매달고, 얼굴에는 두껍게 화장을 한 스무명가량의 소녀들이 서 있었다. 그애들은 춤을 추며 로저스와 해머스타인Rogers and Hammerstein 콤비의 1958년 뮤지컬 「플라워 드럼 송」Flower Drum Song에 나오는 노래 「여자라서 행복해요」I Enjoy Being a Girl를 불렀다.

난 여자예요, 그야말로 멋진 일 천지죠!
곡선을 그리는 씰루엣이랑

달콤하고 여성스런 걸음걸이,
실룩거리는 엉덩이도 자랑스러워요

햇병아리 여배우들(음, 그중에서도 기대에 찬 청중의 눈을 마주하고는 자동차 헤드라이트 앞에 선 가여운 도끼처럼 굳어버리지 않은 애들)은 성숙한 여인을 서툴게 흉내 내며 빙글빙글 돌고 살랑살랑 웃었다. 엉덩이를 흔들며 입술을 맵시 있게 내밀고 키스를 날리는 한편, 가상의 남자들이 불어젖히는 휘파람소리에 포즈를 취했다.

프릴 달린 옷을 입는 게 너무 좋아요
데이트 상대가 집으로 데리러 오면
조, 존, 또는 빌리와 함께 문밖으로 나서죠
경주에 나갈 준비가 된 암망아지처럼요!

객석의 부모님들은 다른 아이들과 나란히 무대 위로 등장한 딸들을 카메라에 담느라 바빴다. 무대에 서자마자 조명에 넋이 나가서 훌쩍이기 시작한 로이신이나 메이브 같은 아이들의 부모들은 무대로 뛰어들어 딸들을 데려오고 싶은 마음에 발만 동동 굴렀다. 그러나 대부분은 바보스러운 광경에 — 경주에 나갈 준비가 끝난 성숙한 암말과는 거리가 한참 먼 암망아지들이 교태를 부리는 척 구석 여성상을 연기하는 광경에 미소를 지었다. 이 노래는 어쨌든 1950년대에 쓰인 것이었고, (아무래도 국제도시라고는 할 수 없는) 90년대의 골웨이에서도 저 해묵은 '여자다움'의 끌리셰는 이미 시대에 완전히 뒤처진 것으로 여겨졌다. 당연하지 않은가?

하지만 겨우 아홉살이었던 나는 그 아이러니를 알아채지 못했던 것 같다. 유년기란 여러 면에서 어른이 되기 전의 리허설이고, 나는 이 노래에서 그리는 여자다움의 이미지가 내가 어느날 수행하게 될 이미지와 다르다는 것을 이해하지 못했다. 나를 둘러싼 세계에서 전달받은 메시지에 따르면, 여자라서 자랑스럽다는 것은 곧 예쁘고 상냥해서 자랑스럽다는 뜻이었다. 기운 넘치는 꼬마들이 열을 올리는 주제인 '여자/남자가 남자/여자보다 낫다' 전쟁에서도 나는 공격할 말이 많지 않았다. 남자애들은 우리보다 컸고, 힘이 셌고, 불가해한 어른들의 세계를 얼마간 분석해본 결과 그애들은 우리보다 중요한 사람이 될 가능성이 높아 보였다.

여자라서 자랑스럽다면, 대체 뭘 자랑스러워해야 할까? 여자라서 행복하다면(나는 실제로 내가 행복하다고 확신했다. 그러니까, 성별을 바꾸거나 하고 싶진 않았다는 얘기다), 대체 무엇에 행복해야 할까? 나는 항상 남자나 여자나 속은 똑같다고 믿었다. 아마도 오빠와 남동생 사이에서

컸기 때문일 거다. 나는 절대 남자애들이 더 똑똑하다거나 여자애들이 더 감정적이라고는 생각하지 않았다. 당장 나만 보아도 오빠만큼이나 덧셈이 빨랐고, 남들이 보는 앞에서는 그들의 기대에 따라 용감하게 행동하는 남자애들이 집에서는 아기처럼 질질 짠다는 걸 잘 알고 있었으니까.

남자나 여자나 속은 거의 다를 게 없다면, 여자로서 자랑스러워할 대상은 외적인 요소임이 틀림없었다. 남자애들보다 힘이 세거나 운동을 잘한다고 자랑스러워할 리는 없으니(비록 내가 나무 타기는 확실히 남자애들보다 나았지만 안타깝게도 공식적으로 실력을 인정받을 일은 극히 드물었다), 여자애들만이 하는 것 ─ 그러니까 여자답게 옷을 입고 여자다운 외모를 가꾸는 것과 관련이 있을 터였다. 여자라서 자랑스럽다는 것은 온갖 '여성스러운' 것들에 대해 자랑스럽다는 뜻이 분명했다.

새로운 헤어스타일을 했을 때,
속눈썹을 한껏 말아올렸을 때,
내 마음은 바람을 탄 구름처럼 둥실둥실 떠올라요
나는 여자라서 행복해요!

나이가 들면서 내 외모는 오빠나 남동생의 외모보다 훨씬 중요해졌다. 예닐곱살 무렵 첫 영성체를 받던 날, 물론 오빠와 남동생도 근사한 바지와 조끼를 차려입긴 했지만 나처럼 버팀살대가 들어가 전등갓처럼 흔들리고 투명 구슬이 달려 희미하게 빛나는 하얀색 특제 원피스를 입지는 않았다. 티아라나 나비 리본도 하지 않았다. 나처럼 흰 장갑을 끼지도, 이모와 삼촌들이 축복받은(그러나 욕심이 묻은) 손길로 건네준 10파운드짜리 지폐를 욱여넣을 자그마한 비단 지갑을 들지도 않았다.

그 모든 치장 덕분에 내가 얼마나 특별한 사람이 된 기분이었는지 기억한다. 나는 거울을 보고 내가 천사 공주님처럼 보인다고 생각했다. (슬프게도 그 천사 공주님은 앞니 두개가 빠져 있었던지라 사실은 천사 공주님보다는 네거티브로 인화한 벅스버니Bugs Bunny에 가까웠지만.) 요컨대, 그때 나는 나 자신을 꾸미면 특별한 기분이 든다는 것을 깨달았다.

> 남자들이 나더러 귀엽고, 재미있다고 말해줄 때,
> 내 입안에는 이가 아니라 진주가 있다고 말해줄 때,
> 나는 귀여운 연인답게 그 말을 선뜻 받아들여요
> 나는 여자라서 행복해요!

다른 사람들이 내가 특별하다고 생각하는 이유도 대개 외적인 것이었다. 엄마 손을 잡고 있을 때 엄마의 친구나

지인이 다가오면(우리 엄마는 워낙 마당발이라 아는 사람이 많았다) 이어질 대화는 뻔했다.

"너희 딸이니?"

"응. 우리 딸내미."

"너무 사랑스럽다, 얘."

"내가 보기에도 그래."

"넌 하나도 안 닮았어."

"그러게 말이야."

엄마가 칭찬인지 욕인지 알쏭달쏭한 말을 쾌활하게 맞받아치는 동안 나는 칭찬을 건넨 낯선 사람에게 형식적인 미소를 지어 보였다. (지난 10분 동안 엄마가 멈춰서 대화를 나눈 사람만 백만명은 되었기 때문이다. 가끔은 낯선 사람들이 엄마랑 얘기하려고 줄을 서기도 했다. 마치 골웨이 전체가 내가 무용 수업에 늦게 만들려고 음모를, 아주 **본격적인 음모를** 꾸미고 있는 것 같았다.)

이런 사건들은 내게 스며들었다. 오랫동안 자각하지 못했지만, 계속되는 어른들의 외모 칭찬은 내게 분명히 스며들었다. 그로써 나는 남들이 내 가치를 평가하는 방식으로 나 자신의 가치를 평가하는 법을 배웠다. 예쁨과 소녀다움에 기반을 둔 가치를. 더 나이가 들면서 나는 칭찬을 선뜻 받아들이는 법 또한 배웠다. 나아가 이런 관심을 갈망하기 시작했다. 나 자신에게 만족하려면 외모에 대한 칭찬이 필요했으므로, 칭찬을 얻어낼 수 있는 행동에 착수했다. 두말할 것 없이 패션, 화장, 다이어트, 몸치장에 관련된 행동들이었다.

내 유년기의 기억이 되살아난 것은 언뜻 평범해 보이는 장면 하나를 목격한 뒤였다. 20대 초반이던 어느날, 위클로 국립공원에 있는 한 찻집의 여자화장실 거울 앞에서 화장을 고치고 있을 때였다. 턱에 베이지색 파운데이션으로 음영을 넣고 마스카라로 속눈썹을 가닥가닥 살리려고 애쓰고 있는데, 다섯살쯤 되어 보이는 여자애와 우아한 여인(이모라고 부르겠다)이 걸어 들어왔다. 아마 여자애가 소변을 보는 동안 이모는 화장을 고치려는 것 같았다. 아이가 얌전히 오줌을 누고 나오자 이모는 아이를 들어올려 손을 씻기고, 아이의 짙은 색 곱슬머리 포니테일을 풀었다가 다시 묶고 자그마한 얼굴이 돋보이도록 애교머리를 빼냈다. 그러고 나서 이모는 향수를 꺼내서 여자애의 손목과 목에 뿌려주었다. 그는 조카의 옷매무새를 정리하고는 커다랗고 둥근 눈 가득히 웃음을 담은 채 말했다. "자! 아주 아름답지 않니?"

그 몸짓들에는 너무나 큰 애정이 담겨 있었다. 아이는 동경의 눈으로 바라보던 멋쟁이 어른이 자신을 아름답게 꾸며주고 자신을 아름답다고 칭찬해준 것에 너무나 행복해 보였다. 그러나 두 사람이 화장실을 떠난 뒤, 유독 거슬리게 처진 속눈썹 한올을 말아올리는 데 열중하며 나는 생각했다. '중요한 건 외모가 아니라는 걸 저 애가 어떻게 알 수 있을까?' 문득 만면에 미소를 띤 채 나를 내려다보며 사랑스럽다고 칭찬하던 어른들의 모습이 떠올랐다. 그리고 거울을 보자, 매일 아침 꼼꼼히 화장하지 않고서는 집을 나설 수 없는 얼굴이 나를 마주 보고 있었다. 그 모든 따뜻한 칭찬은 내게 해를 끼쳤던 것이다.

어린 소녀에게 아름답다고 말하는 것이 무조건 유해하다고 주장할 생각은 없다. 그러나 어린 소녀들이 어른에게서 듣는 기본적인 칭찬이 신체에 대한 것이라면 그 칭찬은 엄청나게 유해해질 잠재력이 있다. 성인 여성이 여자아이들에게 애정을 표현하는 기본적 방식이 치장 의식이라면, 당연히 여자아이들은 사랑받을 자격과 자신의 외모를 동일시하게 된다. 그날 이후로 나는 성인들이 여자아이들을 어떻게 대하는지 주목하기 시작했다. 나 자신이 그애들을 어떻게 대하는지도 의식하기 시작했다.

내게는 아주아주 아름다운 대녀代女가 있다. 나는 그애를 볼 때마다 "세상에, 어떻게 저렇게 아름다운 애가 있지?"라고 외치고 싶다. 공주 드레스가 얼마나 사랑스러운지, 자그마한 신발을 신으면 또 얼마나 귀여운지 떠들고 싶다. 그러나 그애는 인형이 아니다. 다섯살 난 나의 대녀는 신발에 아무런 관심도 없다. 하지만 그애를 만나는 성인 여성들은 하나같이 신발이 가장 중요한 대화 주제라고 생각하는 것 같다. 여성의 세계에 속한 어른으로서 인생의 신비에 대해 다섯살짜리와는 비교할 수 없이 많은 지식을 갖고 있는데도, 모든 것이 새롭고 흥미로울 그애에게 우리가 꺼내는 화제는 고작 신발이다. 알다시피 발의 보온을 위해 신는 물건 말이다. 그애 눈에 내가 얼마나 바보 같아 보일까? 나는 그애에게 자신과 여성과 세계라는 정말 중요한 것들을 알려주는 데 완전히 실패하고 있는 건 아닐까?

그래서 나는 이제 대녀를 대할 때 (물론 예쁘다는 말은 여전히 하지만) 그애의 오빠를 대하는 방식과 웬만하면 차이를 두지 않으려 노력한다. 그애가 하는 놀이에 관심을 보이고, 질문을 던지고, 그애가 얼마나 똑똑하고 재미있는지 말해준다. 다만 색칠놀이를 잘한다는 칭찬만은 하지 않으려 애쓰는데, 저번에 그런 칭찬을 했을 때 걔네 오빠에게서 거짓말이라는 거센 항의를 받고 정직해야 한다는 귀중한 교훈을 얻었기 때문이다. 이제 나는 재미있고 똑똑하고 특별한 대녀에 대한 찬사를 그애가 입는 옷이 아니라 그애가 하는 행동에 대한 칭찬으로써 표현하려 한다.

하지만 또다른 문제가 있다. 크리스마스 선물로는 뭘 주지?

남자가 꽃을 보내오면 나는 공중제비를 넘어요

레이스 드레스를 보면 군침을 삼키죠

전화통을 붙들고 몇시간도 보내요

얼굴엔 1.5파운드나 되는 크림을 바르고 있죠!

다 큰 아가씨들이 꽃을 보면 기뻐서 공중제비를 넘는 나는 건 잘 알려진 관용적 표현이다. 하지만 아가씨들은 그런 기예를 어디서 배웠을까? 생각해보면 여자들이 꽃을 보고 그렇게나 기뻐하는 게 그리 놀랄 일은 아니다. 우리는 평생에 걸쳐 여성만을 위한 선물 포장을 뜯으며 희열을 느꼈지 않은가.

상상해보자. 크리스마스 전날, 당신은 혼란의 도가니가 된 장난감가게 한복판에 서서 사랑하는 아이들에게 줄 특별한 선물을 찾고 있다. 주위의 부모들은 완전히 정신이 나가서 직원에게 퍼비Furby(아이들에게 인기가 높은 미국의 로봇인형)를 제발 한마리만 더 찾아달라고, 창고 뒤편 어둠속에서 겁에 질려 낑낑대는 전자음을 내고 있는 퍼비가 한마리쯤 더 있지 않겠느냐고 아우성치고 있다. 계산대의 현금함에서 나는 약한 '삐' 소리는 죽음을 예견하는 심박수 모니터처럼 불협화음을 이룬다. 당신은 지난 2주 동안 매일 저녁 열린 크리스마스 파티들에서 좀처럼 빠져나올 수 없었고, 그래서 뜻하지 않게 이 혼란 속에 서 있다. 머릿속이 쿵쿵 울리다가, 민달팽이처럼 스멀스멀 피부 위를 지나가는 감각에 겨우 정신이 든다. 이곳은 지옥이다.

여자아이 장난감 코너에서 일반적인 여자애 선물 347번을 집고 남자아이 장난감 코너에서 일반적인 남자애 선물 217번을 집어든 뒤 이곳을 탈출하고 싶은 유혹이 너무나 크다. 일반적인 여자아이 선물은 분홍색이고, 집안일이나 미용과 관련된 것이다. 일반적인 남자아이 선물은 파란색이고, 바퀴 달린 것들이나 아무 짝에도 쓸모없는 폭력과 관련된 것이다. 말하는 초대형 스펀지밥 네모바지SquarePants 인형을 살까 잠깐 고민하지만, 지난 세번의 생일과 크리스마스에 연속으로 짜증을 유발하는 스펀지밥 장난감을 선물했으므로 또 그런 선택을 했다가는 대모로서 해고감이다. 메슥거리는 속을 안고 파란색 코너와 분홍색 코너 사이를 동분서주해보아도 뾰족한 답이 없다. 눈앞에 놓인 인형 유모차에 대고 토하고 싶다는 생각마저 든다. 당신은 기억을 더듬는다. 어렸을 때 크리스마스 선물로 뭘 받았더라?

익사를 앞둔 사람처럼, 눈앞에 평생 동안 받은 선물들이 주마등처럼 휘리릭 지나간다. 마법의 헤어·메이크업 인형, 흉측한 아기 인형, 반짝이는 꽃무늬 조랑말, 과산화수소로 탈색한 금발머리가 달려서 헤어스타일을 바꾸며 놀 수 있는 실물 크기의 머리 및 어깨 모형, 핸드백, 머리띠, 독창적 매니큐어 패턴이 실린 책과 무독성 매니큐어 세트, 피셔프라이스Fisher-Price 주방놀이(꼬마 여자애가 상상 속 음식인 플라스틱 쪼가리를 들고 "아빠, 아침 준비 다 됐어요!"라는 말로 아버지를 깨우던 광고가 아직도 기억난다), 장신구 만들기 키트, 바비 인형, 그리고 **분홍색, 분홍색, 온갖 분홍색 물건들.**

당신은 징신줄을 놓는다. 무거운 발을 끌고 고객상담실로 향해 퍼비를 손에 넣지 못해 미쳐가는 어른들의 줄에 합류한다. 당신 차례가 되면 흐느끼며 말한다. "저의 소중한 아이들을 위해 성 고정관념에서 벗어난 선물을 찾고 있어요." 지하세계 생활에 진저리를 치지만 돈 때문에 그저 좀비처럼 일하고 있는 직원은 무지개색 실로폰을 추천한다. 당신은 무릎을 꿇고 그의 발에 입을 맞춘다. 그는 당장 실로폰을 들고 떠나지 않으면 경비를 부르겠다고 말한다. 당신은 자리를 뜬다. 내년 연말까지는 이런 시련을 겪지 않아도 되겠지.

> 진짜로 나는 여자다운 여자예요
> 정말로 내 미래는 남자의 집에 있을 거예요
> 용감하고 자유로운 남자,
> 나 같은 여자를 가질 수 있어 행복한 남자.

그러나 항상 실로폰이 준비되어 있는 건 아니고, 가끔은 그냥 바비 인형을 선택하는 게 쉽다. 어떨 때는 사랑하는 아이가 바비 인형을 간절히 원하기도 한다. 어쨌든, 미용과 집안일을 훈련시키는 분홍 플라스틱 장난감 미용놀이와 주방놀이 쓰나미에서 아이를 완전히 보호한다는 건 불가능하다. 어쩌겠는가? 생일파티가 끝날 때마다 선물을 내다 버릴까?

사실 코딜리아 파인이 『젠더, 만들어진 성』에서 주장했듯, 깨어 있는 좌파 페미니스트 부모조차도 자녀의 젠더를 뜻대로 빚으려는 경향이 있다. 아들이 전통적으로 여성스럽다고 간주되는 장난감에 손대지 못하게 하는 것이 두드러지는 사례다.[7] 그러잖아도 어린아이들은 보디랭귀지나 목소리 톤 같은 비언어적 단서를 통해 부모들이 자기도 모르게 전하고 있는 가치를 습득한다. 부모들은 자신이 젠더 중립적인 양육을 하고 있다고 믿기 때문에 젠더에 대한 태도가 아이의 삶 속 깊이 침투해 있음을 알아채지 못하고, 아이가 선호하는 장난감과 놀이가 생물학적 차이에서 기인했다고 믿는다.

여성의 몸과 여성의 가치에 대한 태도는 일상 구석구석까지 스며들어 있고, 어린 여자아이들은 일찌감치 여성성의 각본을 익힌다. 우리가 어렸을 때 재미를 붙이는 것들이 우리를 진짜로 여자다운 여자로 빚어나간다. 놀이시간은 리허설이다. 우리는 진짜 화장을 허락받을 날을 기다리며 섬뜩한 인형의 밀랍 눈꺼풀과 오므린 입술에 화장품을 펴 바른다. 바비 인형에 하이힐을 신기고 놀다가 초등학교 고학년에 접어들면 진짜 하이힐을 사달라고 조른다. 매니큐어와 장신구는 일찍 허용되고 화장과 섹시한 옷은 나중에 허용된다. 우리는 텔레비전 화면 속과 인형의 집에 사는 다리가 길고 가슴이 큰 공주가 되기를 바란다. 그리고 그렇게 될 수 없음을 알면 불가능한 이상에 조금이라도 가까워질 수 있도록 치장이라는 의례를 수행하기 시작한다.

나는 어렸을 때 쇼핑을 싫어했다. 엄마 손에 이끌려 페니즈Penneys(아일랜드 저가 의류·잡화 쇼핑몰)를 돌아다닐 때면 엉망으로 훈련된 잭러셀테리어처럼 울부짖으며 낯선 사람들의 발목을 깨물고 싶은 충동을 겨우 억누르곤 했다. 그러나 유년기가 끝나고 10대에 들어설 무렵부터는 쇼핑이 엄마와의 관계를 돈독하게 해주는 시간이 되었다. 나는 까페에서의 케이크 한조각으로 방점을 찍는 이 특별한 시간을 즐기기 시작했다. 유년기 리허설을 마치고 여자다움이라는 연극의 드레스리허설을 시작한 것이었다. 그런데 알고 보니 드레스리허설은 전에 하던 놀이의 연장일 뿐이었다.

10대 초반 가장 가깝게 지내던 친구들의 침실을 기억하는가? 그곳이 어떻게 여자다움의 의례를 연습하는 사적 공간으로 탈바꿈했는지 기억하는가? 서로 옷을 바꿔 입어보고, 머리부터 발끝까지 단장하고, 마스크팩을 하고, 매니큐어를 칠하고, 컬클립으로 머리를 서툴게 말고, 눈썹을 다듬다가 망한 경험을 기억하는가? 처음 다리털을 밀고 (열세살 때 나는 열한살짜리 사촌 쎄어서에게 제모하는 법을 알려주었는데, 그는 이 사실을 폭로해서 내가 페미니스트 저술가로서 쌓아온 커리어를 박살내겠다고 주기적으로 협박하곤 한다), 첫 월경을 하고, 남자아이와 첫 키스를 하는 것이 얼마나 짜릿했는지 기억하는가?

『블리스』*Bliss* 『슈거』*Sugar* 『저스트 쎄븐틴』*Just 17* 같은 잡지들은 남자애들에게 작업 거는 법을 퀴즈로 냈고, 해변에 어울리는 몸매 가꾸는 법을 조언했다. 사촌 메건과 나는 열두살 때 처음으로 다이어트를 시작했다. 메건은 내게 칼로리 계산법을 알려주었다. 첫날 내가 1,000칼로리밖에 섭취하지 않았다고 으쓱해하자 메건은 화를 냈는데, 칼로리를 너무 적게 섭취하는 건 올바른 다이어트가 아니라는 거였다. 내가 남들보다 이르게 잘못된 신체 이미지에 사로잡힌 것은 절대 아니다. 2008년 영국 교육기준청*Ofsted* 조사에 따르면 10세 소녀의 3분의 1이 자신의 신체에 불만족하며, 14세 소녀의 절반이 최대 고민거리로 몸매를 꼽는다.[8]

나는 몸치장을 하고 멋을 부리고 나 자신을 가꾸며 큰 즐거움을 느꼈던 것을 기억한다. 재미가 없었을 리 없다. 우리가 짧은 인생 동안 배운 재미가 그것이었으니 말이다. 10대 초반이던 우리의 침실에 감돌던 애정과 응원의 분위기도 기억한다. 막 두자릿수 나이가 된 여자아이들에 대한 일반적 묘사와 달리, 우리 사이에는 사랑이 가득했고 서로를 안심시키기에 여념이 없었다. 너는 뚱뚱하지 않아. 가슴은 나중에 커질 거야. 나도 너처럼 피부가 고왔으면 좋겠어. 나도 머리칼이 너 같으면 얼마나 좋을까? 이 치마 빌려줄게, 너한테 더 잘 어울려. 학교에 널 싫어하는 애는 한명도 없어. 있잖아, 내가 보기엔 걔가 **진짜로** 너 좋아하는 것 같아. 아무한테도 말 안 한다고 약속할게.

올라와 로렌, 나까지 셋이 모여 서로를 한껏 꾸며주고 (우리가 보기에) 대단히 감각적인 사진을 찍어주며(디지털카메라가 없었던 때라, 꼬박 한주가 지나서야 그 사진이 감각적이기는커녕 몹시 섬뜩하다는 걸 확인할 수 있었다) 밤새 놀던 날이었다. 우리는 서로에 대해 좋아하는 점을 열가지씩 적었다. 나는 친구들이 써준 목록을 읽은 순간 느낀 기쁨을 언제까지나 기억할 것이고, 이제 성장하여 여인이 된 그 소녀들과 언제까지나 친구로 남을 것이다. 나는 우리가 10대 초반에 함께 통과한 의례들에 여러모로 감사한다. 친구들과 함께 몸치장을 하고 밤샘 파티를 벌이며 나는 남들에게 내밀한 두려움과 불안을 말해도 괜찮다는 것을 배웠다. 그리고 남들의 두려움과 불안에 귀를 기울이는 법을 배웠다.

하지만 한가지 궁금한 것이 있다. 만약 그 의례들이 몸치장을 중심으로 하지 않았더라면 낫지 않았을까? 성장기에 든든한 버팀목이 되어주었던 친구들과의 친밀한 관계조차도 사회적으로 허가된 여성성의 수행과 분리할 수 없다는 것에 나는 마음이 불편해진다. 그렇다고 해서 우리 우정이 얄팍했다는 뜻은 아니지만—15년이 지난 지금도 끈끈한 우정이 이어지고 있으니 말이다—"눈이 아름답다"거나 "패션센스가 끝내준다" 같은 말로 서로에 대한 칭찬 열가지 중 다섯가지를 채웠다는 걸 생각해보면, 그게 우리에게 진짜로 도움이 되었는지는 의문이다. 그때부터 영 아이답지 않았던 우리의 청소년기를 돌이켜보면 의혹은 더욱 짙어진다. 세 친구 모두 식이장애와 신체적 콤플렉스와 씨름해야 했던 것이다.

당연하게도, 유년기의 리허설과 10대 초반의 드레스리허설 사이에는 엄연한 차이가 있다. 후자의 경우에 매니큐어와 헤어스타일과 화장을 갖고 야단법석을 떠는 데에는 타당한 목적이 있었다. 남자애들의 관심을 끄는 것 말이다. 친구들끼리 서로에 대해 좋아하는 점을 줄줄 써주긴 했지만, 이제 여성성을 얼마나 성공적으로 수행하고 있는지를 보여주는 객관적인 척도가 존재했다. 남자의 관심 말이다.

남자들이 나더러 사탕처럼 달콤하다고 할 때면

춤추며 빙글빙글 도는 것처럼,

브랜디를 마신 것처럼 머릿속이 아찔해요

나는 여자라서 행복해요!

나는 여전히 남자나 여자나 속은 똑같다고 믿었다. 하지만 10대가 된 우리는 전보다 다양한 의식과 의례를 수행했고, 남성 혹은 여성으로서의 연기도 전보다 뚜렷해졌다. 어렸을 때 나는 여자라서 자랑스럽다는 것이 '여성스럽기 때문에' 자랑스럽다는 뜻이라고 배웠다. 그리고 이제는 모든 '여성스러운' 행동의 — 즉 날씬하고 예쁘고 멋쟁이가 되기 위한 행동들의 — 목적이 남자애들에게 매력적으로 보이기 위해서임을 알게 되었다.

그 바탕에는 남자의 호감을 받는 게 여자에게 대단히 중요하다는 논리가 깔려 있었다. '여자/남자가 남자/여자보다 낫다' 전쟁이 계속되고 있었다면, 나는 여성 진영의 바리케이드가 약해지고 요새가 포위되었음을 자각했을 것이다. 그러나 이제 그런 놀이는 관둔 참이었다! 남자에게 관심이 없는 척하기엔 나이를 꽤 먹었으니 말이다. 나는 사실 남자애들에게서 호감을 사려고 상당한 노력을 쏟고 있었다.

타오르는 눈빛의 사나이가

나의 상앗빛 어깨 위로 늘어뜨린
비단 같은 머리칼을 사랑한다 말할 때면
나는 여자라서 행복해요!

그때 내가 내 여성성에 대한 자부심의 근원에 남자의 관심이 깔려 있다는 논리를 순순히 인정하고 싶지는 않았을 것이다. 하지만 모든 증거를 종합해보면, 그것이 여자라서 행복한 이유로서 가장 그럴싸했다. 내가 어려서부터 소비해온 책, 텔레비전 프로그램, 영화 뒤에 숨어 있던 가치는 실제로 남자가 여자보다 낫다는 것을 인정해야만 이해할 수 있는 것들이었다. 그렇다면 남성으로서 느끼는 자부심이 여성으로서 느끼는 자부심보다 더 귀중하다는 말도 일리가 있었다.

『더 페이머스 파이브』*The Famous Five*(영국 아동문학가 이니드 블라이턴Enid Blyton의 소설)의 조지가 언제나 '웬만한 남자한테 꿀리지 않는다'고 주장한 이유가 뭘까? 예쁘장하고 순종적이고 '소녀다운' 앤과 달리 외모나 요리, 청소 실력으로 남들의 호감을 사고 싶지 않았기 때문이다. 조지는 자신의 힘과 용기, 지성으로써 호감을 사고 가치를 평가받기를 원했다―누군가 그녀를 남자로 착각하면 그렇게 행복해할 수가 없었다. 많은 페미니스트 저술가들은 젠더 규범에 순응하기를 거부한 용감하고 재치있고 열정적인 소녀

캐릭터 조지가 유년기의 롤모델이었다고 애정 어린 목소리로 고백한다.

그러나 나는 조지에게서 영감을 얻지 못했다. 조지는 여자애들이 멍청하다고 생각했다. 나는 여자애로서 모욕당한 기분이었다. 게다가 조지는 언제나 줄리언과 딕을 따라잡으려 애썼음에도 매번 **아깝게** 실패했다. 남자애들은 일이 어려워지면 권위를 내세우기 일쑤였다. 그애들이 조지에게 '네가 아무리 잘났다 해도 결국은 여자이기 때문에 우리가 명예롭게 지켜줘야 한다'라고 일깨워준다면 조지의 자존심은 만신창이가 될 것이다. 불쌍한 조지는 겁쟁이 앤보다야 훨씬 멋졌지만, 그것만으로는 충분치 않았다. 남자애들 다리 사이에서 덜렁거리는 신체기관은 너무나 중요했다. 그게 달려 있지 않은 조지는 줄리언이나 딕만큼 뛰어날 수 없었다.

독자들 몇몇은 지금 이렇게 생각하고 있을 것이다. 아, 그래요. 하지만 『더 페이머스 파이브』는 1950년대를 배경으로 하는 이야기잖아요. 그 책을 처음 읽었을 때 당신이 어리긴 했지만, 현대에 와서 여성의 역할이 크게 변했다는 것 정도는 알지 않나요? 나는 이 질문에 "어느정도는요"라고 대답하겠다. 당시 내가 소비하던 소설 속에 드러난 몇몇 젠더 규범에 반발했던 것 같기도 하다. 하지만 그 세계관은 여전히 내 세계관에 영향을 미쳤다. 나는 이니드 블라이턴이나 다른 고전 아동문학 작품에서 소녀기와 소년기에 대해 많은 것을 배웠다. 오빠와 남동생도 마찬가지였다.

이를 입증할 좋은 사례가 하나 있다. 매년 여름휴가를 보내던 코네마라에서 우리 갱단(우리 남매와 엄청 많은 사촌들이다)과 이웃의 켈리네 아이들 사이에 아주 심각한 전쟁이 붙었다. 솔방울 총알을 모으고, 서툴게 만든 새총 실험에서 성공과 실패를 두루 겪은 뒤(어쨌든 솔방울을 던지는 것뿐인데 잘못될 게 뭐 있겠는가?), 우리는 시골 아이다운 야만성과 습지 지형에 대한 우월한 지식을 겸비한 적군에게 압도당할 경우 후퇴할 안전한 기지가 있어야 한다고 판단했다. 오랫동안 버려져 있었지만 문이 잘 여닫히고 자물쇠까지 달린 별채가 안성맞춤이었다. 우리는 몇 시간을 들여 별채 주위를 둘러싼 찔레덩굴을 걷어내고 우리만의 포트녹스Fort Knox(미 연방 금괴 저장소가 있는 군용기지로 철옹성을 비유하는 표현)를 만들었다. 위업을 이룬 뒤 우리는 다가오는 전쟁에서 각자 맡을 역할을 민주적으로 정하기로 했다.

몇 분 뒤, 나는 아이들에게 놀이를 그만두겠다고 통보한 다음 체면이고 뭐고 없이 엉엉 울면서 어른들이 있는 집 안으로 들어갔다. "에머, 무슨 일이니?" 앤 이모가 물었다. "애들이 저더러 하녀를 하라잖아요!" 나는 흐느꼈다. 그렇다, 내게는 하녀 역이 주어졌다. 나는 아직까지도 이니드 블라이턴을 탓한다.

블라이턴의 1950년대 이데올로기보다 노골성은 덜하지만, 내가 유년기에 소비한 다른 문화상품에도 '남자가 여자보다 낫다'는 논리가 깔려 있었다. 주인공은 거의 언제나 남성이었다. 꼬마 시절 나는 피셔프라이스 테이프 플레이어로 링고 스타Ringo Starr(영국 밴드 비틀스의 드러머)가 녹음한 「꼬마기관차 토머스와 친구들」Thomas the Tank Engine을 어찌나 많이 들었던지, 학교에 입학할 무렵에는 두드러지는 리버풀 억양으로 말을 해서 선생님이 어머니에게 언제 영국에서 귀국했냐고 물을 정도였다. 그런데 「꼬마기관차 토머스와 친구들」에 등장하는 기관차 중에는 여자가 없다(성차별이라는 비난에 대응하여 2003년에 에밀리가 주요 7개 기관차 팀에 추가되었다). 반면 상냥하고 의존적인 객차 애니와 클래러벨은 여자다.

내가(그리고 대부분의 아일랜드 아이들이) 경건하게 시청한 텔레비전 프로그램 「더 덴」The Den의 진행자도 남자였다(첫 진행자 이언 뎀프시Ian Dempsey도, 두번째 진행자 레이 다시Ray D'Arcy도 말이다). 멋진 인형 조수인 지그와 재그, 강아지 주피, 나중에 등장한 칠면조 더스틴도 죄다 남자였다. 어리고 유연했던 내 마음속에 들어온 만화 주인공들은 사람이고 인형이고 간에 단 하나도 여자가 아니었다. (조금 더 나이가 든 아이들을 대상으로 한 「미래에서

온 소녀」The Girl from Tomorrow나 「10대 마녀 써브리나」Sabrina the Teenage Witch 같은 프로그램은 주인공이 여자였던 걸로 기억한다. 하지만 어린이용 만화에는 여자 주인공이 없었다.) 「돌연변이 특공대 닌자 거북이」Teenage Mutant Ninja Turtles 「스쿠비 두」Scooby Doo 「출동! 지구특공대」Captain Planet 「더 큘라 백작」Count Duckula 「가제트 형사」Inspector Gadget 「조니 브라보」Johnny Bravo 「아기 천사 러그래츠」Rugrats 「애니매니 악스」Animaniacs(원래는 워너 삼남매가 아니라 워너 삼형제로 구상되었다. 나중에 여자로 성별이 바뀐 막내 닷은 말도 못하게 영악하다. 여담인데, 헬로 너스Hello Nurse라는 캐릭터를 기억하는가? 와코 워너와 야코 워너가 끈적끈적한 시선으로 훑어보는 미니스커트 차림의 왕가슴 간호사 말이다. 애들 보는 프로그램에 이런 캐릭터가 있다니 기가 막히지 않은가?) 중 무엇에서도 주인공은 여자가 아니었다. 내 기억이 옳다는 것은 연구로도 밝혀졌다.

닌텐도로 하던 비디오 게임도 같은 패턴의 반복이었다. 마리오, 동키콩, 커비, 요시, '젤다의 전설'The Legend of Zelda의 링크는 전부 남자였다. '마리오 카트'Mario Kart의 공주, '스트리트 파이터'Street Fighter의 춘리를 제외한 모두가 남자였다. 만화를 보거나 비디오 게임을 하는 우리 세 남매는 겉보기에는 유사한 경험을 하고 있는 것처럼 보였을 것이다. 하지만 사실은 달랐다. 남자애들은 그들이 주인공이라는 것을, 나는 내가 기껏해야 대역일 뿐이라는 것을 배우고 있었다. 아니면 하녀거나.

요즘 「더 덴」의 구성과 거기 편성된 프로그램을 보면 그사이 많은 것이 바뀌었음을 깨닫는다. 진행자 두 사람 가운데 한명은 여성이며, 인형 하나는 녹소리가 높고 머리에는 리본을 달고 있다. 만화 프로그램에는 전보다 여성 캐릭터가 많이 나온다. 「파워퍼프걸」Powerpuff Girls 만세! 하지만 너무 들뜨지는 말자. 아직도 만화의 주인공은 남자가 다수를 차지한다. 이것이 어린이들에게 끼치는 영향에 대한 연구도 여럿 있다.

1995년에 유지니아 저비너스Eugenia Zerbinus와 테리사 톰프슨Teresa Thompson이 70년대 이후 만화를 조사한 결과, 여성 등장인물은 수가 적고 일반적으로 지위가 낮음이 밝혀졌다.[9] 이런 경향은 조금씩 개선되긴 했으나 90년대까지도 강하게 남아 있었다. 1997년에 두 연구자는 이런 질문을 던졌다. "아이들도 만화에 소년들이 주로 나오며 등장인물이 때로 전형화되어 있다는 사실을 인지하고 있을까?" 설문 결과 대다수 어린이들은 이를 인지하고 있었다. 그리고 의미심장하게도 만화 등장인물의 젠더 전형적 행동을 인식한 어린이들은 자신 및 타인이 미래에 갖게 될 직업을 보다 관습에 부합하는 방향으로 예상했다.[10] 이처럼 어린이들의 텔레비전 시청과 젠더 고정관념에 분명한 상관

관계가 있다는 증거가 산적해 있다. 나는 이것이 어린이가 자신이 소비하는 문화상품에 녹아 있는 젠더 고정관념을 인식할 수는 있으나, 그에 질문을 던지거나 비판적으로 평가할 능력은 부족함을 방증한다고 주장하고 싶다.

2002년에 여러 장르의 만화에서 나타나는 젠더 고정관념을 분석한 연구팀이 있었다. 연구 결과, 만화가 아이들에게 젠더에 대해 알려주는 교훈은 남성이 여성보다 더 중요하다, 남성은 공격적이고 싸움에 잘 휘말린다, 여성은 겁이 많거나 남을 잘 보살핀다는 것들이었다.[11] 2012년의 한 연구는 텔레비전 노출이 어린이의 자긍심과 깊이 연관되어 있으며, 텔레비전 시청이 백인 남자 어린이의 자긍심을 높이는 반면 유색인종 어린이와 여자 어린이의 자신감을 감소시킴을 입증했다.[12]

나이가 들어 성인을 위한 문화상품을 소비하기 시작해도 이런 패턴에는 변화가 없다. 이와 관련하여 그래픽노블 작가 앨리슨 벡델Alison Bechdel이 그린 「규칙」The Rule이라는 작품이 유명하다. 두 여성이 영화관에서 어떤 영화를 볼지 고민하던 중, 한 여성이 자신에게 규칙이 있다고 말한다. 여성 인물이 적어도 두 명은 등장하고, 둘이 대화를 나누고, 그 대화의 주제가 남성이 아닌 영화만 본다는 것이었다. 이 규칙에는 '벡델 테스트'라는 이름이 붙었다. 벡델테스트닷컴Bechdeltest.com에 따르면 터무니없을 정도로 간단한 이 페미니스트 시험을 통과하는 영화는 전체의 54퍼센트에 지나지 않고, 그마저도 여성 간의 대화가 아주 짧거나 아기, 결혼처럼 전형적으로 여성적인 주제로 이루어져 테스트를 제대로 통과했는지 미심쩍은 작품이 많다고 한다.

텔레비전과 영화에 국한된 문제가 아니다. 나처럼 책을 좋아한다면 위대한 문학이란 대개 남성의 전유물이라는 것을 일찌감치 깨닫게 된다. 고전을 읽는다는 것은 머릿속을 남성의 목소리, 다시 말해 여성 인물을 창조해내는 남성의 목소리로 채운다는 뜻이다. 그가 만든 여성 인물은 우리의 일부가 되고, 우리가 여성성을 수행하는 방식에 영향을 미친다. 물론 명백한 예외도 있다. 조지 엘리엇George Eliot은 알고 보면 조지가 아니었고, 제인 오스틴Jane Austen과 브론테Brontë 자매도 있다. 그러나 고전으로 일컬어지는 문학 다수는 백인 남성의 손에서 탄생했다.

케냐의 작가 응구기 와 시옹오Ngũgĩ Wa Thiong'o는 식민지 배하의 아프리카에서 유럽식 교육을 받으며 성장한 경험에 대해 이야기한다. 유럽 식민주의에 대해 생각할 때 우리는 아프리카의 땅과 자원을 착취한 물질적 식민에 초점을 맞추는 경향이 있다. 그러나 와 시옹오는 자신이 받은 교육이 어떻게 정신을 식민화했는지를 말한다. 그는 고등학교와 대학교에서 '문명화되고 우월한' 유럽 문학 및 철학을 공부하며 짐승 같고 비인간적인 아프리카인의 이미지와 끊임없이 마주쳤다. 그는 이런 이미지를 내면화하여, 자기 자신의 열등함을 암묵적으로 받아들이고 이를 기반으로 세계를 이해하게 되었다. 아프리카는 독립했을지 모른다. 하지만 와 시옹오에게 있어 아프리카인의 정신을 탈식민화하는 투쟁은 아직도 진행 중이다.[13]

식민화된 것은 여성들의 정신도 마찬가지다. 우리가 가정과 학교에서 소비하는 문화상품은 셰익스피어 희곡에서 「스파이더맨」Spiderman에 이르기까지 대다수가 여성을 장식적이고 가정적이기만 한 존재로 그리고 있다. 말하자면 여성이란 목을 풀려고 부르는 곡이지 대표곡은 아닌 것이다.

우리 부모님과 선생님이 아무리 여자와 남자가 평등하다고 말해도, 실제 생활에서 내가 느낀 것은 그 반대였다. 남자 아이들은 주인공, 그러니까 꼬마기관차 토머스였고 여자 아이들은 애니와 클래러벨 같은 보조 객차였다. 내 세계관에는 남녀를 평가하는 방식의 차이가 스며들었다. 앞에서 언급한 어린이, 젠더, 텔레비전에 관한 연구에서 밝힌 것과 같이, 어린 내게는 내가 소비하는 문화상품들 속의 편파적 관점을 깰 힘이 없었을 것이다. 그러니, 여자로서 남자들에게 호감을 사기 위한 연기를 하고 대사를 읊으면서 무의식적으로 남성의 인정을 바라는 것보다 더 자연스러운 전개가 있겠는가?

비키니를 입고 해변에 등장하면

찬사 담긴 휘파람이 나를 반기죠

몸을 돌려 도끼눈을 뜨고 발끈한 척하지만

사실은 날 향한 휘파람에 기분 좋아요!

　나는 남자가 될 수 없었고, 이니드 블라이턴의 조지와는 달리 남자가 되고 싶지도 않았다. 그러니 차선은 남자애들이 나를 좋아하게 만드는 것이었다. 그러려면 나는 매력 있어 보여야 했다. 간흡충(라틴어 학명은 파시올라 헤파티카fasciola hepatica이다)의 생애주기에 대한 심도 있는 지식을 자랑해봤자 남자애가 반할 리는 없지 않겠는가? 수학책에 나와 있지 않은 방식으로 정리定理를 찾아내는 나의 '놀이'에 반할 리도 없었다. 내가 빌려준 지리 숙제에서 씨스택sea stack(해안가에 파도의 침식으로 생긴 길쭉한 원통 모양의 암석) 형성과정을 단계별로 꼼꼼하게 정리한 도표를 발견하고 흥분하는 남자는 아직 본 적이 없다. 과외활동으로 합창단과 학교 뮤지컬에 참여한 것은 적어도 **조금**은 섹시할 수도 있었지만, 전체적으로는 범생이 같은 인상을 강화시키기만 하는 듯했다. 책을 좋아한다는 것은 내게 항상 일종의 불편한 유전적 결함처럼 느껴졌다. 「배시 스트리트 키즈」Bash Street Kids로 치자면 나는 학급의 공부벌레 커스버트였지만,

사실은 다른 등장인물이 되고 싶었다(아마도 투츠가 되고 싶었을지도 모른다. 걔가 유일한 여자애였으니까).

그러니 학교에서 남자애들의 관심을 끄는 건 명백히 불가능했다. 나는 잘 빠진 운동복 바지가 없었고, 시를 낭독할 때면 목소리에 지나치게 감정을 실었다. 그래서 나는 내가 프랑스어 번역 숙제를 좋아한다는 사실을 알 턱이 없는 다른 학교 남자애들에게 시선을 돌렸다. 군복 야상과 '나인 인치 네일스'Nine Inch Nails CD를 구해서 나의 엄청난 촌스러움을 '얼터너티브함'으로 포장했다. 더 짧은 치마와 더 몸에 달라붙는 티셔츠를 입었고, 머리는 밝은색으로 염색했고, 얼굴에는 화장을 더 진하게 했고, 팔다리는 더 날씬하게 관리했다.

여자가 되기 위한 사회적 준비의 너무나 많은 부분이 외모에 집중되어 있음을 감안하면, 예쁨에서 섹시함으로의 발전은 논리적 확장이다. 내가 어린 소녀였을 때부터 받기 시작해서 점차 익숙해진 긍정적 관심은 외모에 기반하고 있었다. 그러니 내가 계속해서 똑같은 긍정적 관심을 갈망했다는 것은 놀랄 일이 아니다. 하지만 뭔가 **달라진** 게 있었다.

2012년에 나는 런던의 소호극장Soho Theatre에서 열린 이란계 영국인 코미디언 샤피 코르산디Shappi Khorsandi의 공연을 보러 갔다. (보기 괴로운 수준을 아슬아슬하게 넘나들었지만, 어쨌든 배가 아프도록 웃게 만든) 코미디의 소재는 그가 열네살쯤 되었을 무렵 아버지의 남성 친구들과의 관계가 달라졌다는 것이었다. 코르산디의 턱밑을 쿡쿡 찌르고, 자신들 어깨 위에 앉히고, 코르산디의 다리를 잡고 빙글빙글 돌려주던 아저씨들은 어느 순간부터 겁이라도 먹은 것처럼 나노초 길이의 포옹이 끝나면 곧장 어디로든 시선을 돌렸다. 갑자기 성적인 의미를 띠기 시작한, 갑자기 무시무시해진 10대의 살갗만은 절대 보려 하지 않았다.

나는 코르산디처럼 부모님의 친구들이 그 나이대의 나를 성적 대상으로 바라보았다고 생각하지는 않는다. 그러나 어른들이 내 몸에 쏟아지는 관심을 탐탁잖게 여기기 시작했다는 것만은 ─ 이것이 영국에서 자란 코르산디와 가톨릭 국가인 아일랜드에서 자란 나의 차이일지 모르지만 ─ 기억한다. 그전까지는 짧은 반바지든 크롭톱이든 원하는 건 뭐든 입고 다니던 나는 돌연 미묘한 검열을 받기 시작했다. 열네살이던 해 휴가지에서 내가 허벅지까지 올라오는 친구네 오빠의 스포츠양말과 미니스커트(내 친구 리아와 나는 이게 끝내주는 코디라고 생각했다)를 입고 호텔 로비로 내려오자, 부모님은 노발대발하셨다.

돌이켜보면 부모님은 성인 남자들이 나를 훑어보는 장면을 목격했음이 분명하다. 엄마는 운동을 할 것도 아닌데 스포츠양말을 신는 건 우습다고, 내가 휴가용으로 친구에게서 빌린 치마가 마음에 안 든다고 잔소리를 하며 내가 옷을 갈아입어야 한다고 우겼다. 그러나 전에는 맨발에 플립플롭만 신고 똑같은 치마를 입어도 아무 일 없었다. 엄마의 말은 핑계에 불과했다.

몇달 뒤 웨일스의 친척집에 머무를 때도 비슷한 사건이 있었다. 내가 애니멀 프린트 스타킹과 검정색 미니스커트를 입고 부활절 미사에 가려 하자 엄마는 엄청나게 화를 내며 옷을 갈아입으라고 했다. 이번에도 뭔가 이상했다. 1년 전만 해도 아일랜드에서 똑같은 옷을 입고 미사에 참석했던 것이다.

문제는 내 옷이 아니었다(운동을 할 것도 아닌데 스포츠 양말을 신는 게 이상하다는 건 나도 인정하지만). 문제는 이제 내가 받는 관심에 성적 의미가 내포된다는 것이었다. 낯선 이들이 나의 여성성 연기에 보내는 시선에는 갑자기 수치스러운 요소가 포함되었고, 그것을 북돋는 옷차림을 하면 나는 곤란해질 터였다. 당연한 얘기지만, 이 새로운 시선에는 기분 좋은 요소도 있었다. 성적인 시선이야말로 가장 좋은 종류의, 가장 대단한 칭찬이 아니겠는가?

외모에 초점을 맞춘 칭찬은 유년 시절부터 일종의 관례였다. 전에는 그 칭찬들이 그저 좋게만 느껴졌다. 옷을 갈아입고 화장을 배우는 것은 유년 시절의 유희, 여자다움을 연기하기 위한 내 10대의 리허설이었다. 그렇게 성인이 되어보니, 나는 상당한 에너지를 외모에 투자하고 있었다. 10대 독자층을 겨냥한 잡지들은 내게 남자를 끄는 법에 대한 조언을 건넸고, 책과 텔레비전 프로그램, 영화를 비롯한 문화상품들은 남성의 우월성에 관한 서사를 교묘한 방식으로 재생산했으며, 내 주위를 둘러싼 세상의 젠더화된 구성은 그 서사를 다시금 확인해주었다. 남자에게서 관심을 받는 게 정말 좋았던가? 이제 나는 시선을, 외모에 대한 칭찬과 휘파람을 받고 있었다. 그러나 나는 도끼눈을 뜨거나 발끈한 척하지 않았다. 나는 웃으며 손을 흔들었다. 그게 좋았으니까! 나의 전생애가 ─ 다시 말해 장난감과 만화와 영화와 책과 우정이 ─ 나를 남자들의 관심을 즐기도록 길들였다. 어떻게 내가 즐기지 않을 수 있었겠는가?

진짜로 나는 여자다운 여자예요
정말로 내 미래는 남자의 집에 있을 거예요
용감하고 자유로운 남자,
나 같은 여자를 가질 수 있어 행복한 남자.

골웨이 아이들이 훌륭한 안무를 엉망으로 소화하며 무대를 가로지르고 있는 1994년 성모학교 강당으로 돌아가보자. 그애들은 자신들이 여성성이라는 장식을 얼마나 즐기고 있는지 큰 소리로 외친다. 관객들은 어린 소녀들이 아이러니하게 연기 중인 전형적 여성상과 그들이 언젠가 사회적 기대에 따라 수행하게 될 역할 사이의 연관성을 파악하지 못하고, 이 공연이 무해하다고 생각한다. 공연에 담긴 성차별은 기분 상할 것 없는 농담으로 치부된다.

세상은 이 무대와 같다. 어린 소녀들은 지시대로 대사를 외우고, 어른들이 짜고 감독한 안무를 수행하고, 자기 역을 제대로 연기해내면 박수갈채를 받는다. 그애들은 자신들이 불러야 하는 노래에 담긴 불편한 가치를 알아차리기에는 너무 어리다. 소녀들이 여성으로 성장했을 무렵에는 그애들이 부른 노래와 연기가 ─ 셈을 하고 글을 읽고 남과 의사소통하는 능력과 마찬가지로 ─ 제2의 천성이 되어 있을 것이다. 리허설은 끝났다. 이제 막을 올릴 시간이다!

제2장

연기

개인은 사실상 사회에 앞서 존재하는 본질, 본성, 혹은 정체성으로 이해되며, 이를 기반으로 유사類似 영적인 자율성을 부여받는다. 개인은 의미의 근원이자 초점, 즉 역사와 사회보다 선행하고 관념론에서는 역사와 사회를 초월한다고 보는 개별적 본질이 된다.

—조너선 돌리모어Jonathan Dollimore(젠더, 문화이론, 르네상스 희곡 등을 연구하는 영국의 사회학자)[14]

가부장제의 공주

나는 열여덟살이고, 페미니스트와는 거리가 천리만리 멀다. 나는 시골 펍에서 일하며, 영업이 끝나면 아직 자리에 남아 있는 단골손님들과 동료들과 카운터에 앉아서 그날 모은 팁으로 설탕을 적게 넣은 진토닉을 사 마신다. 페미니즘은 2003년 서부 아일랜드의 시골 술집에서 새벽 2시의 화제로 오르기에 적당한 주제는 아니지만, 어느날 히드라 같은 머리를 곧추세운다.

펍 주인이 큰 소리로 말한다. "문제는 여자들이 더는 집에 있으려 들지 않는다는 거지. 자기들도 커리어를 갖고 싶다나." 남성이 대다수인 청중이 동의의 뜻으로 웅성거린다. 현대 아일랜드가 사회적 격변을 겪고 있는 주된 이유가 여성들이 종일 힘들게 일한 사내들을 위해 따뜻한 저녁을 차려주지 않기 때문이라는 것이다.

그날 밤 펍에 모여든 사람들 중에는 30대 초반으로 보이는 여성 뮤지션이 있다. "하지만 내게는 커리어가 중요해요." 그가 입을 열자 질문 폭격이 시작된다. "그럼 애는 누가 키우는데요?" 그가 육아와 가사를 남편과 함께할 수 있다고 대답하자, 둘 다 여성들이 더 잘하는 일이며 가사 분담은 실용적이지 못하다는 반박이 돌아온다. 늘 그래왔으니 그게 자연스럽다는 것이다. 그는 한발 물러서서 그건 개인이 선택할 문제라고 말한다. 내 상사인 펍 주인이 이번에는 내게 질문을 던진다. "에머, 넌 어떻게 생각하냐?"

나는 비싼 돈을 주고 탈색한 머리칼을 한번 가볍게 털고, 마스카라를 진하게 칠한 속눈썹을 한번 깜박이고, 성전에 모인 현자들 사이의 예수로 등극한다. 그들은 내 성전에 담긴 지혜를 듣고 황홀경에 빠진다. "사실 저는 아이를 낳으면 집에 있고 싶어요. 너무 멋지지 않아요? 하루 종일 아기들이랑 놀고, 나가서 일 같은 건 안 해도 되잖아요. 남자들에겐 이런 선택권이 없으니 사실 여자들은 행운이죠. 전 빨리 엄마가 되고 싶어요." 온화한 동조의 분위기가 나를 감싸는 것이 느껴진다. 바 의자에 앉아 있던 윌리가 한마디 거든다. "예수님, 아직도 괜찮은 애들이 남아 있다니까요."

이에 힘을 받아 나는 말을 잇는다. "있잖아요, 나는 많은 여자들이 피해의식에 사로잡혀 있다고 생각해요. 여자라서 누릴 수 있는 근사한 것들에 주목할 수도 있는데 말이죠. 어떤 여자들은 '결혼 후에 남편 성을 따라야 한다는 건 끔찍해'라고 말하지만, 저는 그게 정말 아름답고 관대한 일이라고 생각하거든요. 저야 당연히 남편 성을 따를 거고요." 이제 펍 전체가 내 부르튼 손바닥 위에 있다. "집에 머무르는 문제도 똑같아요. 괜찮은 선택지 아닌가요? 여자만이 누릴 수 있는 멋진 일이 얼마나 많은지 몰라요. 놀러 나가기 전에 예쁘게 치장하는 것도 남자들은 절대 경험하지 못하는 것 중의 하나죠. 가끔 '남자들은 우리가 부럽지 않을까?' 하는 생각이 든다니까요." 그러자 청중 가운데 몇은 웃음을 터뜨리며, 몇몇은 여자를 쳐다보는 데에도 나름의 즐거움이 있다고 말한다. 이번에는 어떤 여자들은 눈길을 느끼면 신경질을 내더라는 탄식이 터져나온다. 청중은 다시 나를 쳐다보며, 여자를 훑어보고 집적대는 행위에 대한 신성한 선언을 기다린다.

"아, 엉덩이 몇번 두드리고 휘파람 좀 불었다고 불평하는 애들은 그냥 징징대는 거예요. 진짜로 관심을 거두면 걔들도 내심 아쉬울 걸요?" 오, 그래그래, 그럴 거야. 청중이 그리스 연극의 관객들처럼 웅성댄다. "저는 시선 받는 걸 좋아해요. 아무도 감상해주지 않는다면 애써 예쁘게 꾸

밀 이유가 뭐가 있겠어요? 그냥 즐기면 될 걸! 그것도 일종의 칭찬 아닌가요?" 아하, 그럼그럼, 그렇고말고.

이 시점에 예의 뮤지션이 끼어든다. "나는 페미니스트는 아니지만, 당신도 나이가 들면 생각이 달라질 거예요. 경험을 좀더 하고, 세상이 언제나 공평한 곳은 아니라는 걸 알게 되면 말예요." 나는 모르는 게 없는 열여덟살이므로, 깔보는 말투로 곧장 아는 체를 한다. "저는 **어떤** 차별도 겪어본 적이 없는데요. 단 한번도요. 지금이 1950년대는 아니잖아요! 성차별 같은 건 이제 없어요. 저는 학교에서든 직장에서든 항상 남자들과 똑같은 대우를 받았어요. 이제는 누구나 남녀가 평등하다는 걸 알죠."

뮤지션은 상냥하고 언쟁을 싫어하는 성격이지만, 내 대답에 발끈하여 내가 차지하고 있는 높고 둥근 스툴 왕좌에 도전장을 내민다. "그렇다면 당신은 권력을 쥔 사람들, 거의 모든 산업에서 가장 높은 자리에 있는 사람들이 거의 다 남자라는 사실을 어떻게 설명할 건가요? 남자들이 여자보다 성실하고 재능이 뛰어나고 똑똑하기 때문이라고 생각하나요? 말해봐요."

당황스러운 질문이었지만, 앞서 말했듯 나는 세상에 모르는 게 없는 열여덟살이었다. "여자들은 가정에 남아 아이들을 돌보겠다고 **선택**하는 거예요. 누가 억지로 시킨 적 없어요! 여자들도 일할 권리가 있잖아요. 여자들은 선택을 한 거라고요."

드디어 '선택'이라는 단어가 등장했다. 힘있는 지위에 여성이 적은 이유, 여성이 외모에 시간과 돈과 정신적 에너지를 그렇게나 많이 소비하는 이유, 여성이 남편의 성을 따르는 이유, 여성이 가사노동과 육아라는 타격을 받는 이유 ─ 그 모든 것이 선택이다.

페미니스트로서, 우리는 다른 여성들의 선택을 가치판단해서는 안 된다. 그러나 여성들의 선택을 이해하려는 노력은 꼭 필요하다. 선택을 진정으로 이해한다는 것은 개인을 넘어 사회를 본다는 것이다. 우리가 태어나서부터 코카콜라나 나이키 운동화를 원하지 않았듯, 태어나서부터 가짜 가슴을 원하거나 무급 가사노동을 기본으로 하는 삶을 원하지는 않았다. 우리의 욕망과 기대는 상당 부분 사회에 의해 창조된다. 그럼에도 불구하고 우리는 개인으로서 사회적 기대에 부응하여, 혹은 반하여 행동할 능력이 있다. 그렇다면 우리의 선택은 과연 어떤 의미에서 진짜 우리 자신의 선택이라 할 수 있을까?

구조와 행위주체

지금 우리는 사회학에서 구조structure와 행위주체agency 사이의 긴장이라고 부르는 것에 대해 이야기하고 있다. 행위주체는 개인, 즉 개인의 선택을 일컫는다. 구조는 사회,

즉 개인이 형성되고 행동하는 배경이 되는 맥락이다. 이 두가지 중 무엇이 나라는 사람과 내 행동을 결정할까? 이 질문에는 확답을 내리기 어렵다. 그게 구조와 행위주체에 대한 논쟁이 미묘하고, 심오하고, 적어도 내게는 무한히 매혹적으로 느껴지는 이유다.[15]

구조와 행위주체에 관한 논의에서 알아야 하는 첫번째 중요한 사실은 이 논의가 정치적이라는 것이다. 만약 당신이 행위주체가 우선이라고 열렬히 주장한다면, 즉 개인이 그가 하는 행동을 완전히 자유롭게 선택할 수 있다고 믿는다면, 당신은 개인의 행동에 영향을 미치는 사회적 요소들을 간과하고 있을 가능성이 높다. 이는 또한 당신이 사회적 약자들이 겪는 문제를 그들 탓으로 돌릴 가능성이 높다는 뜻이기도 하다. 불행이 스스로 선택한 결과라고 믿기 때문이다. 당신은 혜택을 받은 사람들은 열심히 일하기로 선택했기 때문에 혜택을 받을 자격이 있다고 믿기 쉽다. 보수적·자본주의적 세계관은 개인의 행동을 설명할 때 이처럼 행위주체에 무게를 싣는 경향이 있다.

따라서 가령 당신이 행위주체를 우선시한다면, 10대 소녀가 시내의 가게에서 나이키 운동화 한켤레를 훔치는 것을 보고 '자기 것도 아닌 물건을 가져가다니 양심에 털 난 범죄자군!'이라고 생각할 것이다. 대부분의 좀도둑들은 빈곤층 출신이라는 사실이나 우리 사회의 빈부격차가 심각하다는 사실, 우리가 미디어와 광고로부터 브랜드 의류가 당신의 가치를 높여줄 거라는 메시지를 끊임없이 주입받고 있다는 사실은 완벽히 무시할 것이다. 자신이 살 수 없는 운동화 한켤레를 훔치는 소녀와 고액의 연봉을 받으면서도 지출내역에 고가품을 써넣는 방법으로 납세자들의 돈을 훔치는 정치가의 차이를 보지 못할 것이다.

또는, 행위주체를 우선시한다면 수당을 받는 씽글맘을 보고 '물론 사는 게 힘들긴 하겠지만, 저 여자는 불행을 자초한 거야'라고 생각할 것이다. 그가 경제적으로 불우한 지역 출신이며, 학생은 너무 많고 자금은 부족한 학교에 다녀서 자격증을 딸 수 없었다는 사실은 무시할 것이다. 육아 비용이 높고 부모들을 위한 탄력근무제가 시행되지 않는 국가에서 씽글맘이 직업을 구하기란 심리적으로나 실질적으로나 무척 어렵다는 사실을 무시할 것이다. 생존을 위해 사회보장제도에 기대는 이 여성과, 런던에서 친구들과 진탕 놀고 싶어서 1년 동안 실업수당을 받기로 한 옥스퍼드대학교 졸업생의 차이를 보지 못할 것이다.

반대로 구조가 우선이라고 열렬히 주장한다면, 즉 개인의 행동이 언제나 사회적 상황의 결과라고 믿는다면 개인의 성취를 인정하고 존중하지 못할 수 있다. 진보적·사회주의적 세계관은 일반적으로 개인의 행동을 설명할 때 구조를 우선시한다.

행위주체를 생각하는 것은 중요하다. 사람들은 환경이 비슷해도 아주 다른 사람으로 성장할 수 있다. 나이키 운동화를 훔친 10대 소녀의 언니는 살면서 도둑질은 단 한번도 해보지 않았을지 모른다. 어쩌면 그는 미친 듯이 공부해서 불리함을 딛고 의사가 되었을지도 모른다. 분별 있는 사람이라면 그가 산 멋진 차와 근사한 집이 행위주체가 아니라 구조 때문이라고 주장하지 못할 것이다. 요컨대, 어떤 사람들은 자신의 강점을 키우기 위해 대단히 노력한다. 구조에 초점을 맞추면 통계에서 벗어나는 사람들의 경험을 간과할 수 있는데, 이들의 경험 역시 중요하긴 마찬가지다.

구조에 초점을 맞추면 개인의 책임이 면제되는 것이 아니냐고 묻는 사람들도 있다(단연코 나는 아니다). 그들은 수당을 받는 씽글맘의 배경에 집중하는 것은 씽글맘 본인이 출산이나 취업 전망에 대해 책임이 없다고 주장하는 것이나 다름없다고 본다. (내 생각에는 '책임을 지는 것' 자체가 명백히 누군가에게는 쉽고 누군가에게는 어려운 일이기 때문에 이 논리에는 근거가 빈약하다.)

인간의 행동을 설명할 때 구조와 행위주체 둘 다를 고려해야 한다는 것은 맹목적인 광신자가 아닌 이상 누구나 인정한다. 행위주체에만 초점을 맞추면 큰 그림을 보지 못한다. 구조에만 초점을 맞추면 규칙의 예외를 보지 못한다.

우리의 미디어 문화에서는 종종 구조적 문제를 대중의 시선에서 얼렁뚱땅 치워버리기 위해 행위주체를 이용한다. 2011년 영국 폭동을 기억하는가? 정치계와 언론에서는 참가자들을 새 운동화 한켤레를 위해 폭동을 벌인 기회주의적이고 탐욕스러운 싸이코패스 폭력배로 묘사했다. 미디어는 (극소수의) 중산층 폭도들을 먹잇감으로 삼았고, 폭동의 기저에 깔린 명분에 대해서는 공식적 조사가 이루어지지 않았다. 새처M. Thatcher 총리 시절 유사한 폭동이 일어났을 때, 조사를 통해 참가자들이 인종차별과 경제적 결핍에 시달렸음이 밝혀지고 문제 영역에 긴급투자가 권장되었던 것과 대조적이다.[16]

이와 유사하게 언론에서는 주기적으로 '게으른' 씽글맘들을 맹비난한다. 그들이 집과 돈과 다이아몬드와 스포츠카를 공짜로 손에 넣기 위해 임신을 선택했다고 주장하는 것이다. 행위주체에 집중하는 이런 논리는 아주 강력해서, 사회적 약자의 수입을 계속적으로 공격할 수단이 된다. 2011년 영국 재정연구소Institute of Fiscal Studies의 한 보고서는 씽글맘이 정부 지출정책에서 상당히 불리한 위치에 놓여 있으며 2015년에 이르면 총수입의 8.5퍼센트를 잃게 될 것이라고 예측했다.[17]

현행범으로 붙잡힌 10대 소녀나 수당을 받는 씽글맘에게 손가락질하는 것이 체제 전체를 고찰하는 것보다 쉽다.

대중은 행위주체가 모든 책임을 지는 이야기를 좋아한다. 사람의 얼굴은 생생하게 와닿는 반면 경제나 문화 같은 추상적 개념은 감정을 이입하기가 더 어렵기 때문이다.

행위주체에 기반을 둔 논리가 자본주의와, 구조에 기반을 둔 논리가 사회주의와 긴밀히 연결되어 있다고 이미 지적했지만, 조금 더 파헤쳐보자. 우리는 자본주의를 큰 틀로 삼고 사회주의를 부분적으로 채택한 사회에서 살고 있다. 자본주의는 개인이 부동산, 재화, 아이디어, 로고, 동물(다행스럽게도 사람은 이 목록에서 빠졌다) 등을 소유한다는 개념이며, 자본주의 사회는 개인의 이윤에 의거해 돌아간다. 사회주의는 앞서의 목록에 오른 것들을 사람들이 집단적으로 소유한다는 개념이며, 사회주의 사회는 사회 전체에 무엇이 최선인가에 의거해 돌아간다.

자본주의 사회에서는 모두가 소유물을 이용해 돈을 벌려고 한다(가진 게 몸뿐이라도 그렇다). 가장 순수한 자본주의 체제에서는 돈을 벌지 못하고 누구에게서도 도움을 받지 못하면 사회에서 낙오된다. 즉 먹을 것을 사지 못하면 죽는다. 우리 사회에서는 모든 구성원에게 세금을 부과하고 모인 돈의 일부를 필요한 이들에게 분배하여 이런 일이 일어나지 않도록 한다. 이것이 사회주의적 요소다.

자본주의가 행위주체에 초점을 맞추는 이유는 무엇일까? 자본주의가 선택의 논리를 좋아하는 이유는 무엇일까? 자본주의에 선택이 **필요하기** 때문이다. 자본주의는 몹시 불평등한 체제로, 지구에서 가장 부유한 1퍼센트가 전체 부의 40퍼센트를 독식하고 하위 50퍼센트가 전체 부의 1퍼센트를 나눠 가진다.[18] 이건 지구 차원의 얘기지만, 개별 사회 안에서도 가진 자와 가지지 못한 자 사이에 큰 격차가 있다. 영국에서는 가장 부유한 1퍼센트가 부의 10퍼센트를 독점하고 가장 가난한 50퍼센트가 부의 18퍼센트를 나눠 가진다.[19] 미국에서는 소득 상위 1퍼센트가 부의 35퍼센트를 독점하고 소득 하위 50퍼센트가 부의 1.1퍼센트를 나눠 가진다.[20] 이때 부유한 사람과 가난한 사람은 인구통계 면에서 무작위로 정해지지 않는다. 지배권을 쥐고 있는 것은 백인 남성들이다. 여성은 상대적으로 가난하며 유색인종도 상대적으로 가난하다. 가난하게 태어난 사람들은 계속 가난하다. (물론 이런 패턴에 개별적 예외가 있음을 잊지 말아야겠다.)

자본주의에는 선택이 필요하다. 불평등이 사람들의 선택에 따른 것이라면 자본주의도 불공정한 체제가 아니기 때문이다. 우리 문화가 선호하는 성공담에서는 대개 재능 있는 사람이 노력하기로 선택해서 권력과 부를 거머쥔다. 이것은 실력주의 기반의 이야기다. 재능과 투지, 약간의 행운만 있다면 누구나 무일푼에서 갑부가 될 수 있다. 영화 「귀여운 여인」Pretty Woman의 줄리아 로버츠에서 「행복을 찾아서」The Pursuit of Happyness의 윌 스미스, 「엑스 팩터」
The X Factor(2004년 영국에서 만들어진 일반인 가수지망생 대상 오디
션 프로그램)의 가장 최근 우승자에 이르기까지, 우리 문화
는 자본주의의 꿈이 현실이라고 되풀이하여 말한다. 노력
하면 누구나 꿈을 이룰 수 있다는 것이다.

이 논리는 젠더 문제에 대한 사람들의 사고방식에도 고
질적으로 녹아 있다. 가령, 우리는 출산 후 줄줄이 퇴사하
는 여성들을 보지 않는다. 인구의 50퍼센트가 미래 세대를
생산할 몸을 갖고 있다는 엄연한 사실에 충분히 준비되어
있지 않은 사회구조를 보지 않는다. 그 대신 우리는 후세
대를 생산할 몸을 가진 사람들이 노동시장에서 물러나기
로 선택하는 것을 본다. 우리는 '미용'산업이 여성들에게
자신의 신체를 혐오하도록 가르침으로써 이윤을 얻는 사
회구조의 증상이라고 보는 대신, 유별난 다이어트 계획을
세우고 보톡스를 주입받고 지방흡입을 받고 레이저 제모
를 받는 여성들의 선택을 본다. 여성이 권좌에 오르지 못하
게 막는 장애물을 보는 대신, 정치계에 발을 들이지 않기
로 선택하는 여성들을 본다. 여성의 설명보다는 남성의 설
명을 더 신뢰하면서 가정폭력을 사소한 일로 취급하는 사
회를 보는 대신, 폭력적 관계에서 벗어나지 않기로 선택하
는 피해 여성들을 본다.

인간의 행동을 설명하기 위해 우리는 구조와 행위주체 둘

다를 생각해야 한다. 행위주체, 즉 선택에만 초점을 맞춘다면 행위주체가 안고 있는 불리함을 무시하게 된다. 이러한 맥목은 젠더, 성, 인종, 계급, 능력, 그외 무엇으로든 이미 특권을 누리고 있는 이들에게는 유리하지만 평등의 차원에서는 바람직하지 못하다. 물론 여성에게도 불리하다.

그건 그렇고, 이건 누가 쓴 각본일까?

구조와 행위주체에 대해 알았으니 2003년 골웨이로 돌아가보자. 열여덟살짜리 반反페미니스트가 저칼로리 진토닉을 마시며 펍에 모인 사람들에게 그들이 딱 듣고 싶었던 말을 들려주고 있다. 분명히, 그때 나는 성차별적 체제에서 자발적으로 성차별적 가치를 옹호하며 칭찬을 받고, 위신을 세우고 있었다. 물론 당시는 몰랐던 사실이다. 나는 전생애 동안 사회가 기대하는 대로 여성성을 수행하는 방법을 배웠다. 사회화를 거쳐 특정한 생각과 행동에 길들여졌으며, 면밀한 검토 없이 그것들을 상식으로 받아들였다. 나는 능란하게 여성성을 수행하고 한편으로는 그것을 즐기고 있었다.

하지만 다른 한편으로는 즐기고 있지 않았다. 나이트클럽에서 남자들이 내 몸을 더듬는 건 싫었다. 언젠가는 한 남자가 내 치마 속으로 손을 집어넣어 음부를 만지작거린 일이 있었다. 처음엔 점잖게, 나중엔 사납게 저항하는데도 남자가 그만두지 않자, 나는 상냥한 태도로 몸을 돌려 그가 물고 있던 담배를 한번만 빨겠다고 했다. 그러고는 건네받은 담배꽁초를 그의 얼굴에 문대버렸다(뭐, 자랑스럽게 얘기하는 건 아니다).

내 몸무게는 위험할 정도로 저체중에 가까워져 있었고, 월경은 끊겼으며, 음식과 내 몸을 대할 때마다 매일 심리적 고문을 받았다. 화장을 하지 않고 집 밖으로 나선 건 1년 전이 마지막이었다. 괜찮은 고등학교 졸업자격시험 성적표를 믿고 과학을 전공하던 대학을 때려치운 나는 술 취한 노땅들로 붐비는 펍에서 완벽하게 연출되고 기분 좋게 길들여진, 반반하고 만만한 여성성을 연기하고 있었다.

내가 행위주체로서 속해 있던 구조는 어떤 모습이었는가? 나는 직장에 다니는 엄마가 집안일과 요리를 도맡는 가정에서 자랐다. 나는 엄마를 도우려고 했지만 오빠와 남동생은 아니었다. 도와달라는 말이라도 할라치면 그들은 나를 성가신 잔소리꾼으로 취급했다. 나는 엄마가 아침 7시에서 아무리 일러도 밤 9시까지, 보통은 그보다 늦게까지 일하는 걸 보았다. 이 경험을 통해 나는 가사노동에 대한 책임감을 길렀고, 직장생활과 가정생활을 병행한다는 게 어떤 의미인지 알게 되었다.

슬프게도 내 경험은 결코 특이한 것이 아니다. 노동하는 여성의 비율이 증가했다고 해서 그만큼 무급 가사노동이 감소한 것은 아니다. 간단히 말해 일하는 여성은 투잡을 뛰는 거나 다름없다. 영국 공공정책연구소Institute for Public Policy Research의 2013년 영국 내 통계에 따르면, 노동가능인구 가운데 기혼 여성은 여전히 남편보다 가사노동을 3배쯤 더 한다. 상당 부분 더 여성의 몫으로 정해진 육아를 제외한 수치인데도 이렇다.[21] 미국에서는 둘 다 직장에 다니는 이성 부부의 경우 아내가 남편보다 육아의 40퍼센트, 가사의 30퍼센트를 더 떠맡는다.[22]

이런 상황에서 내가 뭘 할 수 있었겠는가? 내가 집안일을 돕지 않으면 무급 가사노동은 전부 엄마의 몫이었다. 반대로 계속 돕는 것은 불평등한 체제를 강화하는 것이었다. 오빠나 남동생, 아빠더러 집안일을 도우라고 하면 조롱과 부정적인 대답만이 돌아왔다. 내가 사랑하는 남자들에게 그들과 동등한 대우를 원한다고 말하면 호감을 잃었다. 나는 남성의 인정을 갈망하도록 길들여졌으므로, 이건 전부 고통스러운 경험이었다. 내가 갇혀버린, 내가 강화하고 있는 사회구조에 맞서기란 너무 어려웠다. 남자 가족들이 이를 못 본 척하기란 너무 쉬웠다. 그래서 나는 엄마를 도왔고, 내가 여자라서가 아니라 내가 선택했기 때문이라고 말했다.

나는 화장을 짙게 했고, 다리털을 밀었고, 헤어스타일에 비싼 돈을 들였고, 몸에 딱 붙는 옷을 입었고, 저체중을 유지했다. 본능적으로 직장에서는 책을 많이 읽은 티를 내지 않았다. 나는 성공하기 위해 남자들에게는 능력이, 여자들에게는 미모가 요구되는 미디어 문화에서 자랐다. 유년 시절 나는 오빠나 남동생과 달리 외모에 관심을 받았고, 그로써 여자다운 외모를 가꾸고 여자답게 행동하는 것의 중요성을 익혔다. 장난감, 만화, 10대 잡지, 텔레비전 쇼, 영화, 『썬데이 타임스』*Sunday Times*에 매주 실리는 스타일 쎅션의 '신스피레이션'thinspiration('날씬한'thin과 '영감'inspiration의 합성어로 주로 식단 조절을 통해 날씬한 몸매를 유지하라고 자극하는 이미지, 경험담, 노하우의 공유 지면)까지 모두가 같은 메시지를 전달하고 있었다. 그럼에도 나는 완벽한 신체를 갖기 위해 피나는 노력을 기울이는 것을 선택의 문제로 설명했다. 놀랍지 않은가?

분명히 그때 나는 주변 남자들의 관심을 끌고 싶어 안달이 나 있었다. 왜 그렇게까지 인정받길 바랐을까? 아마도 내가 어렸을 때 본 만화에서 가장 중요한 인물들, 내가 청소년기에 소비한 책의 작가와 영화의 감독들 대부분이 남자였기 때문일 것이다. (당시) 내가 탐독하던 도스또옙스끼F. M. Dostoyevsky, 케루악J. Kerouac, 오웰G. Orwell — 내가 속한 문화에서 굉장히 중요하다고 가르치는 남성 작가들 — 의 작품을 전부 읽었을 때쯤, 나는 무의식적으로 남성이 우월하다는 믿음을 내면화했다.

남성이 여성보다 우월하다는 대적할 길 없는 믿음으로 인해 나는 남성들의 관심을 추구하게 되었다. 이건 남성들이 찬성할 만한 말과 행동을 하게 되었다는 뜻이다. 성차별적 사회에서 여성인 우리가 힘을 얻을 수 있는 방법은 자발적으로 성차별적 가치를 받아들이는 것이기 때문이다.

　이 책의 존재가 증명하듯, 나는 결국 선택에 모든 칩을 베팅하면 질 수밖에 없음을 깨달았다. 나는 내 생각과 행동에 영향을 미치는 보다 큰 사회구조를 인식하기 시작했다. 10년이 넘는 시간에 걸쳐 나는 마침내, 열등한 사회적 지위에 놓여 있으면서도 아주 예쁜 신발을 신을 수 있다는 데에서 행복감을 얻는 것을 거부하는 법을 배웠다. 나 자신과 세계에 더 많은 것을 요구하는 법을 배웠다. 그다음 10년 동안 나는 젠더 연기를 다르게 해보기 시작했고, 과거 나의 행동들이 내 선택에 의한 것이 아니라 내가 평생 리허설을 해온 연기에 불과했음을 알게 되었다. 그리고 지금까지 내가 읊어온 반페미니스트적 대사들이 내가 스스로의 논리로 생각해낸 게 아니라 가부장제에서 요긴하게 써먹는 단골 대사들에 지나지 않았음을 깨달았을 때, 나는 부끄러웠고 그만큼 화가 났다.

제3장

분장

우리는 모두 벌거벗은 채 태어났으며, 나머지는 가장drag이다.

—루폴RuPaul(미국의 여장 남자 배우)

트릭 오어 트리트Trick or Treat

핼러윈, 영광스럽고 그로테스크한 핼러윈이다. 과장된 연기를 좋아하는 배우들을 위한 기념일, 성 드라마 퀸St. drama queen(과도한 감정적 표현이나 반응을 즐기는 사람)의 축일 말이다. 어렸을 때 나는 핼러윈만 되면 야단법석을 떨며 몇 주 전부터 친구들에게 '트릭 오어 트리트' 동작을 연습시키곤 했다. "내 발냄새를 맡아요, 내게 맛난 먹을 걸 주세요"로 시작하는 그 쓸데없이 길고 복잡한 노래 얘기가 아니다. 신중하게 고른 의상과 배역 얘기다. 우리가 부르는 노래는 전부 자작곡이었다(작곡가가 누구였는지는 상상에 맡기겠다). 안무는 단순했을지언정(어쨌든 프로 안무가를 부른 건 아니니까) 한치의 오차 없이 정확했다.

나는 언제나 핼러윈을 좋아했다. 아무리 욕심껏 입안에 쑤셔넣어도 이번 생에 다 먹지 못할 만큼 사탕을 얻게 해주겠다는 감언이설로 내 배우들, 아니 내 **친구들**을 꼬드겨서 대단히 빡빡한 리허설에 투입시킬 수 있었기 때문만은 아니었다. (희한하게도, 다른 이웃 애들은 빗자루 군무의 열이 딱 맞지 않아도 사탕을 받았다며 반발하는 친구는 없었다.) 내가 핼러윈을 사랑한 이유는 평소의 규칙이 적용되지 않는 날이기 때문이었다.

늦은 밤이고, 어둡다 — 하지만 아이들은 거리를 활개치고 다닌다. 평소라면 얌전히 있으라는 잔소리를 듣겠지만, 이날 밤만은 꼬마 괴물처럼 굴어도 된다. 아이들은 어른들의 현관문을 두드린 뒤 과잉행동을 유발하는 당류를 요구할 수 있고, 거절당하면 사회적 용인하에 어른들의 창문에 날계란을 던져도 된다. 모두가 내키는 대로 기괴한 의상을 입고, 가면 뒤에 숨어 익명성을 한껏 즐긴다. 핼러윈은 아름다운 난장판, 그야말로 카니발이다.

러시아의 사상가 미하일 바흐찐Mikhail Bakhtin은 문학이나 현실세계에서 일어나는 특정 현상에 '카니발레스크'carnivalesque라는 이름을 붙였다. 카니발레스크란 일반적 규칙과 위계가 완전히 뒤집어지는 때를 말한다. 이는 곧 권력을 조롱하는 유머의 시간이기도 하다. 거지가 왕이 되고, 현자가 바보가 되고, 천사는 악마가, 여자는 남자가 된다. 아이들은 어른이 되고, 죄수는 교도관이 된다. 카니발레스크가 유지되는 동안 사람들은 무엇이든 원하는 방식으로 다른 이와 상호작용할 수 있다. 사회적 예의범절은 필요 없다. 낯선 이와 거리를 유지해야 한다는 상식도 무용지물이 된다. 카니발레스크의 세계에서는 모두가 낯설기 때문이다.[23]

주위를 둘러본다. 내가 잘 안다고 생각했던 사람들이 그들답지 않게 행동하고 있다. 누군지 알아볼 수 없는 사람들이 분수대에 들어가 양팔을 퍼덕거리고, 무덤가에서 춤을 추는 등 전혀 예상치 못한 행동을 한다. 어느 때보다도 낯선 모습이다. 이들은 모두 결과를 염두에 두지 않고 행동해도 된다는 걸 알고 있다. 이날 하루만큼은, 이 하룻밤만큼은, 카니발레스크의 시간만큼은 흰 가운을 입은 의사 양반이나 푸른 제복을 입은 경찰관 양반이 호출되지 않을 것이다. 그리하여 평소에는 분리되어 있던 것들이 결합하고, 성스럽게 여겨지던 것들이 조롱거리가 되고, 사회 전체가 공모하여 사회의 거의 반대라 할 수 있는 무언가를 만들어낸다. 자발적이고, 예측 불가능하고, 심지어 위험하기까지 한 무언가를 말이다. 그리고 나서, 바로 다음 날 아침이면 모두가 아무 일 없었다는 듯 판에 박힌 일상으로 돌아간다.

나는 이 모든 과정을 지켜보며 의문을 품게 되었다. 왜 카니발레스크가 끝나면 사회는 이전으로 돌아가야 하는 걸까? 왕이 구걸하고 성직자가 죄짓는 것을 보고서 일상의 이분법과 위계가 제멋대로이고 인위적이라는 것을 알게 되었는데도, 어째서 우리는 전과 똑같이 고된 일상으로 돌아가는 걸까? 내게 있어 핼러윈은 1년에 한번씩 여자아이다운 옷차림에서 벗어나 해골 의상과 좀비 가면을 쓸 수 있는 기회였다. 뭐, 오빠나 남동생보다 내가 마녀로 변장할 가능성이 높았던 것은 인정하지만, 전체적으로는 상냥하고 소녀다워야 할 의무가 싹 사라지는 날이었다. 그런데 나는 왜 다음 날 케첩에 붉게 얼룩진 붕대옷을 입고 등교하겠다고 우기지 않았을까? 결과가 두려워서?

꼭 핼러윈이 아니더라도 살다보면 항상 당연한 것으로 여겼던 ― 우리가 상식이라고 믿었거나 또는 의문을 품을 시간이 없었던 ― 사회의 면면을 보고 '잠깐, 꼭 이래야 할 이유는 없잖아?'라고 생각하는 순간이 온다. 우리가 필요가 아닌 관습에 의해 틀에 박힌 행동을 하고 있음을 깨닫고, 우리의 행동방식이 논리적으로 설명이 불가능함을 알게 된다. 그러나 이런 깨달음이 일상이나 관습의 변화로 이어지는 경우는 드물다. 왜일까? 이웃들이 수군거릴 말들이 두려워서? 아니면 새로운 행동방식을 상상하기가 어려워서?

유령보다 무서운 것

나는 영화 「퀸카로 살아남는 법」Mean Girls의 린지 로언과 달리, 핼러윈 의상은 무서울 게 아니라 섹시해야 한다고 믿는 나이에 이르렀다. 열네살 때 나는 새로 알게 된 '씨스루'라는 단어를 테마로 의상을 선정했다. 검은딸기 가시에 뜯겨 누더기가 된 숲속 님프의 미학을 추구한 것이다. 날개는 엄마가 더이상 사용하지 않고 아마도 앞으로도 사용하지 않을 찢어진 스카프로 만들었다. 담쟁이덩굴을 구해다가 절반은 쎌로판테이프로, 절반은 (경솔하게도) 초강력 접착제로 허벅지와 종아리에 붙였고, 쇄골과 몸통 둘레에는 격자형으로 나뭇잎과 꽃을 공들여 그려넣었다.

그 결과 나는 상당히 헐벗은 요정으로 변신했다. 인정하는데, 이건 남을 겁에 질리게 할 만한 모습과는 거리가 멀었다. 의상을 완성한 뒤 나는 들판에 사과주 병을 숨겨두었다는 것을 기억하고, 날개를 퍼덕이며 담장을 넘어 길게 자란 풀밭 사이를 통과해 금지된 넥타르를 찾으러 갔다. 이 얼마나 엄청난 메소드 연기자인가.

열다섯살에 나는 문화적으로 아주 민감한 의상인 게이샤 복장을 했다. 죽어도 죽지 않는 존재를 표현하려면 일본의 전통 기생을 따를 것이 없다. 특히나 스틸레토 힐과 망사 스타킹을 신고, 치마를 엉덩이까지 쭉 찢었다면 말이다.

열여섯살에는 세련된 미성년자 페티시 클럽에서나 볼 법한 프랑스 하녀 의상을 입었다. 드디어 남자애들을 감동시키는 의상 해석법을 찾아낸 것이다!

열일곱살에는 연분홍색 PVC 모자를 쓰고, 옷장 뒤편에서 건진 '스파이스 걸스'Spice Girls(영국의 5인조 걸그룹)만큼 섹시한 톨부츠를 신었다. 유령 마을을 통제하는 싸디스트 여경이었달까.

열여덟살에는 홀라댄서였다. 물론, 서부 아일랜드의 10월 말 밤공기에 적당한 옷은 아니었다.

그리고 열아홉살에는? 그해는 조금 달랐다. 나는 스카프로 가슴을 동여맨 위에 키아란의 엑스웍스X-Worx(1990년대에 유행한 브랜드로 통 넓은 바지가 대표 상품) 바지와 헐렁한 티셔츠를 입었다. 로넌 오빠 신발을 신고 앞코에 양말을 욱여넣었다. 긴 금발머리는 리버풀FC 비니로 가렸으며, 턱에는 음영을 주고, 검은색 아이라이너로 눈썹을 짙게 그렸다. 목소리를 낮추고 걸음걸이도 바꾸었다. 나는 남자로 변신한 것이다. 핼러윈에 들인 노력치고는 하찮았지만, 효과는 기대 이상이었다.

그해에 내가 외설적인 19금 의상을 선택하지 않은 이유가 무엇인지 아직도 정확히는 모르겠다. 아마 남장이 재밌어 보였기 때문일 것이다. 하지만 한편으로는 나의 페미니스트 의식이 천천히 — 하품을 하고 구시렁거리면서 —

깨어나고 있었기 때문인지도 모른다. 열아홉살의 나는 그때까지 젠더를 생각하는 틀이었던 개인적 가치와 선택의 수사법에 의문을 제기하기 시작한 참이었다.

그즈음 나는 대학으로 돌아가 심리학, 철학, 프랑스어와 영어를 공부하고 있었다. 정말 짜릿한 시간이었다 ─ 내게는 사회, 정치, 문화, 존재의 의미에 관해 사고할 수 있는 도구가 주어졌고, 주변에는 나만큼이나 이것들에 대해 할 말이 많은 사람들이 넘쳐났다. 내 머리는 하루 종일 '핑핑' 돌아갔다. 게다가 오랜 기다림 끝에, 나는 드디어 학구적인 것이 멋지게 여겨지는 문화에 속하게 되었다.

그러나 온갖 곳으로 뻗어나간 나의 학구적 즐거움은 사회와 나 자신에 대해 불쾌한 깨달음을 안겨주기도 했다. 남성과 여성이 평등하다면, 내가 공부하는 글의 저자가 대부분 남성인 것은 어째서일까? 그래, 고대 혹은 고전 철학의 경전들이 대개 남성에 의해 쓰인 데에는 분명한 이유가 있었다. 여성이 천년 동안이나 억압받았기 때문이었다. 그러나 현대철학 강의계획서에도 여성 사상가는 거의 등장하지 않았고, 문학 강의에서 가르치는 소설가, 시인, 극작가 들도 여성보다는 남성이 훨씬 많았다. 이건 뭔가 이상했다.

여성은 사고할 수 없다고 믿는 철학자들에게서 사고하는 법을 배우는 것 역시 어려웠다. 아리스토텔레스는 나의 윤리관에 큰 영향을 미쳤으나, 나는 그의 지혜뿐 아니라 성차별주의도 함께 흡수해야 했다. 이는 수업에서 딱히 문제시되지 않았다. 그저 어깨를 한번 으쓱하고 넘겨버릴 사안으로 취급받았다. 19세기 초의 철학자 헤겔G. W. F. Hegel을 공부할 때에도 나는 영감과 모욕을 동시에 받았다.

헤겔은 그가 '상호인정'이라 부른 것이 인간의 정신에 필수적이라고 믿었다.[24] 타자에게 인정을 받아야만 자기 자신과 세상을 존중할 수 있는 진정한 인간이 된다는 것이다. 이때 헤겔이 쓴 '인정'이라는 단어의 의미가 무엇인지는 논란이 있지만, 나는 이를 '동등한 사람으로서 이해받고 존중받는 것'으로 해석하고자 한다. 아무에게서나 인정받는다고 다 되는 게 아니다. 당신이 존중하지 않거나, 욕망과 야망의 도구로만 보는 사람에게서 인정을 받을 수는 없다. 당신이 먼저 인정한 사람으로부터 인정을 받아야 한다.

되짚어보면 이것은 페미니즘과 매우 긴밀한 관련성이 있다. 우리 사회에서 많은 남성들은 여성을 동등한 인간으로서 존중하지 않고, 많은 여성들은 남성을 자신의 욕망과 야망을 방해하는 걸림돌로 본다. 헤겔에 따르면 이론적으로는 남성과 여성이 서로를 인정할 때까지 권력투쟁이 반복될 것이다. 그러나 실상 헤겔의 철학은 남성의 우월성을 당연시하며, 여성에게 있어 최고의 사명이자 야망은 결혼이라고 주장한다. 여성은 결혼을 통해 남편의 인정을 받을 수 있다는 것이다. 그러나 여성은 남성과 같은 인정을 줄 수 없으므로, 남성은 다른 남성에게서 인정을 받아야 한다. 헤겔의 시각에서 여성은 수동적인 식물이고 남성은 능동적인 동물이다. (헤겔 본인의 말을 들어보자. "(에헴) 여성은 교육을 받을 수 있으나 고등과학이나 철학처럼 보편적 능력을 필요로 하는 활동과 특정한 형태의 예술 생산에는 부적합하다. 여성들에게도 나름의 행복한 생각, 취향, 기품이 있을지 모르나 그들은 이상에 다다를 수 없다. 남성과 여성의 차이는 동물과 식물의 차이와 같다. 남성은 동물에 해당하고, 여성은 식물에 해당한다. 즉 여성은 더 조용히 발전하며, 그 기저에 깔린 원칙은 모호한 감정에 불과하다. 여성이 정부의 키를 잡는다면 국가는 당장 위기에 빠질 것이다. 여성들은 보편성의 필요가 아니라 임의의 경향성과 의견으로써 자신의 행동을 규제하기 때문이다. 여성도 교육이 된다 — 그러나 어떤 방법으로? 그들은 지식을 습득하기보다는 생각을 흡수하고, 생활함으로써 배운다. 사고의 강조와 기술적 노력으로써만 달성할 수 있는 남성다움과는 다르다.[25])

나는 이러한 주장 역시 어깨를 한번 으쓱하고 웃어넘겨야 했다. 나는 여성이 의미있는 인간 존재가 아니라고 믿는 사람에게서 의미있는 인간 존재를 이해하기 위한 개념을 배우고 있었다. 그리고 인간 세계에 대한 인식능력에 중대한 결함이 있음에도—즉 인류의 절반이 지적으로 열등하다고 믿음에도—헤겔은 인간의 조건에 있어 권위있는 현자로 인정받고 있었다.

이를 무시하는 것이 남성 교수에게는 쉬웠을지 모른다. 남자라면 헤겔이 다른 수많은 위대한 사상가들처럼 자신의 성이 여성보다 우월하다고 믿었다는 사실을 아무렇지 않게 받아들였을지 모른다. 그러나 나 자신의 지적 능력에 대한 자신감에는 악영향을 미쳤다. 당연히 그랬다. 내가 알아차리지 못했을 뿐이다.

그러던 어느날, 나는 강의계획서의 몇 안 되는 여성 철학자 중 한명인 한나 아렌트Hannah Arendt의 글을 읽다가 내가 그의 글을 평소와는 다른 방식으로 읽고 있음을 깨달았다. 나는 훨씬 비판적인 태도로 글과 상호작용하고 있었고, 혹시나 논리에 허점이 없는지 이리저리 뜯어보고 있었다. 평소 남성 철학자들의 글을 읽을 때는 철저한 반론을 제기하는 대신 그들의 말을 있는 그대로 받아들이는 경우가 잦았다. 위대한 백인 남성의 정신은 미숙한 나 따위가 생각지도 못할 방식들로 잠재적 반론을 이미 검토하고 다루었으리라 추정한 것이다. 그러나 아렌트의 경우는 달랐다. 나는 모든 대안을 검토해보기 전에는 그의 말을 받아들이지 않으려 했다. 여성 철학자들의 지적 능력이 나와 동등하다고 생각하기 때문에 이처럼 다른 태도를 보인 것이다. 그 순간 나는 나 자신도 성차별주의자라는 것을 자각했다. 그 순간을 결코 잊지 못할 것이다.

벨 훅스Bell Hooks는 『행복한 페미니즘』*Feminism is for Everybody*에서 여성은 자신의 성차별적 사고를 자각하고, 성·인종·계급을 근거로 한 여성들 간의 억압을 직면한 뒤에야 다른 여성과 연대하여 불평등에 맞서 싸울 수 있다고 설명한다.[26] 나는 나 자신의 성차별적 편견을 경험한 뒤 평등에 대해 진지하게 생각하기 시작했다. 그러자 자연스럽게 다른 편견들에 대한 자각이 이어졌다.

어쩌면 내가 기존의 젠더를 새롭게 실험해보고 싶다는 나의 장난스러운 욕망과 이때의 깨달음을 지나치게 동일시하고 있는지도 모른다. 하지만 이게 열아홉살의 내가 그 전과는 다른 연기를 해보고 싶었던 이유를 가장 잘 설명할 수 있는 답이다. 다른 이유들이 있을지도 모른다. 어쨌든 나는 연극과 분장과 극적인 연기를 좋아하는 사람이니까. 그러나 비록 가벼운 마음으로 시작했더라도, 젠더 규범에 대한 실험은 내가 그즈음 나를 둘러싼 세계의 권력구조에 대해 품고 있던 집요한 의문의 연장선 위에 있었다.

그해 핼러윈의 남장은 놀랄 만큼 성공적이었다. 아마 내 턱이 상당히 각지고 몸매에 굴곡이 별로 없기 때문이었을 것이다. 내가 배역에 충실한 연기를 해냈기 때문일지도 모른다. 누구도 내가 봉춤을 추는 섹스광 좀비가 아닌 다른 모습으로 나타나리라 예상하지 못했던 것도 하나의 이유일 테다. 하지만 다른 까닭도 있었다. 뒤에서 다루겠지만, 그것은 분명히 문화와 인식, 심리라는 더 심오한 이유 때문이기도 했다.

아무튼, 극도로 여성스럽고 외모에 집착하는 젊은 여성이 핼러윈 밤에 귀신 의상 대신 남동생의 바지를 입은 채 골웨이의 유령들과 마주치는 장면에서 이 책의 초점을 옮겨보자. 우리에게 여성스러운 행동을 가르치고 성차별적 생각을 내면화시키는 사회적·문화적 과정을 이야기한 데 이어, 나는 이제 변화에 관해 말하고자 한다. 우리가 다르게 연기하고, 각본을 고쳐 쓰고, 우리를 젠더의 틀에 밀어 넣는 조건을 깨부술 수 있게 만드는 변화 말이다.

하지만 시시한 잡담은 잠깐 젖혀두자. 핼러윈 밤 아닌가. 남자애들과 파티할 시간이다!

돌발적인 젠더 연기 실험

(참고: 지금부터 쓰는 말투는 내가 열아홉살 때 작성한 블로그 게시물에 기초한 것이다. 나는 실제로 이렇게 말했고, 글도 이렇게 썼다. 골웨이에서만 통하는 어휘 몇개에는 설명을 달았다. 그리고 열아홉살 때 나와 어울렸던 사람들에게 사과의 말을 덧붙여야 하나 고민 중인데, 돌이켜

보면 그들도 분명히 이런 식으로 말했던 것 같다.)

　내가 어떤 마음으로 이번 핼러윈에 남자애fien로 분장하기로 했었는지 도무지 모르겠다. 재밌을 거라고 생각했던 것 같다. 어쨌든awenaise 골웨이에서 최고로 섹시한 매춘부가 되는 것보다는 재미있을 것 같았달까. 뭘 배우고자 한 건 아니었다. 하지만 나는 여기서 뭔가를 배웠고, 그건 아주 끝내주는 일이다deadly. 핼러윈은 제정신이 아닌 baloobas(이 단어는 20세기 말 UN 평화유지군과 마찰을 빚은 아프리카 부족명에서 비롯되었다. 열아홉살 때는 그걸 몰랐지만, 알게 된 지금은 쓰지 않는다) 날이라서 모두가 이상한 일을 예상한다. 다른 날 남장을 했더라면 반응은 더 격했을 것이고 뒷일도 더 커졌을 것이다. 언젠가 한번은 해야 한다면 핼러윈이 제격이었다.

　나는 워윅 호텔로 가서 골베이거스Galvegas(골웨이의 라스베이거스. 작고 비가 많이 내리며 길거리에 자갈이 깔려 있다는 점을 빼면 라스베이거스와 똑같다. 진짜라니까)에서 제일 끝내주는 클럽 스트레인지 브루Strange Brew에 입장한다. 댄스플로어 옆 테이블에 아는 애들heads이 앉아 있는 게 보인다. 나는 기네스 흑맥주 한잔을 들고 남자답게 느릿느릿 걷는다. 양발을 땅에 묵직하게 디디려고 노력하는, 극도로 의식적인 걸음걸이다. 언젠가 나는 로넌 오빠와 우리 집gaf 담장 위에 걸터앉아, 이제 막 열두살이 돼서 중학교에 입학한 이웃집 아이가 집으로 걸어오는 걸 보고 있었다. "쟤가 언제부터 저렇게 걷기 시작했지?" 한쪽으로 살짝 삐딱한, 으스대는 걸음걸이를 보고 내가 물었다. "쟤, 여름 내내 거울 앞에서 연습했어." 오빠가 대답했다. 그 말도 안 되는 얘기는 사실이었다. 우리는 웃음을 참지 못하고 낄낄댔다. 지금 내가 딱 그 꼴이다. 내 걸음은 의식적인 걸음, 세계를 거울 삼아 연습해야 하는 걸음이다. 나는 어깨를 딱 편 채, 내 첫 남자친구 데이브를 흉내 내어 침착하고 느릿느릿하게, 마치 스케이트를 타는 듯한 걸음걸이로 걷는다. 데이브는 나만큼 비쩍 말랐고 키도 별로 크지 않았지만 언제나 남자애들 사이에서 문제를 일으키곤 했다.

내가 테이블에 가까이 가자 친구들은 고개를 들고 '대체 저건 누구야?'라는 표정으로 쳐다본다. 알다시피 그애들은 에머를 기다리고 있고, 아마 에머가 올해는 어떤 신화적 존재yoke를 포르노 버전으로 해석해올지 내기하고 있었을 것이다. "어이 친구들," 나는 내가 낼 수 있는 가장 허스키하고 낮은 목소리로 말을 건다. "안녕." 한두명이 혼란스러운 표정으로 대답한다. 내 친구 미셸의 남자친구(두 사람은 오베론과 티타니아(셰익스피어 희곡 『한여름 밤의 꿈』Midsummer Night's Dream의 등장인물)처럼 다툰 상태다)가 가장 먼저 내게 한방을 먹인다. "이럴 수가!" 미셸이 묻는다.

"왜?" "얘 눈을 봐봐. 누군지 모르겠어?" 미셸이 화들짝 놀란다. "아, 젠장! 대단한데." 골웨이 친구들이 자리를 좁혀주었고 나는 화장한 애들 사이에 끼어 앉아 술을 마신다. 애들은 너무 쉽게 속아넘어간 충격에서 쉽사리 빠져나오지 못한다.

오래된 친구들 틈에 앉아 있노라니 연기를 관두고 싶다는 유혹이 밀려오지만, 나는 현실로 돌아가지 않는다. 목소리를 낮추고, 어깨를 떡 벌린 자세를 유지한다. 나는 혀끝으로 윗입술에 묻은 맥주 거품을 핥으려다 멈칫하고, 테스토스테론이 넘치는 남자답게 아랫입술로 거품을 빨아들인다. 내가 술을 마시는 방식, 앉은 자세, 손을 움직이는 방식, 남과 유지하는 거리까지 모든 것이 의식적인 연기다. 그러나 동시에 아주 자연스럽다. 마치 인류의 절반을 관찰하면서 그들의 역할을 연기하는 법을 익혀온 것 같았다.

오런(내 고향 오런모어Oranmore 마을. 지구상에서 가장 잘나가는 흥겨운 장소…가 아니다) 출신인 로레인이 등장하더니 테이블 한쪽 끝에 앉는다. 망또를 두르고 머리에 악마 뿔을 달고 나타난 로레인은 평소보다 고딕해 보이는 올라와 대화하며 나를 힐끔거린다. 이윽고 올라는 전세계의 모든 인간 가운데 그만이 낼 수 있는 소리로 웃음을 터뜨린다. 곧 로레인도 웃기 시작하더니 팔을 뻗어 나를 껴안는다. "저 쌔끈한 애ride가 누군지 방금 올라에게 물어본 참이야." 쑥스러워하며 설명하는 그에게 나는 대답한다. "남장한 나한테 반해도 괜찮아. 끝내주는 남자애feek니까. 자, 부기 춤 추러 가자."

남자답게 춤을 추려면 어떻게 해야 할까. 평소처럼 골반을 많이 움직여선 안 된다는 건 본능적으로 알았다. 내 리듬감은 골반에 있는데, 골반을 움직이지 못하니 몸의 나머지 부분으로 리듬을 전할 수 없는 것처럼 느껴진다. 정말 미치겠다. 나는 음악을 다리에 싣고 목을 꼿꼿이 세우려 노력한다. 춤추는 다른 남자들을 훑어본다. 여자애들보다는 확실히 각이 살아 있다. 곡선보다는 직선이다. 나는 그들을 따라하며 멋진 남자 춤을 개발해나간다. 여자다움을 완전히 내버리지는 않은, 충분히 나답고 재미있는 춤이다(가끔씩 엉덩이를 흔드는 건 허용될 거라고 생각한다).

남자들이 치근덕대지 않으니 자유롭다. 내 몸을 훑어보는 사람도, 끈적한 시선을 던지는 사람도 없다. 그러나 남자들의 관심이 전혀 그립지 않다고 말한다면 거짓말일 거다. 낯선 얼굴과 낯익은 얼굴이 뒤섞인 클럽도, 음악도 너무나 친숙한데, 그저 옷 한벌로 모든 것이 이렇게까지 바뀌다니 믿기지 않는다.

댄스플로어에서 나는 마녀 고양이인지 고양이 마녀인지로 분장하고 춤추고 있는 수전과 머리나를 마주친다. 그 애들은 내 모습에 깜짝 놀란다. 한바탕 웃은 뒤에 우리는 춤을 추기 시작한다. 그러던 중 젊은 남자 한명이 우리 주위를 슬금슬금 맴돌며 예쁜 수전에게 덤벼들 기회를 엿보기 시작한다. 댄스플로어에서 여자를 노리는 남자들 사이의 규칙에 대해 무지하긴 하지만, 나는 장난기가 발동한다. 수전의 어깨에 떡하니 팔을 두르고 말한다. "얜 내 여자친구야!" 수전이 웃음을 터뜨리자 녀석은 아주as all get out 자연스럽게 신사도를 발휘하여 추파를 던지는 대상을 사랑스러운 머리나로 바꾼다. 그러나 마리나는 그에게 눈곱만큼도 관심이 없어 보인다. 그래서 나는 이번엔 머리나의 어깨에 팔을 두르고 말한다. "얘도 내 여자친구거든!" 여자애들이 낄낄댄다. 그때 예기치 못한 일이 일어난다.

남자애가 내 손목을 세게 잡고는 말한다. "지금 무슨 지랄 같은 장난을 치는 거야?" 내가 대답한다. "으으, 놔줘. 그냥 장난이야. 난 여자라고!" 남자애는 잠깐 멍하니 있다가 내 말이 무슨 뜻인지 깨닫고, 내 모자를 바닥에 집어던진다. 눈빛이 살기등등하다. 수전이 그에게 꺼지라고, 장난도 못 치냐고 쏘아붙인다. 나는 금발머리 가닥이 삐져나오지 않도록 모자를 다시 눌러쓴다. 이렇게 나는, 댄스플로어가 남자들에게는 새로운 종류의 지뢰밭임을 알게 되었다.

맥주를 두잔scoops 마셨을 때, 방광을 압박하는 딜레마가 찾아온다. 남자화장실에 갈까, 여자화장실에 갈까? 아, 고

민은 집어치우자. 여자화장실은 이용료가 1유로인데 남자
화장실은 1페니이니 길게 생각할 것 없다. 나는 남자화장
실로 향한다. 문을 열자 지린내가 진동하지만 나도 펍 화
장실이라면 남부럽지 않게 청소해봤으므로 구역질이 나지
는 않는다. 나는 소변기 앞에 늘어선 뒷모습들을 무시하고
칸으로 향한다. 뭐, 서서 소변을 보려고 시도는 해볼 수 있
었을 것이다. 오래전 일이지만, 나는 여덟살 때 그레인 오
툴네(친척은 아니다) 부모님 방에 딸린 화장실에서 서서
소변보는 법을 연습했었다. 내 기억이 옳다면 결과는 썩
나쁘지 않았다. 하지만 되짚어보면 여덟살 때 나는 내가
그림을 잘 그린다고도 착각했었다. 어쩌면 걔네 엄마는 매
번 바닥에 튄 소변을 몇시간 동안 닦아내며 나를 아주 이
상한 계집애라고 생각했을지도 모른다. 어쨌든 나는 여덟
살 먹은 내 잠지^{gowl}의 조준능력을 믿을 수 없었고, 설사 믿
을 수 있다 하더라도 그런 기술은 써먹지 않으면 까먹는
법이므로, 칸으로 들어가는 쪽을 택한다. 그 안의 낙서는
여자화장실의 반만큼도 속내를 내보이지 않고 소문^{sca}도
그만큼 적다.

이 남성 전용 공간에서 나는 어색한 기분이 된다. 눈을
내리깔고 손을 씻는 동안 누군가 내 성별을 알아차릴지 궁
금해진다. 아니나 다를까, 그때 손 건조기를 쓰려고 기다
리고 있던 남자 한명이 말을 건다. "너, 남자 아니지!" 딱

걸렸다corbed. 나는 그 자리에 얼어붙는다. "남자 맞거든." 나는 일부러 강한 어조를 택하지 않고, 가능한 한 유들유들하면서도 거친 목소리를 낸다. 평소에 남자와 대화할 때는 여성적인 말투로 재미있고 다정한 분위기를 조성하곤 하는데, 지금은 그럴 수 없으니 기분이 묘하다. 남자가 지적한다. "세상에 수염을 그리고 다니는 남자가 어디 있냐?" 망했다. 밝은 화장실 조명 아래에서 나는 명탐정 셜록에게 뒷덜미를 붙들리고 만다.

"이봐," 내가 입을 연다. "내 수염 헐뜯지 말라고. 가끔 수염 그리는 건 맞아. 그렇다고 내가 남자가 아니냐?" 녀석은 웃음을 터뜨린다. 그때 옆에 있던 녀석의 친구가 합류한다. "잠깐, 나 얘 알아." 그가 말한다. 나도 그가 낯익다(사실 골웨이에서는 모두가 낯익어 보인다). "너, 귀엽게 생긴 여자애잖아. 에머 아냐?" 나는 연기를 멈춘다(그도 귀엽기 때문이다). "지금 소변기 옆에서 나랑 이런 대화를 하고 싶은 거야?" "너 지금 얘더러 귀엽다고?" 우리의 명탐정이 말한다. "그래, 눈을 봐봐." 그는 가짜 수염을 붙이고 리버풀FC 비니를 쓴 내 얼굴을 들여다본다. "이거 겁나 이상하네." 그가 말한다. "뭔가 잘못됐어. 얘 얼굴을 보고 싶은데 보고 싶지 않단 말이지. 게이가 되기 전에 화장실에서 나가야겠다."

그러니까, 나는 남장을 하고 남자화장실에서 남자에게

귀엽다는 말을 들은 것이다. 끝내준다. 영문학 비평이론 수업에서 읽은 수전 손택Susan Sontag의 글 「'캠프'에 관한 노트」Notes on "Camp"에 따르면, 남성성에서 가장 매력적인 것은 여성적인 요소이고 여성성에서 가장 매력적인 것은 남성적 요소라고 한다. 골웨이 남자애들은 이 말을 믿으려 들지 않을 것이다. 어쨌든 수전 손택은 워윅 호텔 남자화장실에서 많은 시간을 보내지 않았을 테니까.

그날 저녁 세잔째 맥주를 마시러 바를 향해 가다가 나는 친한 대학 친구 오언과 마주친다. 나와 즐겨 어울리는 오언은 대학에 늦게 들어가서 나이가 좀 있다. 나는 의도적으로 방향을 바꾸어 걷다가 어깨로 그를 툭 치고 지나간다. 그가 내 장난에 걸려들지 궁금했던 것이다. 곧 오언 역시 나이는 많지만 다른 애들보다 딱히 더 현명하진 않다는 것이 밝혀진다. 그가 천천히 몸을 돌려 180센티미터에 달하는 몸을 곧추세우고 어깨를 펴자, 나는 우스꽝스러운 권투 자세를 취한다. 오언은 뭔가 이상하다는 걸 감지하고 단서를 찾기 위해 코앞의 자그마한 녀석을 쳐다본다.

"세상에, 에머." 그는 웃음을 터뜨린다. "완전 훌리건gurrier처럼 보이는데. 너랑 싸울 뻔했어." "오언, 있잖아," 나는 여자 목소리로 대답한다. "최고로 미친 밤이었어. 내 말은, 헐렁한 옷에 모자를 쓰고 얼굴에 아이라이너로 색칠 좀 했을 뿐인데 다들 속아넘어가는 거 있지." "그래." 오언이 대답한다. "미친 것 같아. 제대로 보면 분명히 여자앤데 말이야. 첫눈엔 그게 안 보이더라고."

나는 다시 댄스플로어로 돌아간다. (뱀파이어로 분장한) 내 친구 로라가 나를 가리키며 자기 친구에게 속닥거리고 있었다. 저 남자가 너에게 남친이 있는지 물었다며 장난을 치는 것이었다. 로라의 친구는 괜찮은 남자를 찾으며 계속 춤을 추고, 추파를 던진다to throw shape. 그때 로라가 내게 접근해서 귀에 대고, 네게 관심을 보이는 애가 있다고 속삭인다. "어이, 아가씨." 나는 양키 남자를 흉내 내며 로라의 친구에게 말을 건다. "나랑 자이브 출래?" 나는 손을 잡고 그를 한바퀴 돌린다(남장한 나는 뭐랄까, 아가씨들을 능수능란하게 대한다). 옆에서 로라가 숨이 넘어가도록 웃는 걸 보고, 로라의 친구가 우리 둘을 의심스러운 눈으로 쳐다본다. "저 남자, 여자애야!" 로라가 일러바친다(입 한번 무겁다). 불쌍한 로라의 친구는 얼굴이 시뻘개져서 댄스플로어 반대쪽으로 달아난다. 내가 말한다. "로라, 그건 좀 나빴어." 로라가 대답한다. "핼러윈이잖아. 착하게 굴지 않아도 되는 날 아냐?"

밤이 깊어지자 골웨이의 가장 무시무시한 유령들은 워윅의 댄스플로어에서 '더 스미스'The Smiths와 '벨 앤 써배스천'Belle and Sebastian에 맞춰 몸을 흔들기 시작한다. 해골, 좀비, 마녀, 요정, 악마와 평소 차림 그대로인 보수주의자들이 마구 뒤섞여 있다. 나는 남자처럼 몸을 흔든다. 내 움직임은 급작스럽고 절도가 있으며 껑충거리기보다는 행진을 연상시키는 박자를 따른다. 하지만 이윽고 '플레이밍 립스'Flaming Lips가 흘러나오자 더이상 골반을 가만둘 수가 없다. 나는 남자 춤을 포기하고 여성적인 움직임 속으로 녹아든다. 내가 어려서부터 성인이 될 때까지 익힌 움직임으로 무아지경에 빠져 춤을 춘다. 이 춤은 자연스럽다. 내가 남자로서 췄던 묵직하고 직선적인 춤처럼 절제되고 꾸며낸 것이 아니다. 내 손목은 빙글빙글 돌아가고, 팔과 목은 유연하고 섬세하게 움직이고, 골반은 방향을 바꿔가며 원을 그린다. 나는 편하게 두 발로 땅을 디딘 채 어깨를 돌린다. 나는 춤추는 여자다. 나는 춤추는 남자처럼 보이는 여자다. 그러다가 정신을 차려보니 내 앞에는 관객들이 몇명 모여 있다.

나는 음악이 몸의 한 부분에서 다른 부분으로 흘러가게 놓아둔다. 이건 내가 천번을 리허설한 춤이고, 나 자신의 정체성에 오래전부터 엮여 들어가 있던 퍼포먼스다. 이것이 내가 춤추는 방식이다. 춤추기를 멈추고 내 앞에 모여든 사람들은 기이한 양성적 공연을 지켜보고 있다. 지금까지의 절제에서 벗어나 몸이 알아서 움직이게 놔두자, 어렴풋한 궁금증이 떠오른다. 내가 밖은 남자고 안은 여자인 것처럼 보일까? 아니면 남성성과 여성성의 혼합처럼 보일까? 평년의 핼러윈처럼 마냥 섹시하게 차려입은 채 남성적이고 군인 같은 춤을 췄다면, 그때도 구경꾼이 모여들었을까? 아니면 내 남성성이 관심을 최소한으로 끌 만큼 절제되었기 때문에 설득력이 있는 걸까?

여자답게 연기하는 것이 훨씬 쉽다 ─ 그게 내가 아는 각본이니 말이다. 그러나 오늘밤 나는 여자다움과 남자다움이 그저 공연일 뿐임을 알았다. 무엇이 진짜 나고 무엇이 연기인지 더는 구분할 수 없었다. 내가 무엇을 하고 싶고, 무엇이 나를 가장 행복하게 하고, 무엇이 세상을 더 나은 곳으로 만드는지, 그리고 무엇이 내가 그저 편안한 습관이기 때문에 하는 행동인지 구분할 수 없었다. 플레이밍 립스의 음악이 끝나자 나는 잠깐 그대로 멈춰 서 있었다. 그때 구경꾼 무리에 있던 한 남자가 내 어깨를 두드렸다. "실례지만, 방금 그거, 제가 본 최고의 공연이었어요."

수염을 그리면 오래된 여자 친구들이 반하는 이유

남장을 한 열아홉살의 나는 겨우 165센티미터를 넘는 키에 몸무게는 54킬로그램이었고, 남장의 도구라고 해봐야 모자와 손으로 그린 수염과 품이 큰 옷이 전부였다. 이처럼 딱히 정교하다고는 할 수 없는 분장에 오래된 친구들과 새로 만난 인디클럽 동지들이 하나같이 속아넘어간 까닭은 무엇일까? 그 답은 '스키마'schema라는 심리학적 개념에 있다.

우리는 주변 세계로부터 끊임없이 다량의 새로운 감각 정보를 받아들인다. 이 정보를 처리할 방법 — 그중 무엇에 집중하고 무엇을 그냥 넘길지를 결정하는 방법 — 이 없으면 우리는 딱한 조니 파이브Johnny Five(영화 「조니 파이브 파괴작전」Short Circuit의 주인공 로봇의 이름)처럼 합선되고 말 것이다. 따라서 우리는 많은 경우에 외부 세계의 모든 면을 꼼꼼히 살펴보는 대신 사회화를 통해 갖게 된 믿음과 기대, 그리고 스스로의 경험을 기반으로 자동적인 판단을 내린다.

다시 말해 우리는 언제나 성급한 결론을 내리고 있다. 그러나 속단이 꼭 나쁜 것만은 아니다. 오히려 유용하다. 만약 이러한 반사적 인지반응이 없다면 우리는 모든 사소한 자극을 처음 경험할 때처럼 심사숙고하여 처리해야 하는데, 이는 다시 말해 깨끗한 양말 한켤레를 신는 데 하루 종일이 걸릴 수도 있다는 뜻이다. 우리의 뇌는 게을러서 최소한의 노력으로 가장 유용한 답을 찾고자 한다. 진화적 관점에서 게으른 뇌는 인간에게 유리했다. 인간이라는 종은 완벽주의자가 아니라 실용주의자다.

스키마(복수형은 스키마타schemata다)는 세계에 대한 믿음 혹은 관념의 틀을 일컫는 심리학 용어다. 장 삐아제Jean Piaget(스위스의 발달심리학자, 교육학자)가 1920년대 말에 이론화한 이 개념은 그뒤로 인간의 사고과정을 이해하는 주요한 방식이 되어왔다. 우리는 새로운 정보를 이해하거나 판단할 때 스키마를 사용한다. 스키마는 어린이의 최초 경험을 통해 생성되고, 이윽고 그에 들어맞는 정보들로 '채워진다'.

스키마의 특성을 알아보자. 우선 스키마는 자족적이다. 이것은 우리가 우리의 스키마를 공고히 하는 것에는 주목하고 그렇지 않은 것은 간과하기 쉽다는 뜻이다. 로레인이 나이트클럽 테이블 건너에서 펑퍼짐한 옷을 입고 비니를 쓴 사람을 처음 포착한 순간을 생각해보자. 그 사람은 로레인이 지니고 있던 남성의 스키마에 들어맞았기 때문에, 그는 이 얄팍한 표지를 기반으로 테이블 너머에 앉아 있는 사람의 성별에 대해 성급한 결론을 내린다. 남자의 가녀린 체격과 미심쩍은 수염의 색깔은 그의 눈에 들어오지 않는다. 클럽의 다른 사람들도 이처럼 빠른 판단을 내리고, 그들의 인지적 과정은 반대 증거가 나타날 때까지 이 판단을 그대로 유지한다. 이것이 오언이 말했듯 알고 보면 명백한 나의 여성성이 처음에는 눈에 띄지 않은 이유다.

다음으로, 스키마의 내용이 언제나 명시적인 것은 아니다. 뇌가 우리를 위해 구성한 연상작용과 지름길을 우리 자신도 모를 때가 있다는 뜻이다. 암묵적 연상과제Implicit Association Testing(우리의 뇌는 간단한 과제를 빠르게 수행하고 복잡한 과제는 보다 천천히 수행하기 때문에, 암묵적 연상과제에서는 특정 인물 혹은 집단과 특정 단어 혹은 이미지를 연결시켰을 때 실험자들의 반응 속도를 측정한다. 예컨대 당신의 인종 스키마가 유색인종과 폭력을 결부시키고 여성과 비논리성을 결부시킨다면, 이런 연상과제에서의 반응 시간이 다른 과제에서보다 짧을 것이다. 암묵적 연상과제가 어떤 것인지 궁금한가? 혹시 연구에 기여하고 싶은가? www.implicit.harvard.edu를 방문해보라. 주의: 꽤 재미있어서 오후를 통째로 날릴 수도 있다)의 연구 결과를 보면, 자신이 인종주의자나 성차별주의자라고 생각하지 않는 사람들도 자기도 모르게 유색인종이나 여성에게서 고정관념을 연상하곤 한다. 많은 이들이 자신은 인종 문제에서 흑백을 구분하지 않으며 젠더 문제에서 평등주의자라고 믿지만, 가장 근본적인 인지적 수준에서 우리의 스키마에는 온갖 종류의 편견이 담겨 있다.[27]

스키마에 내재된 젠더 편견을 설명하는 데 종종 쓰이는 수수께끼가 하나 있다. 아버지와 아들이 끔찍한 교통사고를 당했다. 아버지는 즉사했고 아들은 병원으로 이송되었다. 그런데 의사가 소년의 수술을 집도하기 직전에 소리쳤다. "수술을 할 수 없습니다! 이 아이는 내 아들입니다." 미카엘라 워프먼Mikhaela Wapman과 데버러 벨Deborah Belle이 심리학과 학생 197명과 7~17세 어린이 103명에게 이 수수께끼를 냈을 때 대답은 각양각색이었다. 아버지가 친부가 아니었다느니, 게이 부부였다느니, 의사가 정신이 이상해졌다느니, 심지어는 어떤 초자연적 힘에 의해 아버지가 되살아났다는 설까지 나왔다. 정답은 의사가 소년의 어머니라는 것이었다.

실험 참가자 중 단 15퍼센트만이 정답을 맞혔다. 본인이 페미니스트라고 주장하는 이들 가운데 정답자는 22퍼센트로, 평균보다 현저하게 높은 비율은 아니었다. 워프먼과 벨은 실험 참가자들이 여성 의사를 상상하기 어려워했던 이유가, 개인적 가치는 고사하고 인생에서 겪은 중요한 경험조차도 재깍 반영하지 않는 젠더 스키마의 영향이라고 결론지었다.[28]

조금은 관련성이 떨어질지 모르겠지만(그래도 내 생각엔 중요한 얘기다) 한가지 더 짚고 넘어가자면, 우리가 가진 스키마가 자족적 성격을 띠고 그 내용이 명시적이지 않기 때문에 법정에서는 때로 목격자의 증언을 채택하지 않는 경우도 있다. 또한 유색인종은 비슷한 범죄를 저질러도 더 무거운 형량을 받곤 한다.[29]

또다른 특징은 우리가 상대적으로 스키마에 들어맞지 않는 것은 간과하는 경향이 있으며, 만약 알아차리더라도 잘 믿지 않는다는 것이다. 스키마와 모순되는 정보와 마주하면 우리는 그것을 예외로 간주하거나 기존 사고틀에 붙는 단서 정도로 생각하는 경향이 있다. 가령, 내가 여성은 서서 오줌을 눌 수 없다고 믿는 사람인데 서서 오줌을 누고 있는 여성을 목격하면, 나는 다음과 같이 생각할 것이다. a) 그는 아무런 도움 없이 서서 오줌을 누는 씨스젠더 cis-gender(씨스젠더란 생물학적 성과 사회적 기대에 따른 젠더가 동일한 사람을 뜻한다. 이 용어는 트랜스섹슈얼 및 트랜스젠더 운동에서 쓰이기 시작했다. '비非트랜스젠더' 보다 덜 투박하다는 이유도 있지만, 이 단어는 씨스젠더를 정상으로, 트랜스젠더를 비정상으로 생각하는 사고를 지양하고 둘 다 젠더를 경험하는 유효한 방식으로 간주하게 한다는 의의가 있다) 여성일 리 없다. 남자 성기가 달려 있거나, 축제에서 여성들에게 파는 소변 깔때기를 이용하고 있을 것이다. 혹은, b) 내 스키마를 살짝 수정할 것이다. b) 의 경우 만약 그 여성이 아일랜드인이고 내가 전에 아일랜드 여성을 만나본 적이 없다면, 나는 '저 기괴한 아일랜드 야만인들을 제외하면 여성은 서서 오줌을 눌 수 없다'라고 스키마를 수정할 것이다. 내 스키마를 완전히 버리게 하려면 상당히 많은 반대 정보가 필요하다(예컨대 내가 만나는 모든 여성이 끝내주는 직립 배뇨 기술로 내게 감명을 준다든지).

앞서 말했듯 스키마는 필요하고, 유용하다. 피상적 표지나 어렴풋한 관찰을 기반으로 자동적인 판단을 내리지 못한다면 일상생활은 불가능할 것이다. 그러나 스키마에는 명백한 단점이 있다. 암묵적 연상과제의 결과가 말해주듯 계급, 인종, 젠더의 문제에서 그 단점은 배가된다. 노동계급/중산계급, 흑인/백인, 남성/여성으로 코드화된 인물을 마주치면 우리는 사회화 및 경험을 통해 해당 인구학적 특성과 연관짓게 된 다양한 다른 특성들을 떠올린다. 다시 말해 우리의 스키마는 고정관념으로 기능하며, 실제 정보 대신 편견을 통해 사람들을 '읽게' 할 수 있다.

젠더 스키마에 대해 대단히 훌륭한 연구를 한 심리학자로 쌘드라 벰Sandra Bem이 있다(슬프게도 그는 내가 이 책을 완성할 무렵 70세의 나이로 별세했다). 벰은 스키마를 우리가 세계에 대고 보는 렌즈로 생각하며, 젠더 고정관념을 통해 남을 읽으려는 경향성을 '젠더 렌즈'라는 비유로 표현한다. 그는 젠더 렌즈를 **통해** 보지 말고, 젠더 렌즈 **자체**를 보라고 요구한다. 즉 여성, 남성, 사회에 관한 판단을 내리기 전에 우리의 무의식적 편견을 먼저 이해해야 한다는 것이다.[30]

1970년대에 벰이 들고나온 벰 성역할목록Bem Sex Role Inventory, BSRI은 젠더에 대한 심리학자들의 사고방식을 뿌리째 바꿔놓았다.[31] 벰 이전의 젠더 모형은 양 극단에 남성성과 여성성이 있는 일종의 젠더 눈금자로서, 사람들의 정신적 행복과 사회 적응력이 그들의 심리적 젠더가 생물학적 성과 '일치하는' 정도에 달려 있다는 것이 정설이었다. 이 논리에 따르면 개인은 남성적 또는 여성적으로 분류될 수 있었다. 여성적인 여성이 가장 행복했다. 남성적인 남성이 가장 행복했다.

그러나 BSRI에 따르면 한 사람이 남성적 특성과 여성적 특성을 동시에 가지는 것이 가능했다. 하나였던 눈금자는 남성적 척도와 여성적 척도를 각각 잴 수 있도록 둘로 나뉘었다. 개인은 한 척도에서만 점수가 높거나(남성적인 사람 혹은 여성적인 사람), 둘 다에서 점수가 높거나(양성적인 사람), 둘 다에서 점수가 낮을 수 있었다(미*분화된 사람). 벰은 젠더 정체성이 생물학적 성과 일치하는 약 34퍼센트의 사람들보다 오히려 남성적 특성과 여성적 특성이 혼합된 약 33퍼센트의 양성적 사람이 더욱 정서적으로 안정되었다는 사실을 밝혀냈다. 벰의 연구를 기반으로 한 다른 연구에서는 남성적, 여성적 특성들 가운데 긍정적인 요소들이 조합된 사람이 가장 정서적으로 안정되었다고 주장했다. (나중에 벰은 양성성 개념을 뒤로하고 '젠더 도해' gender schematicity 개념에 새롭게 초점을 맞추며 이렇게 설명했다. "1970년대 후반에서 1980년대 초반 사이에, 나는 양성성이라는 개념이 애초에 남성성과 여성성이 문화의 산물이라는 사실보다 개인의 남성성과 여성성에 불가피한 초점을 맞추고 있음을 인식하기 시작했다. 그로써 양성성이라는 개념은 의도대로 젠더 양극화를 완화하기는커녕 재생산하고 있었다. 따라서 나는 남성성과 여성성이란 문화적 스키마의 산물, 혹은 렌즈로서 젠더를 양극화하는 도구일 뿐이라는 사실을 더욱 강력하게 내세우기 위해 젠더 도해 개념을 새롭게 주장하기 시작했다."[32])

자기인식과 젠더가 일치하는 사람들을 '성 정형화'sex-typed, 자기인식과 젠더가 반대인 사람들을 '반대성 정형화'cross-sex-typed되었다고 한다(전체의 약 8퍼센트다). (이 검사에서는 또한 '여성성에 가까움' 지수와 '남성성에 가까움' 지수를 산출하는데, 여성성 혹은 남성성이 확연히 높은 사람은 전체의 약 26퍼센트를 차지했다.) (스키마는 내재적인 것이 아니라 생애 초기의 경험을 통해 형성되므로) 닭이 먼저냐 달걀이 먼저냐의 문제이긴 하지만, 성 정형화된 사람은 고정관념에 기반을 둔 젠더 스키마를 고수할 가능성이 더 높다.

한편 양성적 사람들, 반대성 정형화된 사람들, 젠더 미분화된 사람들은 고정적 젠더 스키마에 기반을 둔 판단을 내리거나 고정관념을 가질 가능성이 낮다. 그로써 타인에 대한 편견을 피할 수 있다는 것은 장점이다. 그러나 당사자들에게 세계는 그만큼 혼란스러운 곳이 된다. 이 역시 닭이 먼저냐 달걀이 먼저냐의 문제이지만, 이런 사람들은 가끔 다른 사람들이 평범하게 받아들이는 것을 빤히 응시하며 고통스러워하곤 한다. 그들은 이렇게 소리치고 싶은 욕망을 끊임없이 억누르고 있다. "대체 왜? 어째서? 왜 질이 있는 사람들은 클럽에 갈 때 7센티미터 힐을 발목에 동여매고 가는 거지? 왜 나는 몸에 난 털을 제모해야 하지? 왜 힐러리 클린턴의 대외정책이 아니라 그의 화장법이 화제가 되는 거지? 대체 하나도 이해가 가지 않아!"

나는 오래전부터 젠더 스키마 개념을 잘 활용하면 여성과 남성에 관한 편견을 깨뜨릴 급진적인 기회가 열릴 거라고 생각해왔다. 만약 우리가 젠더 스키마를 통해 오인하는 감각정보들이 암묵적인 젠더 고정관념을 시시각각 엄호하고 있다면, 외부의 피상적인 지표들을 꾸준히 흔듦으로써 편견에 맞설 힘을 얻을 수 있지 않을까? 최초의 성과는 기존의 스키마에 예외나 단서 하나를 추가하는 것에 불과할지 모른다. 그러나 암묵적 기대를 계속해서 교란하다보면 결국은 우리의 편견들을 인지하게 될 것이다.

젠더 스키마를 교란하려 의식적으로 노력한다는 것이 꼭 나처럼 사회를 뚫어져라 바라보며 소리치고 싶은 욕망을 가까스로 억눌러야 한다는 뜻은 아니다. "대체 왜? 어째서? 왜 치위생사들은 죄다 질이 달린 인간이고 배관공은 음경이 달린 인간인 거지? 왜 음경 달린 인간들은 스코틀랜드에서 결혼식이 열릴 때를 제외하고는 치마를 입을 수 없는 거지? 왜? 도대체 왜? 하나도 이해가 가지 않아!" 젠더 스키마에 교란이 일어난다 해도, 젠더를 이해하는 시간을 절약하기 위한 심리적 장치가 완전히 없어지는 것은 아니다. 하지만 새로운 스키마는 고정관념을 마주했을 때 분노하게 할 것이고, 겉으로 보이는 남성성, 여성성, 양성성을 기반으로 상대를 넘겨짚어서는 안 된다는 것을 가르쳐줄 것이다.

이것이 뱀이 1998년 저서『비관습적 가족』*An Unconventional Family*에서 내린 결론이다. 여기서 뱀은 불평등한 세계에서 자녀를 '젠더에서 자유롭게' 양육하는 방식에 관해 이야기한다. 자녀들에게 젠더 고정관념을 알아보고 비판하는 방법을 가르치고, 개인들을 젠더, 인종, 계급, 성적 지향 같은 지표들이 아니라 그들만의 독특하고 다양한 개인적 행동을 통해 판단하도록 알려주라고 조언한다. 이렇게 교육받은 사람들로 가득한 세계에서 산다면 어떨지 상상해보라.[33]

앞서 보았듯 사람들은 반대 정보가 주어지더라도 오랫동안 스키마를 수정하고 예외를 추가한 뒤에야 기존 스키마를 폐기한다. 성인의 기대와 믿음을 바꾸는 것이 아이들에게 처음부터 평등한 스키마를 키우도록 하는 것보다 여러모로 어렵다는 말이다. 하지만, 페미니스트라면 기꺼이 도전하지 않겠는가?

이건 전부 분장이다

1990년에 나오미 울프Naomi Wolf는 성문화된 법이 아니라 우리 일상의 결에 녹아들어 있는 억압과 맞서 싸우기 위해서는 페미니즘의 첫번째 물결에서 쓰인 플래카드와 슬로건으로는 부족하다고 말했다. 지금과 다르게 보는 법을 익혀야 한다는 것이다.[34] 눈가리개를 벗고 렌즈를 빼려면 어떻게 해야 할까? 무정부주의자가 되어 평등한 논리에 의거하지 않은 모든 사회적 규범을 거부하고, 제멋대로 행동해야 할까?

바흐찐의 카니발레스크 개념은 그런 방식이 통하지 않음을 일깨워준다. 규범이랄 것이 아예 사라진다면 사람들은 오히려 안정의 댓가로 치러야 하는 불평등에는 개의치 않고 규범이 주는 안정만을 갈망하게 된다. 평등이 곧 혼란은 아니다. 누구도 참회의 화요일Mardi Gras 축제가 일년 내내 지속되길 원하지 않는다(내 친구 롤린을 제외하면).

카니발레스크는 이데올로기와 정치가 부재하는 시기로, 사실 사회를 변화시킬 잠재력이 없다. 오히려 안전밸브에 가깝다. 불공평하고 비합리적인 규칙들로 구성된 모두의 인생이 뻥 터져버리기 전에 열기를 분출하도록 유도하는 것이다. 사회를 변화시키고 싶다면 이따금 사회에서 일탈하는 것으로는 그 목표를 달성할 수 없다. 사람들은 안전하고 구조적이고 기능적인 사회로 복귀하기를 바란다. 그 안전하고 구조적이고 기능적인 사회가 이따금 일탈을 꿈꾸게 만든다고 해도 말이다.

벨 훅스는 1984년에 처음으로, 그리고 2000년에 한번 더 개혁적reformist 페미니즘이 아닌 혁명적revolutionary 페미니즘을 주장했다.[35] 즉 위계와 억압을 기반으로 한 체계가 지속되는 한은, 여성이 남성처럼 행동할 권리를 갖는 것만으로는 충분치 않다는 것이다. 사회가 구성되는 방식에 있어 급진적 변화가 필요하다. 나는 몸을 이용하여 암묵적인 젠더 편견을 뒤흔드는 것이 그 방법의 하나라고 믿는다. 우리는 가장 해로워 보이는 규범을 추려낸 뒤, 그것을 유희의 대상으로 삼거나 조롱함으로써 사회를 변화시킬 수 있다.

핼러윈을 선택해보자. 의상을 고르고, 젠더 실험을 해보자. 이걸 하나의 놀이로 생각해보자. 직접 해보면 생각만큼 경박하지 않다. 이러한 의상 선택과 연기를 통해 우리가 언제나 연기를 하고 있고, 언제나 의상을 입고 있다는 사실이 분명해진다.

나는 춤추는 여자였다. 남자 옷을 입고 여자 춤을 추는 여자였다. 나는 나 자신이 연기임을 알리는 연기였고, 그 연기란 서로 경쟁하고 충돌하는 여러 층위로 이루어져 있었기에 나 자신을 비롯한 그 누구도 이 연기가 어디서 시작되고 끝나는지 몰랐다. 나의 연기는 말 그대로 가장 멋진 공연이었다.

젠더를 다르게 연기하는 데에는 급진적 잠재력이 깃들어 있다. 우리는 연기로써 젠더 수행이 '연기'에 불과하다는 사실을, 그 창의성과 임의성 전부를 수면 위로 끌어올릴 수 있다. 그럼으로써 사람들의 스키마에 공을 튀기고, 젠더 렌즈에 그래피티를 그릴 수 있다. 일단 맛을 들이고 나면 일상의 각본을 다시 쓴다는 것이 전만큼 힘겹게 느껴지지 않는다. 당신은 점차 연기를 '실제'의 영역으로 넘겨줄 준비가 되었다고 느낄 것이다. 모든 것이 지금과 같을 필요는 없다는 것을 인식하는 단계에서, 모든 것이 지금과는 다른 것처럼 연기하는 단계로 나아갈 것이다. 그로써 당신은 다른 사람들도 새로운 젠더의 가능성을 알아보는 세계, 우리가 여성과 남성이기 이전에 인간인 세계를 창조하게 된다.

우리가 입고 있는 옷은 그저 의상일 뿐이다. 세계는 연극이고, 우리는 모두 연기를 하고 있을 뿐이다. 우리가 의상이고, 연극이고, 연기다. 젠더라는 안무를 받은 순간부터 우리는 우리 자신이 아니다. 모든 것은 분장에 지나지 않는다.

제4장

현실
재현의
난관

포스트모던 시대 페미니스트의 임무는 견고해 보이는 모든 범주를 발가벗겨 그 두서없는 구성을 드러내고, 범주 자체에 이의를 제기하는 것이다.

—마그릿 실드릭Margrit Shildrick, 재닛 프라이스Janet Price[36]

꿈을 좇아 대도시로

그후로 나는 안전한 핼러윈의 영역 바깥에서도 남장 실험을 몇번 더 반복하며 아주 즐거운 시간을 보냈고, 젠더, 연기, 인식에 관해 더 많은 것을 배웠다. 그러나 바닷가 도시 골웨이를 누비다보면 때로 곤란을 겪어야 했다. 예술가인 척하는 사람들과 보수주의자들이 기이하게 뒤섞인 인구 7만의 내 고향 골웨이는 지나치게 비좁았다. 털끝만큼이라도 사실이라는 재료만 있으면 대략 48시간 안에 퓰리처상을 받기에 손색없는 픽션을 창조하는 골웨이의 소문 공장에서는 이 시기 새로이 성정체성을 탐구하기 시작한 내게 흥미로운 딱지를 붙여주었다. 한 남자와의 대화를 예로 들어보자.

"이봐, 네가 에머지?"

"응. 우리 아는 사이던가?"

"어, 아니, 그건 아닌데. 널 워웍에서 몇번 봤어."

"내가 스트레인지 브루 단골이긴 하지."

"너 한번은 남장한 적도 있지?"

"몇번 했어. 재밌더라고."

"그때 네 여자친구랑 같이 있지 않았어?"

"음, 마이러 말이라면, 걔는 나랑 사귀는 사이가 아니라……"

"사귀는 거 맞잖아."

"아니, 그게 아니라……"

"그러다가 네 남자친구가 나타났지."

"잠깐, 그건 다른 날이야. 남장하지 않은 날 얘기라고. 게다가 나는 마이러랑도 씨릴이랑도 사귀는 사이가 아니야……"

"그리고 두 사람이 주먹다짐을 벌였다며."

"저기, 그런 일은 없었어."

"네 여자친구가 이겼고……"

"뭐, 그래, 어디 들어나보자."

"네 남자친구가 '망할 레즈비언들!'이라고 소리치면서 큰길을 내달렸는데, 다들 네가 남잔 줄 알고 있었기 때문에 무슨 헛소린가 했다더라고."

"알겠어."

"끝내주더라."

"응, 그래."

그 탓에, 스물두살이 되었을 무렵 나는 인구 100만명의 대도시 더블린으로 떠났다. 거리가 관용으로 포장된 그곳에서, 나는 젠더 렌즈를 섬세하게 조정하는 동안 상대적으로 익명의 존재로 남을 수 있었다. 조금 괴상하긴 해도 사랑스러운 내 고향을 떠나 내가 처음으로 한 일은 삭발이었다.

내가 헤어스타일로 양성성 연습을 시작한 공식적인 이유는 물가 비싼 더블린에서 탈색한 금발 픽시컷 유지비를 감당할 수 없었기 때문이다. 게다가 탈색을 해본 사람이라면 잘 알겠지만, 터무니없이 비싼 값에 음영을 넣고, 유독성 연기를 들이마시고, 두피가 녹아내리는 느낌에 점점 돌아버릴것 같은 긴 시간을 참아내면서 미용실의 벌통 같은 기구 아래에 앉아 있는 것도 고역이었다.

그래서, 새벽까지 이어진 파티에서 모두 정신이 몽롱해졌을 때 나는 친구 타이그에게 머리를 밀어달라고 불쑥 말해버렸다. 응원하는 친구들도, "하지만 네 머리는 정말 예쁜걸!" 같은 거짓말로 최선을 다해 날 막으려 하는 친구들도 있었다. 그러나 타이그는 면도기를 들었고, 이미 협조적인 양처럼 머리를 내밀고 있던 나는 웃음을 터뜨렸다.

나는 몰랐지만 머리를 자르는 동안 내 친구 킬리언과 데라는 잘린 금발머리를 그러모았고, 그 머리카락은 봉투에 담겨 그해 여름 내가 근무하던 끔찍한 호텔로 배달됐다. 그렇게 나는 대머리가 되었다. 거울을 보면서 대머리여도 내가 여전히 나답게 보이는 게 이상하다고 생각했던 기억이 난다. 어떤 면에서는 **더욱** 나다워 보였다. 이제 내 얼굴은 숨을 곳이 없었으니 말이다.

삭발을 놓고 나는 한해를 꼬박 고민했다. 그건 나 자신에게 던진 일종의 젠더 과제였다. 남장은 재미있고 순조로웠다. 하지만 내가 실생활에서도 과감하게 다른 의상을 입을 수 있을까? 내가 일하던 끔찍한 호텔 사람들은 내 대머리를 어떻게 받아들여야 할지 몰라 난처해했고, 손님들은 검정 슬랙스와 줄무늬 셔츠, 타이까지 있는 바 직원 유니폼을 입은 나를 자주 남자로 오해했다. (미안하다며 넣어주신 팁은 잘 쓰겠습니다. 감사합니다, 부인.) 몇달 뒤 호텔 일을 그만두고 더블린 트리니티 칼리지 연극공연학과에서 석사과정을 시작했을 때, 나는 삐죽삐죽 솟은 짧은 머리를 윤기 나는 브릴크림Brylcreem(남성용 헤어스타일링 제품 상표)으로 말쑥하게 손질하고 있었다.

나는 이미 남장이라는 모험을 통해 사람들이 피상적 지표를 근거로 젠더에 대해 노골적이고도 빠르게 결론을 내린다는 사실을 알고 있었으나, 씨네이드 오코너Sinéad

O'Connor(아일랜드 뮤지션. 삭발에 가까운 짧은 머리를 한다)를 본뜬 헤어스타일을 유지하는 동안 훨씬 더 미묘한 방식으로 비슷한 교훈들을 얻게 되었다. 이번엔 분장을 하고 있는 게 아니었다. 그저 문화적으로 흔치 않은 헤어스타일을 하고 있었을 뿐이다. 그렇기에 사람들의 반응은 더욱 '현실적'이었다(어떤 똑똑한 사람이 말했듯 '현실'이란 언제나 강조 표시를 해야 하는 단어다). 나는 결코 전과 달라진 게 없는데, 이제 사람들은 두피에서 튀어나온 죽은 단백질 섬유의 길이라는, 매우 엄청나고도 필수불가결한 잣대로 나라는 사람을 판단하고 있었다.

일례로, 사람들은 내가 공격적이라고 판단했다. 이건 대단한 변화였다. 사슴처럼 무해해 보이는 눈을 지닌 덕분에 나는 실제 성격보다 수백만배는 더 착해 보인다는 평을 들어왔던 것이다. 물론 내가 내성적이라고는 할 수 없다. 그러나 부드러운 머리칼을 죄 밀어버리기 전에는 누군가 나를 보고 실제로 겁을 낸 적은 없었다.

옆머리와 뒷머리를 짧게 자른 것만으로 이런 변화가 일어나다니 놀랍지 않은가? 한번은 스틸레토 킬힐을 신고, 예쁜 드레스를 입고 머리를 삐죽삐죽 세운 채 가족의 친구 결혼식에 참석했다. 내가 댄스플로어를 누비는 것을 보고 한 남자가 우리 오빠에게 가더니 이렇게 말했다. "저 여자 보여? 아주 매력적이긴 한데, 내 거시기를 잘라버릴 것처럼 생겼어." 불쌍한 로넌 오빠는 "내 여동생이야"라고 대답했다고 한다. 어떤 목소리였을지 상상도 못하겠다.

또다른 변화는 사람들이 내가 심리적으로 불안정할 거라고 넘겨짚었다는 것이다. 많은 사람들은 사회 규범에서 남성적으로 간주되는 헤어스타일을 선택했다는 사실이 우울증을 앓고 있거나 다른 정신질환이 있다고 생각할 근거라고 보았다. 젠더 순응도와 정신건강의 상관관계는 뱀의 성역할목록 연구에 의해 틀린 것으로 밝혀졌지만, 과학계와 달리 현실세계에서는 여전히 건재했다. 나는 사람들의 지레짐작에 맞서기 위해 많이 웃고 미소를 지었다. 이게 원하는 효과를 냈을지, 혹은 오히려 사람들이 찾고 있던 단서가 되었을지는 모른다.

또 하나 재미있는 변화는 갑자기 온 세상 사람들이 내 성적 지향에 대해 이러쿵저러쿵하기 시작했다는 것이다. 나는 동성애자로 취급받기 시작했다. 하루는 더블린의 프런트 라운지Front Lounge──누구에게 물어보느냐에 따라 '이성애자가 모이는 술집이지만 동성애자에게 우호적인 곳' 또는 '동성애자가 모이는 술집이지만 이성애자에게 우호적인 곳'이라는 대답이 나오는 술집──에서 기분 나쁜 남자가 치근덕대기에 정중하게 거절했다. 그러나 그의 말이 내 죄책감을 자극했다. "이봐, 좀 친절하게 대해준다고 돈 드는 것도 아니잖아."

건방지게 군 것이 미안해져 나는 그에게 사과했다. 술집에서 낯선 사람들과 대화하다가 불쾌한 경우를 당한 적이 있어서 조심스러웠을 뿐이라고 설명하고 예의상 안부를 묻자, 눈매가 교활한 그 남자는 이렇게 대답했다. "괜찮아. 여기가 어떤 술집인지는 나도 잘 알거든. 네가 어떤 여자인지도 알고. 그냥 네가 아주 야한 여자처럼 보인다는 걸 말해주고 싶었어." 순식간에 소름이 돋았다.

찜찜한 기분에 사로잡혀 친구들에게로 돌아가며 나는 생각에 잠겼다. 동성애자와 이성애자가 섞여 있는 이 공간에서 삭발한 머리 하나 때문에 내가 동성애자로 분류된다니, 얼마나 이상한가. 그 추잡한 인간이 헤어스타일이라는 단서를 근거로 내가 동성애자라고 확신하고 내게서 상냥한 반응을 기대했다는 것에도 약간 화가 났다. 어쨌든 그는 내게 점수를 따려던 게 아니라 내 '야함'에 대해 역겨운 논평을 하려던 것뿐이었다. 나는 맥주를 한잔 마시고 이 일을 웃어넘겼다.

머리카락이 없는 에머에 대해 온 세상 사람들이 보인 주요한 반응 중 마지막 것은, 성적인 관심이 급격히 줄었다는 것이다. 길을 지날 때 고개를 돌려 쳐다보는 사람도, 휘파람을 불어젖히는 사람도 없었다. 나는 그것이 그리웠다. 남들의 관심을 바랐다. 자신감은 한풀 꺾였고, 나 자신을 긍정적으로 평가하기도 어려웠다. 한번은 학교 바에서 샌드위치를 먹던 중 매력적이고 재미있는 젊은 남자 한명이 합석해도 되겠냐고 물었다. 우리는 그날 두시간 동안 수다를 떨었다. 남자는 내가 막 완성한 희곡을 보내달라며 자기 이메일을 적어주었다.

그가 내 희곡(한 프랑스 향수회사가 딸기향에 특허를 내는 바람에 도서관에 숨어버린 소녀에 대한 것으로, 모든 행의 각운이 맞았다. 아직도 상연되지 못했다)을 읽어보는 것뿐 아니라 나라는 사람에게도 관심을 품고 있을 거라고는 꿈도 꾸지 못했다. 나중에 그가 술이나 한잔하자며 연락했을 때는 정말이지 어안이 벙벙했다. 나는 남자가 내게 관심을 가질 유일한 이유가 외모라고 믿고 있었던 것이다. 안타깝지 않은가? 고개를 돌리고 휘파람을 부는 것을 유효한 관심의 표현으로 여기면서, 나의 (미심쩍은) 창의성과 (아직 태아 상태인) 지성과 (공히 인정받지는 못한) 따뜻한 성격과 유머감각이 호감의 대상이 될 거라고는 생각조차 못하다니. 그렇다, 이건 안타까운 일이다.

첫 삭발은 페미니스트로서 택한 행동이 아니었다. 그러나 그 사건은 나의 페미니스트 정신을 입 맞춰 깨웠다. 사람들이 삭발한 머리를 보고 내가 공격적일 거라고 추측한다면, 지금까지는 긴 머리를 보고 내가 수동적일 거라고 추측해왔을 것이다. 젠더 규범에 순응하지 않는 작은 행동으로 인해 내가 불행하고 불안정하다고 추측한다면, 관습에 따라 여성성에 순응한 것이 사회 적응과 정신건강의 징표라고 추측할 것이다. 짧은 머리를 보고 나를 동성애자로 분류한다면, 긴 머리를 보고 나를 이성애자로 분류할 것이다. 긴 머리, 짧은 머리, 관행에 순응하는 사람, 순응하지 않는 사람, 여성적인 사람, 남성적인 사람. 나는 계속해서 유형화되고 있었다. 갑자기, 나는 새로운 시각을 얻었다.

삭발한 머리는 상징이다. 긴 머리는 상징이다. 상징은 중요하다. 남들이 우리를 해석하고 대우하는 방식, 우리에 대해 기대하는 내용을 지배하기 때문이다. 상징은 우리 현실에서 큰 영향을 발휘한다. 따라서 우리는 이 강력한 문화적 의사소통의 방식에 대해 숙고해볼 필요가 있다.

살을 빼려 노력하고, 하이힐을 신고, 화장을 하고, 향수를 뿌리고, 액세서리로 몸을 치장하는 행위는 무엇을 상징하는가? 여성들의 모든 의상을 상징으로 분석할 작정은 아니다. 그건 독자들도 직접 할 수 있는 일이다. 그러나 뮤직 페스티벌에서 만났던 남자의 농담이 내 마음을 괴롭힌다. "왜 여자들은 향수를 뿌리고 화장을 하는 걸까? 냄새가 나고 추하기 때문이지." 이건 (우습고) 경박한 농담이지만, 그가 지적하는 여성들의 행동이 우리가 스스로를 평균 이하로 평가한다는 의미를 전달하는 건 아닐까? 여자들이 실질적이고 '현실'적인 것이 아니라 피상적인 것, 장식적인 것, 의상과 분장에 몰두한다는 의미를 전달하는 건 아닐까?

우리는 딜레마에 처해 있다. 하지만 그렇다고 해서 뭘 어쩌겠는가? 여성성이라는 덫을 완전히 거부해야 할까? 삭발을 하고 일주일 내내 멜빵바지 한벌만 입고 다니는 단빌숙녀가 되어야 할까? 맥MAC 아이섀도를 버려야 할까? 대머리를 번쩍이며 금욕적 페미니스트들의 모닥불 앞에 서서 다 함께 손을 잡고 구호를 외치고 프릴 달린 옷을 죄다 태워야 할까? 그건 그것대로 재미있겠지만(핌스 Pimm's(영국에서 즐겨 마시는 진 베이스의 칵테일) 만드는 건 내게 맡겨라) 오히려 역효과를 낳을 거라는 예감이 든다.

우선 재수 없는 페미니스트들의 전형적인 차림새에 걸맞은 의상을 입는 것은 젠더 렌즈를 깨는 데 전혀 도움이 되지 않는다. 게다가 문제는 상징이 아니라 그 상징들이 나타내는 바다. 긴 머리는 수동성을 의미하지 않아야 하고, 짧은 머리는 공격성을 의미하지 않아야 한다. 화장한 얼굴은 깨끗이 면도한 턱이나 깔끔하게 정리한 수염과 마찬가지로 경박함을 의미하지 않아야 한다. 문제는 치마나 스틸레토 같은 여성성의 상징들이 아니다. 진짜 문제는 우리의 성차별적 문화에서 여성성의 상징에 결부되는 의미들이다.

그렇다면, 정답은 상징을 조작하는 것일 테다. 상징을 유희의 대상으로 삼고, 뒤섞어보는 것. 젠더와 결부된 일상 속의 상징들을 조작하는 것은 한번의 공연이나 단순한 픽션 이상이 될 수 있다. 이것은 여성과 남성의 특성과 그들의 바람직한 행동에 대한 고정관념들을 뒤흔듦으로써 현실과 표상 사이의 선을 흐리게 하는 전략이다.

픽션보다 기이한 것

상징은 의사소통의 수단이다. 화장실 문에 원과 삼각형이 그려져 있다면 그 문 뒤에서는 여성만이 소변을 볼 수 있다(그렇다고 바보같이 문 바로 뒤에서는 말고). 하지만 어째서 원과 삼각형 표시가 여성을 상징할까? 그게 치마를 입은 사람을 나타내기 때문이다. 치마를 입은 사람이 대체로 여성임은 모두가 알고 있다. 이렇듯 상징이 기능하려면 우리가 살고 있는 사회에 대한 상당량의 지식이 필요하다.

가끔 상징과 현실의 관계가 변화하기도 하지만, 그럼에도 사람들이 이해하는 한 상징은 계속 기능한다. 모든 여자가 치마를 입는 것은 아니다. 그러나 우리 모두가 이 상징이 뜻하는 바를 알기에 이 상징은 여전히 유효하다. 상징(동그라미와 세모)이 실제 현상(여성)에서 분리된 것이다.

'현실'에서는 여성과 치마 사이에 어떠한 불가분의 관계도 없다. 하지만 상징에서는 여성이 치마로써 표현된다.

이 상징은 그것이 의미하는 바가 아닌, 우리 모두가 그 의미를 알고 있다는 사실과 관계가 있다.

그 상징을 입고 있다면 어떨까? 치마, 삭발한 머리, 화장 같은 것들 말이다. 이런 경우에 상징은 바깥세계에 당신의 정체성, 즉 당신이 누구인지를 알리는 역할을 한다. 물론, 당신의 관중은 ── 넓게는 이 세상 모든 사람은 ── 상징의 의미를 해석하고 그에 따라 행동하기 위해 사회적 지식을 필요로 한다.

실제로 그 어떤 상징도 그것을 입고 있는 사람의 '실제' 정체성과 관련이 없다. 여성이나 남성이라는 생물학적 성별과도 관련이 없다. 상징은 단지 사회에서 공유되는 지식과 신념의 체계에 매여 있을 뿐이다. 그리고 우리는 세계가 우리에게 특정한 정체성을 부여하도록 상징을 조작할 수 있다. 의상을 고르고, 연기를 할 수 있다. 그렇다면 이 모든 것의 어디가 '현실적'인가? 진정한 '나', 자연스러운 '나', 여성다운 '나'는 어디에 있는가? 무엇이 진실이고 무엇이 허구인가? 젠더 연기의 경계는 어디에 있는가?

우리 시대에서 손꼽히게 흥미로운 점 중의 하나는 표상과 '현실' 사이의 경계선이 상당히 흐려졌다는 것이다. 텔레비전에는 '리얼리티' 쇼가 넘쳐나는데, 우리는 그 쇼가 각본대로 움직인다는 걸 알고 있다. 「디 온리 웨이 이즈 에식스」The Only Way Is Essex(영국의 인기 리얼리티 드라마로 각본이 있다)에 두 인물이 나와서 최근 저지른 불륜에 대해 이야기할 때, 우리는 그 만남이 조명을 밝힌 무대 위에서 촬영되고 있기에 두 사람이 '현실'에서는 친구더라도 카메라 앞에서는 꾸미지 않고 행동할 리 없다는 것을 안다.

그러나, 일상에도 우리의 행동을 지시하는 각본이 있다. 자신타 대고모와 나누기에 적절한 대화가 있고, 부적절한 대화가 있다. 우리는 다른 장면에서 다른 의상을 걸친다. 길거리에서, 가게에서, 식당이나 사무실에서 우리의 행동은 CCTV에 녹화되고 있고 파티에서는 친구들의 스마트폰이 CCTV를 대신한다. 인터넷에서는 검색엔진이 우리의 인터넷 써핑 습관을 기록하고 있다. 최근 폭로된 정부의 민간인 사찰은 우리가 항시 누군가의 감시하에 있음을 알려준다. 자, 대답해보라. 이런 상황에서 우리가 원래 모습대로 행동할 수 있겠는가?

공연이론가 닐 게이블러Neal Gabler는 실제 사건 ─ 현대의 좋은 사례로 오스카 피스토리우스Oscar Pistorius의 살인사건 재판이 있다(남아프리카공화국 출신의 의족을 단 육상선수 피스토리우스는 연인을 살해한 혐의로 재판정에 섰으며, 무죄를 선고받기까지 재판 과정이 언론에 낱낱이 공개되었다) ─ 이 미디어 보도에 의해 엔터테인먼트 형식을 취하게 되는 현상을 '현실스러움'lifey이라고 명명했다. '현실스러움'은 새로운 히트 프로그램이자 블록버스터다. 우리는 모두 다음 화를 기다리고 있다. 실제 사람들이 하나의 등장인물이 되어 관객들을 사로잡을 수 있도록 발언이 기록되고, 사진 찍히고, 촬영된다. 게이블러는 한때는 예술과 일상 사이에 선이 있어 사람들이 현실에서 표상으로 탈출하곤 했으나, 지금은 일상에서 더 일상다운 일상으로, 현실에서 더 현실다운 현실로 탈출한다고 말한다.[37]

상징이 현실이 아니라 상징의 의미에 관해 우리가 공유하는 합의에 속해 있으며 사실과 허구를 가르는 선이 아주 흐릿하다는 해석은 학계에서 '포스트모던의 조건'the postmodern condition이라고 부르는 것과 상통한다.[38]

포스트모더니즘은 이분법의 해체와 관련된 현재진행형의 철학적 움직임이다. 포스트모더니즘은 우리의 사고와 사회를 구성하고 있는 고정된 이분법(흑백, 선악, 남녀, 주종, 사실과 허구)들에 의문을 제기하고, 그럼으로써 새로운 사고방식과 생활방식을 출현시킨다. 특히 이분법적 젠더 역할을 해체하는 것은 포스트모더니즘의 주요 관심사가 되어왔다. 젠더는 우리 문화에서 가장 열렬히 방어되고, 감시되는 것이기 때문이다.

이분법은 과거에 종교로써 설명되곤 했다. 신은 왕을 부유하게, 농민들을 가난하게 만들었다. 신은 여자가 남자를 섬기도록 만들었다. 신은 다양한 인종을 창조하고 그들이 각기 다른 대륙에서 살게 했다. 신은 선하고 악마는 악하다. 그러나 (계몽시대로 알려진) 17세기 후반부터 서구 문화에서는 종교와 미신보다 이성을 믿기 시작했다. 우리는 이전 어느 때보다도 세계에 대해 더 많은 것을 알게 되었고, 우리의 새로운 지식은 과학적으로 입증 가능했다. 귀족정치는 쇠퇴하고 민주주의가 상승세를 탔다. 사람들은 인류가 보다 이성적이고 공정하고 평등한 미래를 향해 진보하고 있다고 믿었다.

이분법은 계속해서 서구의 사고방식과 문화를 구성했지만 이제는 이성과 과학으로써 정당화됐다. 가령 남성과 여성 또는 흑인과 백인의 정신이 완전히 상이하며, 이는 뇌의 크기와 형태를 조사함으로써 과학적으로 입증할 수 있다는 믿음이 널리 퍼졌다.

포스트모더니즘은 이런 종류의 확신이 분쇄된 20세기 전반에 부상했다. 20세기 초에 발발한 두번의 끔찍한 전쟁이 서구의 진보에 대한 믿음을 산산조각냈다. 신기술들이 참호 속에 숨은 수십만명의 젊은이를 죽이는 데 쓰일 수 있음을 온 세계가 목격했다. 산업화의 효율성은 600만명의 유대인과 200만명의 유색인종 및 동성애자 들을 죽음만을 생산하는 공장으로 이송하는 데 사용됐다. 우생학(인간 종을 개량하는 과학)과 골상학(지적 능력을 평가하기 위해 뇌를 측량하는 과학) 같은 '과학'은 대학살이라는 사상 최대의 야만을 합리화하는 데 이용됐다.

19세기 말에서 20세기 초에 탈식민화도 진행되었다. 아프리카, 인도, 아시아 및 원주민 사상가들은 유럽이 세계를 문명화한다는 미명하에 자신들의 탐욕을 채우기 위해 식민지를 만들었으며, 자신들의 문화가 그들보다 열등하지 않다고 주장했다. 대략 같은 시기에 유색인종, 여성, 노동계급이 벌인 정치적 운동들은 서구 사회의 '진보'가 이성이 아니라 피억압계층의 무급 혹은 저임 노동을 딛고 이루어졌다고 목 놓아 외쳤다.

그에 따라 계몽시대 이전에는 종교로, 그 이후에는 과학으로 합리화해온 이분법이 도마 위에 올랐다. 이성의 시대가 끝난 것이다.

포스트모더니즘은 이러한 불확실성에서 피어났다. 하나의 철학으로서 포스트모더니즘은 객관적 진실이랄 것이 존재하지 않으며, 인류의 과학적 지식의 발전이 인류의 진보를 뜻하지 않을 수 있음을 인정한다. 포스트모더니스트에게는 절대적으로 옳거나 그른 것이 없다. 사실도 허구도 없다. 전부 구조화와 합의의 결과물일 따름이다. 견고해 보이는 분류도, '상식'도, 명명백백한 진실도 전부 의문과 새로운 상상의 대상이 된다.

물론 어떤 사람들은 아직도 사회적으로 구성된 젠더 역할을 종교 혹은 유사과학으로써 이해하고 있다. 예컨대 많은 기독교인은 신이 이브를 아담의 조력자로 만들었기 때문에 여자는 남자를 섬기고 따라야 한다고 믿는다. 코딜리아 파인이 지적했듯, 남녀의 뇌 기능 차이로 인해 여자아이들은 분홍색을, 남자아이들은 푸른색을 선호한다고 주장하는 이들도 있다. 하지만 여자를 분홍색과, 남자를 푸른색과 연결하는 경향은 고작 60년 전에 시작되었다. 빅토리아 시대에는 소년들이 (강하고 활동적인 색인) 분홍색, 소녀들이 (얌전하고 섬세한 색인) 푸른색 옷을 입었다.[39]

사람들은 흑백논리를 좋아한다. 분류와 정답, 단순한 진실을 좋아한다. 혼돈에서 질서를 창조하기를 좋아한다. 그러니 우리에게 정상적으로 — 심지어는 불가피하게 — 여겨지는 정체성들이 사실은 사회적으로 구성된 것임에도 종교나 유사과학을 들어 설명하려 드는 것도 당연하다. 어떤 사람들은 의문을 품지 않는 쪽을 택한다. 어떤 사람들은 젠더 규범이 지금과 같아야 할 이유가 있느냐는 질문을 받으면 화를 내고 코웃음을 친다.

그러나 오늘날은 우리 사회 내에 존재하는 남녀 구분을 종교나 이성으로 간단히 설명할 수 없고, 따라서 우리는 젠더 역할이 이렇게 정해진 이유를 물을 수 있다. 이분법을 파헤쳐보면 그 배후에 있는 것이 종교나 논리가 아니라 성차별이라는 것이 드러나곤 한다. 젠더 규범은 모두를 옭아매며, 여성에게는 특히 불리하다. 내가 보기에 가장 이상한 것은 우리가 이 사실을 명백히 인지하고 있음에도 불구하고 자신에게 주어진 배역 연기를 멈추지 않고, 통념상 여성스럽거나 남성스러운 신체와 행동을 유지하여 스스로 젠더 이분법의 밑받침이 된다는 것이다.

어쩌면 이것은 대안을 상상하기 어렵기 때문인지 모른다. 혹은, 여자나 남자로서 살아가는 방식에 정답이 없고 가부장제하에서 젠더를 수행하는 방법이 사람마다 다르다는 것은 알지만, 그 불확실성을 견딜 수 없기 때문일지도 모른다. 기존에 지배력을 발휘하던 이분법과 확실성이 사라지면 인생은 퍽 당혹스럽게 여겨질 수 있다. 그러나 다르게 생각하면, 그 대신 자신만의 세계관과 정체성과 '현실'을 창조할 수 있는 더 큰 자유가 주어지는 셈이다. 어떻게 보면 포스트모더니즘은 일종의 파티다.

그러니 파티에 가서 젠더를 살짝 비틀어보자. 남성용 디오도런트를 뿌리다보면 어느 순간 그것이 남자 냄새가 아니라 자기 냄새처럼 느껴질 것이다. 전화를 받을 때 목소리를 낮추고, 사람들이 평소와 다르게 반응하는지 살펴보자. 그러다가 목소리를 갑자기 몇톤 높여보자. 상대의 반응이 어떤가? 남성용 속옷을 입어보자. 반대로 남자에게 자신의 속옷을 입혀보자. 베이스 음역대를 맡아 불러보자. 흑맥주를 시키자. 그다음 주문은 섹스온더비치가 좋겠다. 한쪽 손은 손톱을 길게 길러 매니큐어를 바르고 다른 손은 짧게 깎고 밋밋한 손톱을 유지하자(기타리스트라면 모름지기 이런 손을 지녀야 한다). 남자들에게 문을 열어주자. 저녁식사 후에 친구들이 코트 입는 것을 도와주자. 자전거 타이어 가는 법과 컵케이크 굽는 법을 **동시에** 배우자. 선반 설치나 뜨개질은 둘 다 남에게 시키자. 남자친구가 식사를 마치고 화장실에 들른 사이에 계산을 해버리자. 세계를 놀라게 하자. 자신을 놀라게 하자.

아니면, 파티에 가서 젠더를 과격하게 비틀어보자. 남자 옷을 입고 남자 헤어스타일을 하고는 남자 걸음걸이로 걸어보자. 이때 립스틱은 밝은 분홍색으로 칠하고 인조 속눈썹을 붙이는 게 좋겠다. 모든 걸 뒤죽박죽으로 섞어보자. 섹시한 원피스 아래로 다리털과 하이킹 신발을 뽐내보자. 뽕브라와 가발, 무시무시한 높이의 플랫폼 슈즈와 여왕 같은 화장으로 완벽히 여자다운 차림새를 한 채 여장 파티에 가보자. 당신은 여자인 척하는, 남자인 척하는 여자다. 재미있지 않은가? 남자 친구들을 여자처럼 꾸며주자. 퀴어 클럽 파티에 참석해보자. 그 차림으로 시내를 돌아다녀보자. 몸은 정치적이다—몸은 사회적 규범을 비웃고, 그 임의성을 드러내는 데 사용될 수 있다. 당신의 공연은 젠더의 연극성을 무대 한가운데로 끌고 나와 누구도 무시할 수 없게 만든다.

이처럼 상징을 조작하는 것은 재미있다. 그러나 이 놀이에는 분명한 목적이 있다. 젠더와 결부된 상징이 구체적 현실이 아니라 그 의미에 대한 우리의 합의와 관련된다는 것을 기억하는가? 우리가 어떤 의상과 부호를 택하고 어떤 연기를 벌일지는 우리에게 달려 있다. 우리가 어떤 여성성의 상징들을 되찾고 재창조하고 기념할지, 어떤 상징들을 성차별의 쓰레기더미에 던져넣을지도 우리에게 달려 있다. 실재와 표상 사이의 관계에 대한 이런 사고방식에는 대단한 힘이 있다. 남자나 여자라는 것에 객관적 의미가 부재한다면, 우리는 우리가 원하는 정체성과 우리가 살고 싶은 세상을 창조할 수 있다. 다시 말해 우리의 젠더 연기에는 어떠한 한계도 없다.

제5장

의상을
벗고

우리의 몸은 우리 자신이다. 그러나 우리는 또한 우리의 몸 이상이다.

— 린다 버크Lynda Birke(체스터대학교 생물학 교수)[40]

그러니까 옷을 벗어던지자

나는 벌거벗고 있다. 나체로 더블린 싸우스월 부두의 축축한 돌 위에서 태아 자세로 웅크려 있는 25,000명 가운데 내가 있다. 시곗바늘이 새벽 5시에서 6시를 향해 가는 지금, 핏발 선 새벽은 아일랜드 특유의 차고 습한 여름날 속으로 녹아 사라지고, 헤비메탈 콘서트 무대를 향해 거세게 밀려드는 관객들처럼 파도가 부두를 향해 몸을 던진다. 앞으로는 바다가 넓게 펼쳐져 있다. 잿빛의 바다와 구름이 중간 지점에서 한몸으로 섞인다.

몸들이 엮어낸 양탄자 위로 웃음의 파도타기가 펼쳐진다. 웃음소리는 때로 내 근처에서 폭발하고, 때로 저 멀리서 메아리친다. 벌레 한마리가 내 허벅지를 따라 기어간다. 나는 눈을 감는다. 꿈만 같아서 당장 깬다 해도 놀라지 않을 순간이다.

2008년 5월, 더블린 전역에 사진가 스펜서 튜닉Spencer Tunick의 대규모 도시 누드 사진이 실린 자원자 모집 공고가 나붙었다. 아일랜드의 수도는 동요했다. 튜닉은 전세계를 여행하며 시민 자원자들을 조직해 그들의 도시를 배경으로 놀라운 사진을 찍고 있었다. 그의 작품은 자연과 문화, 산업화와 현대성, 사회규범과 사회규범의 부재 사이의 관계에 대해 질문을 던진다. 두말할 필요도 없이 나는 그의 열렬한 팬이었다. 그의 작업에 참여하고 싶었다. 그러나 수천명의 타인과 더불어 나체가 되는 것에는 겁이 났다.

"더블린은 충분히 용감합니까?" 포스터의 굵은 글자가 질문을 던졌다. 나는 동행이 있다면 충분한 용기를 낼 수 있을 거라고 판단했고, 도무지 꺼리는 게 없는 내 친구 미아에게 연락했다. "그래, 그래, 좋아!"라는 대답이 돌아온 순간 결정은 내려졌다. 6월 23일 토요일, 사랑하는 이 오래되고 지저분한 도시 더블린의 부둣가 한 비밀스러운 장소에서 우리는 예술의 이름으로 거죽만 남기고 전부 벗을 터였다.

다른 날들처럼 어김없이 그날이 찾아왔다. 미아는 여동생 애나를 데리고 골웨이에서 더블린행 저녁 버스에 탔고, 나는 그애들이 도착하기를 기다리며 한밤중의 누드모

델 체험이야말로 성공의 보증수표라는 말로 여자친구 씨네이드를 설득하고 있었다. 밤 11시쯤 버스에서 내린 미아와 애나를 데리고 노스사이드의 작은 아파트로 돌아온 우리는 치즈 얹은 토스트와 보드카 스무디로 촬영 전에 배를 든든히 채웠다. 겨우 열여덟살인 애나가 고백했다. "나, 아직 벌거벗은 남자를 본 적이 없어." 우리는 대규모 도시 누드 촬영이야말로 신기하고 근사한 첫 경험이 될 거라고 입을 모았다.

새벽 3시에 우리는 커스텀하우스 부두로 향해 비밀의 장소로의 이동을 기다렸고, 30분 뒤에는 곧 나체주의자로 변신할 사람들로 빼곡한 버스에 타고 있었다. 우리는 많은 노래를 불렀고(그중에는 '더 쑬탄즈 오브 핑'The Sultans of Ping의 「내 점퍼가 어딨지?」Where's Me Jumper?의 기념할 만한 버전도 있었다), 때때로 뒤에서 따라오던 버스가 불을 깜박였다. "어우, 이 안이 너무 덥다." 누군가 별 뜻 없이 한 말에 당연한 반응이 후렴구처럼 뒤따랐다. "그러니까 옷을 벗어던지자!"

촬영 장소에 도착한 우리는 소금기 묻은 공기와 상쾌한 바람 속으로 몰려나왔다. 어슴푸레한 새벽빛이 거친 바다로 녹아들기를 거부하며 진홍색으로 물들었다. 바이킹처럼 수염을 기른 남자가 메가폰을 들고 우리 모두를 바닷가로 인도했다. 나는 친구들과 자리를 잡고 앉아 주변 사람들과 음료와 담배를 나누고 통성명을 했다. 진행자들이 우리가 취해야 할 자세가 설명된 전단지를 나누어주었다. 우리는 그것을 연습하며 서로를 놀리고 웃음을 터뜨렸다.

지시가 내려오자, 말 잘 듣는 아이처럼 공공장소에서는 항상 옷을 입고 있던 우리 모두는 재깍 옷을 벗었다. 순식간에 나는 의상이라는 관습을 버리고, 창백한 나체 패디 Paddy(아일랜드인을 일컫는 은어. 긍정적·부정적 뜻이 동시에 있다)들에 둘러싸여 바람을 맞으며 싸우스월 부두 끝을 향해 행진하고 있었다. 앞에는 등과 엉덩이가 있었고 뒤에는 가슴과 배, 얼굴, 털과 거죽이 있었다. 미아와 애나는 함성을 지르며 뛰어다녔다. 나는 바로 전까지 옷을 입은 채 수다를 떨었던 사람들에게 믿을 수 없다는 듯 미소를 지어 보였다. 그들도 마주 웃어주었다. 모두가 공모자였다.

나는 사지를 흔들고 쿵쿵 뛰고 발로 땅을 디디는 수천 개의 몸을 바라보았다. 내 앞의 남자는 비욘세와 꼭 닮은 엉덩이를 지니고 있었다. 내 오른쪽의 체격이 가늘고 화려하게 생긴 여자는 배가 허벅지 중간까지 처져 있었다. 근처에 있는 한 남자는 우리가 부정행위자라고 불렀는데, 짙은 색의 두꺼운 체모가 온몸을 덮고 있어서 우리만큼 춥지 않을 게 분명했기 때문이다. 덜렁덜렁 가슴들이 흔들렸다. 오목한 가슴은 아이스크림처럼 바람을 떠냈다. 코끼리 같은 다리 위에 왜소한 토르소가 붙어 있기도, 맥주통 같은 몸이 스틸레토처럼 가는 종아리 위에 아슬아슬하게 얹혀 있기도 했다. 정상이랄 것이 없었다.

문득 세상을 남자와 여자로 나눈다는 게, 다양한 몸을 분류하는 가장 중요한 기준이 한낱 다리 사이의 작은 부위라는 것이 멍청하게 느껴졌다. 생식기를 제외하면 내 몸은 누구의 몸과 더 닮아 있는가? 내 앞에서 달리고 있는 엉덩이와 가슴이 풍만한 저 여자인가, 아니면 내 옆에서 터벅터벅 걷고 있는 새가슴에 체구가 가냘픈 남자인가?

훗날 페미니스트 이론서를 읽다가 나는 생물학적 성이 인간의 신체에서 유일하고 가장 큰 차이라는 믿음과 그로부터 비롯된 행동들에 이의를 제기한 사람들이 나 이전에도 있었음을 알게 되었다. 조금만 시선을 비틀어 보면 남자와 여자의 종류도 굉장히 다양하다는 것을 알 수 있다. 극단적인 남성성과 여성성에서 시선을 돌리면 그 중간에 남성과 여성이 겹쳐지는 부분이 있다. 게다가 생물학적 성 외에도 신체들 간의 공통점과 차이점을 만들어내는 요소들은 셀 수 없이 많다.

모이라 게이튼스Moira Gatens는 식단, 환경, 전형적 활동 같은 신체의 '역사'가 신체의 능력, 욕구, 물질적 형태를 결정짓는다고 설명한다.[41] 그는 아내이자 어머니인 사람의 몸과 올림픽에 출전하는 여성 육상선수의 몸 사이에는 공통점이 거의 없으며, 여성 육상선수의 몸은 오히려 남성

육상선수의 몸과 더 유사하다고 말한다. 신체 간의 공통점은 유사한 신체를 지닌 사람들이 흥미를 가지고 행하는 활동과도 관련이 있지만, 또한 몸이 움직이는 방식이나 몸이 남들에게 공개되는 방식, 몸의 주인이 할 수 있는 일과도 관련이 있다. 남자들의 삶은 남자의 몸을 더욱 남자답게 만든다. 여자들의 삶은 여자의 몸을 더 여자답게 만든다.

더블린 부두를 가득 메운 수천명의 스트리퍼들은 촬영이 시작되기를 기다리며 제자리에 섰다. 튜닉은 파도로 흔들리는 배 위에서 카메라를 들고 있었다. 그가 메가폰으로 네개의 줄을 만들라고 지시하자 우리는 체온이라는 방어막을 버리고 널리 흩어지며 일제히 피부의 단열한계를 실감했다.

날씨가 나빠서 작업은 난항을 겪었다. 우리는 영원처럼 느껴지는 시간 동안 대기하며 서로의 인내력에 감탄하고, 또한 거기서 힘을 얻었다. 나는 제자리 뛰기를 했다. 미아와 애나는 춤을 췄다. 씨네이드는 팔다리를 흔들어댔다. 텅 빈 여객선이 우리 옆을 미끄러져 지나갔다. "살려주세요!" 미아가 여객선에 대고 외쳤다. "며칠째 여기 있어요!"

첫 자세로 우리는 바다를 바라보고 섰다. 그 결과물은 지금 내 거실 벽에 걸려 있는데, 서로 뒤엉킨 분홍색과 흰색과 때로 갈색이 섞인 피부의 아일랜드인들이 마치 바닷가에 줄지어 있는 조약돌 같다. 제각기 다른 사람들이지만 너무나도 비슷해서 눈을 가늘게 뜨고 보면 모두 똑같아 보인다.

두번째 자세는 손바닥으로 땅을 짚고 앉아 망상에 빠진 태양 숭배 광신자들처럼 하늘을 우러러보는 것이었고, 그다음은 태아 자세였다. 나는 눈을 감고 주위에서 들려오는 농담과 웃음소리에 귀를 기울였다. 멀리서 누군가 웃음을 터뜨렸다. "저쪽에 딜런 모런Dylan Moran(아일랜드의 코미디언이자 배우 겸 감독)이라도 있는 모양이지." 누군가 농담을 던지자 이번에는 내 주위에서 쿡쿡대는 소리가 들렸다. 살갗은 추위로 얼얼했고, 그 순간은 내 마음속에 콕 박혔다.

벌거벗은 지 한시간쯤 흘렀을 무렵 우리는 철수하기로 하고 한마음으로 옷을 향한 긴 후퇴를 시작했다. 세찬 바람 때문에 다들 애를 먹는 와중에도 분위기는 축제 같았다. 전에는 몰랐던 것이 갑자기 분명해진 기분이었다. 많은 사람들이 인류, 사회, 관습과 신체에 대해 놀라워하고, 새로운 사실들을 알아가고 있었다. "이상해." 누군가 말했다. "옷을 하나도 안 입고 있는데도 벌거벗은 것 같지가 않아."

우리, 생물학적 성에 대해 얘기해볼까?

앞서 젠더가 일종의 의상이자, 비록 아주 견고하긴 해도 '학습된' 연기의 방식이라고 말한 바 있다. 그리고 조금 전 나는 사람의 몸이 얼마나 다채로운지를 감안할 때, 생식기관의 종류가 가장 중요한 신체적 차이인 양 모든 사람을 남성과 여성이라는 이분법에 욱여넣는 것이 이상하게 느껴진다고 말했다. 아마 지금 상당수 독자들의 뇌리에는 이런 생각이 떠올라 있을 것이다. 물론 젠더 행동에는 연기되는 요소들이 있고 인간의 신체들 사이에는 생물학적 성외에도 공통점과 차이점이 있지만, 어떤 사람은 생물학적, 신체적으로 남성이고 어떤 사람은 생물학적, 신체적으로 여성이라는 것은 엄연한 사실 아닌가? 지금 그걸 반박하려는 건가?

당연히 그건 아니다. 어떤 사람들은 생물학적으로 남성이고 어떤 사람들은 생물학적으로 여성이다. 그건 생물학적 성의 문제다. 내가 말하려는 것은 이를 근거로 한 사회적 규범들이 때로 불공평하며, 개인의 신체적·지적 능력과 별로 논리적 연관이 없다는 것이다. 이건 젠더의 문제다. 한편으로는, 모든 사람의 신체가 남성과 여성이라는 이분법으로 딱 떨어진다는 생각도 무비판적으로 받아들여서는 안 된다. 젠더와 마찬가지로 생물학적 성도 스펙트럼이며, 간성intersex인 사람도 존재한다.

간성은 신체가 남성이나 여성의 규범적 정의에 들어맞지 않을 때 쓰는 용어로, 생식기의 형태가 이례적인 사람, (일부 염색체는 XX고 일부 염색체는 XY인) 모자이크 염색체mosaic chromosome를 타고난 사람 등 다양한 사례가 있다. 애초에 의료계 내에서 무엇을 간성으로 간주할 것인지에 대해 논란이 있기 때문에 간성인 사람의 수를 정확히 말하기는 어렵지만, 북미간성협회Intersex Society of North America, ISNA는 100명 중 1명이 전형적 남성 또는 여성과 다른 신체를 타고난다고 추정하며, 내가 보기에 그들의 연구는 상당히 믿을 만하다.[42]

이 통계를 보고 독자들도 (나처럼) 놀랐을 것이다. 100명에 1명이라고? 1퍼센트라면 상당히 흔한 비율로 간성이 존재한다는 뜻이다. 간성인 사람들은 전부 어디에 있을까? 왜 내가 아는 사람 중엔 한명도 없을까? 어째서 개인 인적 사항을 기록할 때 성별에 '간성'이라는 선택지는 없을까? 어째서 간성용 화장실이 없을까? ISNA 같은 기관들이 분투하고 있음에도 현실이 이러한 까닭은 간성이 우리 문화에서 삭제되기 때문이다.

가령 우리 문화에서는, 갓 태어난 아기의 생식기가 애매할 경우(1,000명 중 1, 2명꼴로 일어나는 일이다) 부모는 의료팀으로부터 '교정적' 생식기 수술 여부를 결정하라는 압박을 받는다. 수술은 출생 직후, 빠르게는 24시간 이내에 이루어진다. 간성인 것이 겉으로 드러나지 않는(가령 염색체가 간성인) 아이들의 부모는 출생증명서에 성별을 특정해야 한다는 압박에 놓인다. 간성으로 태어난 아이들은 대부분 간성이 아니라 남자 혹은 여자로 키워진다. 그들 중 많은 수가 나중에 성정체성을 바꾼다.

부모는 애매한 생식기를 타고난 아기를 즉시 수술대에 올려 간성인 아이의 성별을 정하고, 간성인 아이를 남자 혹은 여자로 양육해야 한다는 압박을 받는다. 사회의 젠더 규범에 맞지 않게 양육된 아이에게 정신적 문제가 생기리라는 믿음 때문이다. 간성인 아이는 어떤 장난감을 가지고 놀아야 할까? 남자아이들과 어울려야 할까, 여자아이들과 어울려야 할까? 어떤 화장실을 써야 할까? 탈의실은 또 어떻게 해야 할까? 옷은 뭘 입혀야 할까? 어떤 운동 팀에 가입시켜야 할까? 학교 뮤지컬에서 일라이자 둘리틀Eliza Doolittle과 헨리 히긴스Henry Higgins(조지 버나드 쇼의 희곡 『피그말리온』Pygmalion의 남녀 주인공) 중 누구 역을 맡아야 할까? 첫 연애나 첫 섹스에서는 어떻게 타협을 봐야 할까? 나는 의료기관 대변인들이 인도주의적 이유로 아이의 성을 빨리 결정하려 하는 것을 어느정도는 이해할 수 있다. 그러나 그 바탕에 깔린 논리는 지지하지 않는다.

그 이유는, 여기에는 두가지 문제가 있기 때문이다. 우선, 많은 간성인들이 성인이 되어서야 알게 되듯이, 자신에게 가장 큰 트라우마로 남을 이런 결정을 당사자가 너무 어리다는 이유로 남들이 멋대로 내린다는 것이다. 또한 가장 중요하게는, 사회가 간성인 사람들을 배제하는 상황에서 우리가 정말 '교정'해야 할 것은 간성인 아이들의 신체가 아니라 사회라는 것이다. 아이들이 정신적 피해를 받을까 우려된다면, 간성인 사람들에 대한 인식을 개선하고 그들이 사회적으로 인정받게 하는 것이 아기들의 생식기를 수술하는 것보다 나은 방법 아닌가?

그러나 우리 사회는 간성인 사람들의 존재를 인정하려 들지 않는다. 간성인 아기의 부모들에게 "로빈이 여자아이인가요, 남자아이인가요?"라는 질문에 "둘 다 아니에요."라고 대답한다는 선택지는 없다. 영화를 공부하는 내 친구 샬럿 글레그혼Charlotte Gleghorn 박사가 최근 논문에서 다룬 브라질 영화 「XXY」는 10대의 간성 소녀가 처음으로 남자를 사귀면서 자신의 신체적 특수성에 대해 결정을 내리는 내용이다. 이 영화를 리뷰한 모든 비평가들은 주인공을 남녀추니라고 칭하는데, 그는 사실 남녀추니가 아니다(남녀추니는 남자 성기와 여자 성기가 둘 다 달린 존재이다). 샬럿은 이것이 많은 사람들에게 간성의 신체가 신화적이고 비현실적인 것으로 여겨지기 때문이라고 말한다.[43](영어에서 남녀추니를 뜻하는 단어 허매프로다이트hermaphrodite의 어원은 그리스 신화에서 헤르메스와 아프로디테의 자식으로서 남녀 양성을 갖춘 신 헤르마프로디토스이다.)

(내게 간성에 대해 많은 것을 알려준) 나의 또다른 친구 펄리시티 기Felicity Gee 박사는 영화 속에서 간성이 묘사되는 방식에 대해 강의하는데, 그의 말에 따르면 강의 전에

학생들 대부분은 간성인 사람들이 실제로 존재한다는 것조차 모르고 있다고 한다. 놀랄 일은 아니다. 대부분의 나라에서 간성은 개인 인적사항을 작성할 때 젠더 선택지로 인정되지 않고, 상당수의 간성인들은 결혼하거나 사실혼 관계를 맺거나 아이를 입양하거나 대리모 노릇을 할 권리가 없으며, 인구조사에서도 집계하지 않는다. (이런 상황은 서서히 변화하는 중이다. 호주, 뉴질랜드, 독일, 방글라데시, 인도, 네팔, 파키스탄 같은 나라에서는 각기 정도는 다르지만 제3의 젠더 혹은 규정 불가능한 젠더를 법적 지위로 인정하고 있다.)

신체적 성의 모호성이 우리 문화에서 이처럼 극렬하게 삭제되는 이유는 무엇일까? 남성과 여성의 신체가 다양한 남성적, 여성적 특성을 지니는데다 간성까지 존재하니 성을 스펙트럼으로 봐야 한다는 것을 알면서도, 우리가 성을 이분법으로 생각하는 이유는 무엇일까? 나는 그 답이 불평등한 우리 사회 내에서 신체의 차이가 불평등을 합리화하는 데 쓰이기 때문이라고 생각한다. 간성을 인정하고, 생물학적 성이 이분법이 아닌 스펙트럼임을 인정하고, 젠더가 생물학적으로 정해지지 않는다는 것을 인정하면 그런 합리화는 힘을 잃는다. 이는 곧 남녀 사이의 사회적 불평등이 자연스럽고 불가피한 것이라고 믿는 사람들에게 위협을 가한다.

우리, 젠더에 대해 얘기해볼까?

생물학적 성은 X염색체와 Y염색체로 간단히 끝나는 문제가 아니지만 대부분의 사람은 식별 가능한 생물학적 성을 지니고 있다. 그런데 생물학적 성은 젠더 정체성에 대해 무엇을 알려줄까? 다시 말해, 한 사람의 생물학적 성이 그가 어떤 사람인지, 그가 어떤 행동을 할 가능성이 높은지, 그가 어떤 사회적 역할에 적합한지에 대해 알려줄 수 있을까?

젠더 정체성의 문제에 접근하려면 정체성을 먼저 얘기해야 할 것이다. 정체성이란 무엇인가? 견고하고 내적인 것, 고정된 '나다움' 또는 '너다움'의 핵심을 말하는가? 아니면 당신이 하는 말과 당신이 하는 행동으로 구성된 것인가? 정체성이란 당신이 연기하는 방식인가?

과거에 나는 정체성을 전자로 생각했다. 내 행동들이 진실하게 표현하거나 자기도 모르게 노출시키는 불변의 자아가 있다고 믿었다. 사실, 내가 이 책에서 적용한 (연기에 중점을 둔) 접근법을 최초로 시도한 작가들 중 한 사람은 본질적 자아라는 개념을 정해진 것으로 받아들였다. 어빙 고프먼Erving Goffman(일상생활 속 행동의 미시적 분석에 초점을 맞춘 캐나다 출신 사회학자)의 유명한 (그리고 끔찍이도 성차별적인) 저서 『일상 속 자아의 표현』*The Presentation of the Self in*

*Everyday Life*에서는 사람들의 행동과 습관을 설명하기 위해 사회적 연기와 일상적 연극이라는 개념을 사용한다.[44]

고프먼은 변하지 않는 내적 정체성의 존재를 상정하고, (희한하게도 대부분 셰틀랜드 제도Shetland Islands(북해 지역의 영국령) 사람들인) 피연구자들의 행동을 본질적 정체성과 사회적 기대 사이의 협상을 통해 만들어진 것으로 해석한다. 일리 있는 얘기다. 우리는 많은 것을 사적으로 경험하며, 홀로 있을 때나 사적인 상황에서는 다른 사람들 앞이나 공적인 상황에서와 다른 방식으로 행동한다(내가 지금 코를 파고 있는 것처럼). 그러나 살다보면 많은 것에 대한 생각이 바뀌는 법이고, 정체성의 본질에 대한 내 생각 또한 달라졌다.

돌아가실 무렵 우리 할머니는 하루 24시간 내내 누군가의 보살핌을 받아야 했다. 나는 임종 직전까지 1, 2주에 한 번씩 할머니를 간병하곤 했다(여담이지만, 이때의 경험을 통해 나는 전일제 간병인들이 초콜릿 케이크와 마법의 가루로 만들어진 천사라고 믿게 되었다). 신체적으로 무능력해지기 전에 우리 할머니는 상상할 수 있는 가장 이타적인 사람이었지만, 임종이 다가오자 겁을 내고 불안해했다. 당연했다. 정신은 말짱한데 혼자서는 아무것도 할 수 없다는 건 대단히 두려운 일이었을 것이다. 그래서인지 할머니는 바라는 게 많아졌고, 솔직히 말하자면, 대하기 골치 아픈 사람이 되었다.

내가 간병하는 밤이면 할머니는 하룻밤에도 전기벨을 여덟번, 아홉번, 열번씩 울렸다. 벨을 울려도 아무도 오지 않을까봐 걱정이 되어서였다. 사실 필요한 건 없었다. 그럼에도 할머니는 무언가 지어냈다. 물 한잔 다오. 베개 위치를 바꿔다오. "내가 부르면 네가 올지 확인하고 싶어서"라고 말할 수 없어서 지어낸 이유들이었다. 슬프지 않은가? 이제 와 생각해보면 할머니가 누군가를 필요로 할 때 내가 곁에 있을 수 있었다는 것은 감사할 일이다.

하지만 당시에는, 새벽 4시에 여섯번째 호출을 받고 할머니가 실제로 무언가를 필요로 하는 건 아님을 알면서도 달려가야 할 때면 그 망할 벨소리에 분노가 폭발할 것 같았다. 나는 마음속으로 비명을 질렀다. '진짜 **필요한 것**도 없으면서! 지금은 새벽 4시인데! 돌아가실 날이 가까워서 다행이지, 그렇지 않으면 내가 할머니를 죽였을지도 몰라!' 하지만 나는 자리에서 일어나 할머니에게 다정한 말을 건네고, 베개를 고쳐주고, 물을 대령하고, 쓸데없이 화장실로 할머니를 모셔갔다(나를 잠에서 깨운 오줌은 딱 들기에도 짧아서 나는 아주 못마땅한 기분이 되었다. 할머니, 그런 소리에 속아넘어갈 줄 알았어요?).

그런 새벽이면 나는 어떤 사람이었나? 끔찍하고 분노로 가득한, 산타클로스에게서 석탄이나 받을 법한(산타클로스가 착한 아이들에게는 사탕과 초콜릿, 나쁜 아이들에게는 감자와 석탄을 준다는 속설이 있다) 손녀였는가? 아니면 다정하고 배려심 깊은 최고의 손녀였는가? 나는 후자였다고 자평한다. 나를 만드는 것은 생각이 아니라 행동이었다. 사랑하는 어린 아이들에게 소리를 지르고 싶지만 상냥하게 웃어 보일 때, 잠을 설치고 예민한 날이라 열정적인 학생들에게 헛소리는 집어치우라고 말하고 싶지만 그 대신 "흥미롭군요. 반론을 제기할 수 있는 사람 있나요?"라고 물을 때, 반대로 친구에게 전화해서 내 잘못을 사과하고 싶지만 내가 여전히 20퍼센트는 멍청이라 그러지 않을 때에도 이 원리는 똑같이 적용된다.

정체성을 본질이 아닌 행동으로 인식하면 자아 개념이 불안정해진다는 문제가 따른다. 나는 한순간 소리를 지르고 화를 내는 엄마였다가 다음 순간 노래를 부르고 춤을 추는 엄마가 될 수 있다. 그렇다면, 나는 누구인가? 정체성이란 무엇인가? 당신은 당신이 뱉은 마지막 한마디, 당신이 한 마지막 행동인가? 정체성이 끊임없이 변화한다는 생각은 우리가 스스로를 경험하는 방식과 충돌한다. 우리는 스스로를 매일 같은 사람으로 인식하기 때문이다. 물론 때때로 자신답지 않은 행동을 할지 모른다. 친구들이 "걔 요즘 딴사람 같아"라고 말하는 시기도 있다. 그러나 당신은 여전히 당신다운 성격을 지니고 있다. 당신은 여전히 당신이다.

예전에 한번은 남자친구가 아주 못된 말을 해서 싸운 적이 있다. 나는 사촌언니 쎄라에게 스카이프로 전화를 걸어 울면서, 내가 그렇게 끔찍한 말을 할 줄 아는 남자친구와 헤어져야 할지 상담을 청했다(극단적으로 들리겠지만 개가 한 말은 **정말** 혐오스러웠다). 쎄라는 내게 마지막으로 나눈 대화가 그 사람의 전부는 아니라고 알려주었다(쎄라는 현자들의 회의에 모인 한떼의 올빼미만큼이나 현명하다). 한 사람은 그와 나눈 모든 대화의 총합이라는 것이다.

쎄라의 말에 의하면 내 남자친구는 그냥 잘못 하나가 아니라, 내가 그를 알고 지낸 몇년 동안의 멋진 것들에 잘못 하나가 **추가된** 사람이었다. 계속해서 잘못이 누적된다면 그의 정체성에 대한 판단을 바꿔야겠지만, 한번의 행동으로 내가 알던 사람에 대한 인식을 통째로 뒤엎어서는 안 되었다. 한번의 잘못은 그답지 않은 행동이었기 때문이다. 쎄라의 말이 옳았다 —— 내 남자친구는 훌륭한 파트너이자 계량할 수 없는 방식으로 내 삶을 풍요롭게 해준 사람이었다. 아주 가끔 초특급 등신같이 구는 것은 그의 정체성이 아니었다. 내가 여기서 말하고자 하는 것은, 단 한번의 행동이 아니라 오랜 시간에 걸친 행동이 우리를 만든다는 것이다.

씨몬 드 보부아르Simone de Beauvoir는 유명한 말을 남겼다.

"여자는 태어나는 것이 아니라 **만들어지는 것이다.**"[45] 이때 그가 뜻하는 바는 우리의 젠더 정체성이 오랜 시간에 걸친 행동을 통해 만들어진다는 것이다. 주디스 버틀러는 현대에 들어와 이 생각을 흥미로운 방식으로 발전시켰다. 연기나 공연은 의도적으로 만들어진 것, 의도적으로 '허구'인 것으로 생각되기 때문에, 젠더를 일련의 연기 혹은 공연에 비유하는 데에는 한계가 있다는 것이다. 대부분의 배우가 자기가 연기를 하고 있음을 알고 있고, 자신의 연기가 자신의 정체성을 표현한다고는 생각하지 않는다. 그렇다면 젠더를 공연으로 생각하는 것이 단순한 비유 이상이 될 수 있을까?

버틀러는 젠더 정체성이 공연이 아니라, 그가 명명한 바에 따르면 '수행적'performative인 것이라고 주장하며 공연의 비유를 뛰어넘는다. 수행적 젠더는 연극적이지만, 무대 위의 연극과는 달리 공연되는 것이 아니다. 공연이라는 단어는 배역 아래에 '실제' '현실'의 연기자가 있음을 암시하지만 수행성은 우리의 행동 아래에 '실제'적이고 '현실'적인 것은 아무것도 없음을 암시한다. '수행성'이라는 단어는 우리의 정체성이 오랜 시간에 걸쳐 연기와 행동을 반복하며 만들어진다는 것을 의미한다.[46]

이런 행동들은 '우리 자신답게' 여겨지기 시작한다. 가령 (춤을 출 줄 안다는 가정하에) 당신이 춤을 추는 방식을 떠올려보라. 당신의 춤은 당신의 젠더에 대한 기대, 당신이 듣는 음악, 당신이 사귀는 친구들, 당신이 텔레비전과 영화에서 본 춤, 어쩌면 당신의 가족, 어쩌면 당신이 받은 교육에 의해 빚어졌다. 그러나 그 춤은 여전히 당신의 춤이다. 누구도 당신과 똑같은 방식으로 댄스플로어를 누빌 수없다. 3장에서 내가 남장을 하고 춤을 추며 확인했듯, 본능적인 움직임에 맞서 다른 춤을 추려면 상당한 노력이 필요하다.

무대 위의 배우들과 달리 우리는 우리가 벌이고 있는 공연을 믿는다. 우리는 그 공연이 우리를 표현한다고 믿는다. 실제로 공연은 우리를 표현한다. 수행적 정체성은 유일무이하고, 진정하고, 개인적인 것이다. 그러나 수행적 젠더는 아주 강력하고도 지속적인 사회적 승인(착한 소녀로구나!)과 사회적 금기(그건 별로 숙녀답지 않은 행동인걸)에 의해 빚어졌다는 사실을 기억하는 것도 중요하다.

버틀러는 생물학적 성이 존재한다는 사실을 부정하지않지만(이 대목에서 그를 비난하는 사람도 있다), 생물학적 성이 사회 내에서 부호화되고 의미가 주어지는 과정을 점검하는 것은 중요하다고 본다. 그는 또한 우리가 직접생각하고 선택하고 행동할 능력이 없는, 딱딱한 각본에 따라서만 행동하는 자동인형이 아니며, 우리의 몸이 특정한방식으로 수행되도록 길들여졌으나 그럼에도 다른 방식으로 몸을 '행할' 수 있다고 생각한다.

버틀러는 젠더가 생물학적 성의 자연스러운 심리적·영적 표현이라는 세간의 생각을 철학적으로 반박한다(3장에서 보았듯 젠더 정체성이 생물학적 성과 '일치하는' 정도가 심리적·사회적 행복을 결정한다는 잘못된 상식을 타파하기 위해 과학적인 도구를 사용했던 뱀과 유사점이 있다). 버틀러에게 있어 젠더란 행동을 통해 **표현되는** 것이 아니라 행동을 통해 **탄생하는** 것이다. 그는 사회가 자신의 젠더를 올바로 '행하지' 않는 사람들을 너무나 손쉽게 비난한다는 사실이, 어떤 층위에서는 사람들이 젠더가 자연적 구성물이 아니라 사회적 구성물이라는 것을 인지하고 있다는 증거라고 낙관적으로 해석하기도 한다.

문화적 부호, 문화적 의상

의사나 산파가 생물학적 성에 근거해 "공주님입니다!"라고 소리친 순간부터, 아기는 자신의 젠더를 적절히 수행하는 방법을 배우기 시작한다.[47] 시간이 흐르면 젠더 딱지가 붙은 행동은 반복을 거쳐 아이의 정체성의 일부가 된다. 이 과정에 특징이 하나 있다면 아주 어려서부터 남자아이와 여자아이 사이의 차이점을 찾아내고 과장한다는 것이다. 남자아이에게는 파란색을 입히고, 여자아이에게는 분홍색을 입힌다. 여자아이에게는 긴 머리를, 남자아이에게는 짧은 머리를 하게 한다. 남자아이에게는 바지, 기차, 자동차를, 여자아이에게는 원피스, 나비, 꽃을 준다. 남자아이에게는 앤이라는 이름을 붙이지 않고, 여자아이에게는 배리라는 이름을 붙이지 않는다.

이들 기호는 성인들이 아이들을 분명히 젠더 규범에 따라 대한다는 것을 뜻한다. 그렇지 않다면 여자아이도 남자아이도 똑같은 대우를 받을 터인데, 그건 **상상조차 못할 일**이다. 어른들이 성별이 다른 아이들 사이의 신체적 차이를 찾아내고 과장하면 아이들은 젠더 특유의 행동방식을 배운다. 그것은 이윽고 정체성의 일부가 된다. 생물학적 성의 스펙트럼을 이분법으로 위장하고, 고정된 내적 젠더 정체성이 아이가 타고난 염색체와 '자연적으로' 일치한다는 환상을 만들어내는 것도 젠더를 기준으로 한 차별대우에 일조한다.

최근에 한 파티에서 나는 친구들과 함께 남녀의 부호화와 그로 인해 우리가 어린아이들을 대하는 방식이 달라진다는 주제로 대화하고 있었다. 누군가 지난주에 참석한 세례식 이야기를 들려주었다. 세례를 받는 아이는 여자 같았지만 파란색 멜빵바지(세상에에에! 으흠, 미안하지만, **파란색 멜빵바지라니!**)와 노란색 티셔츠를 입고 있었기 때문에 친구는 자문하기 시작했다. '어쩌면 잘못 생각했는지도 몰라. 남자아이일지도 모르지.' 아이를 어떻게 대해야 할지 확신할 수 없어서 불안해진 친구는, 이때 자신이 남자아이와 여자아이를 입은 옷을 기준으로 다르게 대하고 있다는 것을 깨달았다.

의상은 중요하다. 아이들이 어린이집에서 성별에 따라 부호화되고 상이한 대우를 받는다면, 성인이 되었을 때 그들이 자신들이 남녀이기 이전에 사무실이나 부엌에서 공평하게 대우받아야 하는 인간임을 우선시하리라 기대할 수 있겠는가? 의상은 어른들이 아이들을 대하는 방식에 영향을 미치고, 그 방식은 아이들이 어떤 어른으로 커갈지를 만들어간다. 의상이 정체성이 된다. 공연이 현실이 된다.

유·아동기에는 같은 옷을 입혀놓으면 성별 구분이 어려워서 남녀를 다르게 대할 수 없다. 그러다가 사춘기가 오면 2차성징이 나타난다. 가슴이 부풀고 고환이 커지고 전에는 민숭민숭했던 가랑이에 털이 자라고 평균적으로 남자가 여자보다 몸집이 커진다. 논리적으로 볼 때, 이 시기에 우리는 젠더 의상을 입히고 젠더 간 차이를 과장하는 것을 관두어도 된다. 남녀를 구분할 수 있는 다른 방법들이 생겼으니 말이다.

그러나 부호화는 오히려 사춘기에 심해진다. 어려서부터 젠더를 표시할 때 쓰였던 바지, 치마, 짧은 머리, 포니테일의 젠더성이 더욱 강화된다. 성인 남성에게서는 솔향기가 나고 성인 여성에게서는 꽃향기가 난다. 여성은 화장을

하고 매니큐어를 바르지만 남성은 그러지 않는다. 이처럼
젠더 부호화는 더욱 격심해진다.

우리는 2차성징을 겪고 난 남녀에게 더 많은 젠더 상징
을 덧붙이는 동시에 실제로 존재하는 신체적 차이를 부풀
린다. 가령, 남성이 여성보다 체모와 수염이 더 많이 나니
까(물론 거의 모든 여성도 체모가 나며 약 40퍼센트는 수
염도 난다[48]) 여성의 체모와 수염을 밀어 없앰으로써 이 차
이를 과장하는 식이다.

여성은 유방 조직이 발달하지만 대부분의 남성은 그러
지 않으므로, 우리 사회는 큰 유방을 성적으로 숭배한다
(하지만 살면서 유방 조직이 과잉발달된 여성형 유방을 경
험하는 남성은 최소 32퍼센트, 많게는 65퍼센트로 아주 흔
하다[49]). 2012년에 영국에서만 거의 1만명의 여성들이 유
방확대수술을 받았다.[50] 가슴이 작은 여자로서 나는 뽕이
들어 있지 않은 A컵 브라를 찾기란 불가능에 가깝다고 단
언할 수 있다. 정말로, 그건 신화 속에서나 존재하는 기구
가 아닐까?

남성들은 평균적으로 키와 몸집이 여성보다 크다. 따라
서 우리의 미디어에서 그려지는 이상적인 남성은 헐크처
럼 우락부락하고, 남자들은 사회적 가치를 높이기 위해 근
육을 키우려 한다. 반면 미디어에서 그려지는 이상적인 여
성은 빼빼 말랐기에 여성들은 사회적 가치를 높이기 위해

다이어트를 한다.

이런 의상과 부호화, 차이의 과장을 통해 우리는 성인이 되어서도 생물학적 성이 스펙트럼이라는 사실을 숨기고 남녀의 불평등을 합리화한다. 털이 많고 솔향기가 나고 꾸미지 않는 남성은 화성에서 왔고, 털이 없고 꽃향기가 나고 장신구를 주렁주렁 매단 여성은 금성에서 왔다. 이렇게나 다른 피조물들은 다른 대우를 받아 마땅하고, 사회적으로나 문화적으로나 다른 역할을 수행해야 한다. 어린애 같고 화려한 꽃이어야 하는 여성들은 당연히 어른스럽고 현실적이고 강건한 남성들처럼 정부나 사업체를 운영할 수 없다.

당신의 몸은 무엇을 의미해야 할까?

남성이나 여성의 신체를 가졌기 때문에 어쩔 수 없이 불가능한 행위들이 있다. 출산, 정자 생산, 모유 수유, 특정 수준의 경쟁적 스포츠 등이 그것이다. 그러나 극히 드문 경우를 제외하면 대부분의 행위는 남녀 양쪽에 열려 있다. 기저귀 갈기, 등산, 선반 설치, 봉춤, 영양가 높은 4인분 식사 조리, 자동차 엔진 수리, 빗속에서 나체로 춤추기 등이 모두.

남성과 여성 사이에 신체적 차이가 있긴 하지만, 문화가 발전하면서 이러한 차이들의 의미는 뿌리째 달라졌다. 그럼에도 남녀는 여전히 사회에서 전혀 다른 역할을 맡는다. 쌘드라 벰은 역사상 처음으로 남녀가 거의 모든 일에서 똑같이 능력을 발휘할 수 있는 시대가 왔음에도 불구하고 미국의 많은 기관들이 부모 노릇과 직장생활을 병행하기를 몹시 어렵게 만들어놓았다는 사실을 지적하며, 이 역설 뒤에 숨은 역사와 전통을 설명한다. 임신의 주체는 여성이며 육아 역시 전통적으로 여성의 일로 여겨져왔기 때문에, 노동시장을 떠나야 하는 것은 항상 여성이다. 벰이 보기에 이는 여성과 남성의 능력이 아니라 권력, 역사, 전통의 문제다.[51]

아직도 재생산 기능이 있는 신체를 지닌 여성들이 공적 영역에서 배제되어야 한다고 생각하는 사람들이 있다. 이런 사람들을 전문용어로 멍청이라고 부른다.

여성이 남성과 몸이 달라서 할 수 없는 일에 대해 생각할 때면 나는 대학의 철학 전공과정 중 윤리 과목에서 배운 사고실험을 떠올리곤 한다. 인구 절반이 발에 용수철을 달고 태어나서 아주 높이까지 뛸 수 있다고 상상해보자. 용수철 발이 있는 사람 몇몇이, 용수철을 밟고 뛰어야만 도달할 수 있는 높이에 입구가 있는 건물을 짓고 용수철 발이 없는 사람을 위해 계단을 짓는 수고 따위는 하지 않는다면 어떨까? 이는 분명히 용수철 발이 없는 사람들을 특정한 사회적 공간에서 배제하고, 그럼으로써 그들의 기회를 제한한다. 이게 공정한가?

물론 아니다. 그것이 모든 건물에 휠체어를 위한 경사로가 있는 까닭이다. 또는, 장애인의 권리에서 여성의 권리로 이 우화를 확장해보면, 우리에게 육아휴직이라는 것이 필요한 까닭이다. 사람들의 신체는 다양하고, 다양한 몸은 다양한 활동을 할 수 있다. 신체적 차이로 인해 일부를 공적 영역에서 배제해서는 안 된다.

생물학적 성으로 인한 불가피한 제약과 사회에 의해 만들어진 실제 젠더 역할 사이에는 큰 괴리가 있다. 그럼에도 많은 사람들이 아직도 사회적 차이와 그로부터 비롯된 사회적 불이익을 생물학적 차이라는 핑계로 정당화한다. 이것은 편견에 불과하다. 우리 사회에서 남성과 여성의 역할은 실제 남성과 여성의 신체가 아니라, 남성과 여성의 의미에 대한 공인된 믿음의 체계에 연결되어 있다. 이 믿음들은 성차별적 고정관념이자 여성들이 받는 불이익의 근원이다.

이러한 '상식적' 믿음들에 딴죽을 걸고 변화시키려는 시도에서 문제가 되는 것은, 우리가 비판하는 생각들과 규범들의 산물인 젠더 정체성이 이미 우리에게 주어져 있다는 사실이다. 우리가 자신을 여성으로 경험하는 방식조차도 젠더 이분법을 강화한다. 그러므로 우리가 페미니스트로서 우리의 젠더 정체성을 검토하고, 그 정체성이 어디서 비롯되었는지, 우리의 몸이 정체성을 어떻게 표현하는지, 가부장제가 아닌 평등을 위해 젠더의 수행성을 어떻게 재미나게 활용할 수 있을지 생각해보는 것은 너무나도 중요하다.

제6장

무대
위의
몸

페미니스트들은 성 불평등에 대한 문화적 논의의 틀을 다시 짜야
한다, 남녀 간의 차이보다는 그 차이를 남성 중심의 담론과 제도가
어떻게 여성의 불이익으로 변형시키는지에 초점을 맞추어서.[52]

—쌘드라 벰

가슴 열광증 Boob Mania

큰 가슴 얘기를 해보자. 가슴, 슴가, 찌찌, 젖통 얘기를 해보자는 거다. 가슴이 대체 뭐라고 이 난리들일까? 가슴이란 여성 대부분과 남성 일부의 상체 앞면에 붙은 지방과 살의 덩어리에 지나지 않는다. 그러나 그것은 성적 의미를 부여받고 숭배의 대상이 되어, 많은 여성들은 성적 매력을 더하기 위해 가슴을 째고 씰리콘을 넣는 데 수천 파운드를 투자한다. 아주, 아주 기이한 일이다.

가슴 열광증은 문화특정적이다. 세상에는 여성의 드러난 젖꼭지를 본 남성이 바로 미지근한 정액을 사정하지 않는 사회도 여럿 있다. 이런 사회의 여성들은 서구의 남성들이 가슴에 집착하는 것에 자주 놀라움을 표한다. 우리 문화의 남성들은 자기가 젖먹이 아기인 줄 아는 걸까? 어떤 사회에서는 다리 같은 여타 신체 부위가 금기시되는 반면 젖가슴 노출은 용인된다. 우리 문화에서도 가슴이 무조건 출렁이는 섹시함의 상징으로 읽히지 않는 경우가 왕왕 있긴 하다. 가령 모유 수유 중인 여성을 보고 "이야—"를 외치는 게 저질이라는 인식은 널리 퍼져 있다.

그러므로 서구에 존재하는 가슴에 대한 금기, 그리고 여기서 비롯된 가슴에 대한 강박이 통제 불가능하다거나 남성의 자연스러운 반응이라는 생각은 갈가리 찢어 바람결에 날려버리자. '가슴이 대체 뭐라고?'의 문제를 다른 각도에서 접근해보자. 가슴에 대한 성적 강박으로 인해 우리는 여성에 대해 어떤 생각을 갖게 되고, 어떤 태도를 취하는가?

가슴 열광증은 무엇보다 여성의 몸에 사회적 수치와 개인적 부끄러움을 덧붙이고, 여성의 신체적 자유를 방해한다. 한번 상상해보자. 당신은 클레어네 파티에 와 있다. 여름밤의 후텁지근한 열기 속에서 당신은 소문난 춤꾼처럼 댄스플로어를 누빈다. 다양한 체구, 몸매, 체취, 체모를 지닌 남자들 여럿은 이미 상의를 벗어던졌다. 그들은 가장 좋아하는 티셔츠가 땀으로 얼룩지는 걸 걱정할 필요가 없다. 반면 당신의 티셔츠는 더러워지고 있고 갈비뼈를 향해 기세 좋게 퍼져나가는 축축한 땀자국은 전혀 숙녀답지 못하다. 그러나 만약 당신이 그들처럼 상의를 벗어던지면 무슨 일이 일어날까?

파티에 참석한 사람들의 됨됨이에 달려 있긴 하지만, 어쨌든 핸드폰 카메라가 등장하지 않을 리 없다. 가슴이잖아, 인터넷에 올리자! 인터넷엔 더 많은 가슴 사진이 필요하니까! 업로드된 사진에는 춤을 추느라 땀에 젖은 상체가 다섯 개 드러나 있지만, 그중 벌거벗은 것으로 간주되는 상체는 하나뿐이고, 경악과 조롱의 대상이 되는 사람도 단 한 명뿐이다 ― 바로 당신 말이다! 반나체의 남자들에 둘러싸여 가슴을 내놓고 있는 당신의 사진은 물론 인스타그램에 올라갈 것이고, 당신은 메리 이모에게 이 상황을 설명하느라 진을 빼야 한다. 미래에 취직하게 될 회사에서는 더욱 애를 먹을 것이다. "더웠어요." 당신은 설명한다. "티셔츠가 더러워지고 있었어요. 많은 사람들이 상의를 벗고 있었다고요!" 하지만 아무도 당신의 말을 믿지 않는다. 덥고 땀이 난다고 해서 가슴을 노출하다니, 말이 되는가. 망나니들의 섹스 디스코텍 같은 곳이었다면 당신은 인기 최고였을 것이다.

카메라 플래시가 터지는 걸 본 친구 한 명이 만약을 위해 가져온 여름 카디건을 손에 쥐고 달려온다. 그는 카디건을 (여전히 신나게 흔들어대고 싶을 따름인) 당신의 어깨에 둘러주고, 당신을 조심스럽게 댄스플로어 바깥으로 끌고 나와서 파티 중간에 모든 중요한 대화가 이루어지는 장소 — 계단에서 세번째 단으로 데려간다. "에머, 너 너무 많이 마신 것 같아." "라거 두 캔밖에 안 마셨는걸!" "그럼 왜 윗옷을 벗었어?" 친구는 초강력 접착제로 손가락이 붙어버려 울음을 터뜨린 꼬마에게나 사용하는 말투로 묻는다. "다른 사람들도 벗었잖아!" 당신은 항의한다.

친구는 댄스플로어에서 즐기는 방법이 전부 옳은 건 아니라고 상냥하게 설명한다. 친구는 당신을 걱정한다. 그리고 이제 집으로 가자고 말한다. 클레어는 다시는 당신을 파티에 초대하지 않는다. 가슴을 감싸두었더라면 티셔츠는 엉망이 되었겠지만, 일자리에서 잘리거나 친구에게 절교당하는 일은 없었을 것이다. 땀자국이 지나치게 커지지만 않았다면 품위도 지킬 수 있었을지 모른다.

여성의 노출된 가슴이 성적이지 않다니, 말도 안 된다. 우리가 가슴을 내놓는 이유가 '사내들'이 아닌 다른 것일 리 없다. 바비큐를 하는 남성들 대부분이 상의를 벗는 이유가 명백히 신체적 편의를 위해서라는 것은 문제없이 이해받지만, 여성의 몸은 공공이 소유한 재산이기에 남을 흥분시키기 위해서가 아닌 다른 이유로 옷을 벗는다는 것은 상상조차 할 수 없다. 남성이 자신의 몸에 대해 내리는 결정은 그들 자신을 위한 것이다. 그러나 여성이 자신의 몸에 대해 내리는 결정은 자신이 아닌 다른 모두의 즐거움을 위한 것이다.

여성의 가슴을 둘러싼 금기는 또한 여성의 상품화와 상업화를 불러온다. 그 말인즉슨, 가슴의 존재 목적이 섹스에 목마른 남자들의 쾌락을 위한 것임을 분명히 함으로써, 금기를 깨고자 하는 여성들이 돈벌이에 이용된다는 뜻이다. 『넛츠』Nuts『주』Zoo『로디드』Loaded나『더 썬』The Sun의 '페이지 3'page 3 섹션 같은 쎄미포르노 출판물의 (대다수가 남성인) 편집자, 사진가, 주주 들은 자신의 신체적 편안함이나 자유를 위해서가 아니라 남성들의 성적 쾌락을 위해 가슴을 노출한 젊은 여자들의 사진을 팔아서 부를 쌓았다.

이처럼 말도 안 되는 이유로 묵직한 정치적 금기가 덧붙은 여성의 몸은 사업가들의 수익을 올려주는 상품이 된다. 상업화를 통해 금기는 강화되고, 여성이 남성만큼 신체의 자유를 누리기는 더욱 어려워진다. 아직 어리고 가치관이 확립되지 않은 남성들은 벗은 여성의 사진들을 구매하면서 여성의 신체가 돈을 내고 소비할 수 있는 상품이라는 것을 배운다. 이미 꽤 명백했던 권력 역학은 갈수록 강화된다.

여성의 가슴에 대한 금기는 정장을 입은 남자들의 주머니를 채울뿐더러 성범죄 피해자에게 책임을 전가하는 문화와 강간 옹호를 비롯한 성차별적 태도를 허용한다. 남성용 잡지에 등장하는 여성들이 남성의 눈요기를 위해 가슴을 노출하는 거라면, 가슴골을 드러낸 여성들은 죄다 그런 걸 거다. 가슴을 내놓은 여자가 있다면 아마 걸레일 것이다. 걸레가 아니라면 어째서 옷을 그렇게 입었겠는가? 갑자기, 가슴을 충분히 가리지 않았다는 이유만으로 당신은 성적으로 밝히는 여자 취급을 받고, 남성들을 자극하지 못해 안달이 났다고 해석된다.

이는 특히 가슴이 큰 여자들에게 문제다. 나는 망사 조끼나 가슴이 파인 상의를 입어도 그렇게까지 성적으로 해석되지 않으며, 이런 차림으로 강의를 하러 가도 불편하지 않다. 반면 내가 아는 한 여자는 나와 비슷한 차림을 하는데도 한 남자 선배에게서 이런 옷을 입고 강의하는 것은 부적절하다는 말을 듣고 대단히 기분이 상했다. 여자 친구들끼리 놀러 나간 밤에 내 친구 메이브는 다른 애들과 다를 바 없는 옷을 입고 있었는데도 남녀 모두에게서 큰 가슴에 대한 논평이나 성적인 빈정거림을 들어야 했다. 그가 대체 뭘 어떻게 해야 한다는 말인가? 언제나 몸을 꽁꽁 싸매라는 말밖에 더 되는가?

성추행이나 강간 이야기를 듣고 "그 여자 옷을 봤어야 해"라거나 "그런 옷을 입고 다니면서 뭘 기대하는 거지?" 같은 말로 응수하는 사람들을 본 적이 있을 것이다. 가슴에 대한 금기로 인해 우리는 여성의 유방이 너무나 자극적이라 남자의 시각에 닿는 순간 이성을 완전히 잃게 한다고 믿고, 나아가 피해자인 여성이 몸을 충분히 감추지 않았다고 실제로 비난을 퍼붓는 지경에 이르렀다.

가슴 열광증은 여성의 전문성을 깎아내리는 수단이 되기도 한다. 우리 대학에서는 박사과정을 시작하는 학생들을 위해 '연구 관리법'이라는 특강을 열었다. 한 여자가 교실로 들어오더니 대학원생의 인생에 찾아오는 개인적, 학문적 위기들을 성공적으로 돌파할 방법을 알려주기 시작했다. 이 공식 특강에서 강사는 그곳에 있던 여자들에게 전문성이 요구되는 상황에서는 절대 노출이 있는 옷을 입지 말라고 말했다. 이 대단한 조언을 건네며 그는 자신이 참석했던 콘퍼런스 이야기를 예로 들었다. '몸매가 훌륭한' 여성이 발표를 하려고 일어나서 재킷을 벗었더니 혁 소리 나게 부적절한 상의가 드러났다는 것이다. 상상할 수 있겠지만, '거유녀'의 발표가 끝났을 때 그 내용을 한마디라도 들은 사람은 아무도 없었다. 모두가 탐스러운 유방에 집중하느라 연구의 질에는 신경 쓸 여유가 없었던 것이다. 저 멍청한 젖소를 보라지!

내가 특강을 진행한다면 방에 모인 남녀 대학원생들에게 이렇게 조언할 것이다. 여성의 몸이 그들의 전문성을 깎아내리지 않는 세상을 만들기 위해 노력하라고. 그러나 내가 우리 대학원에서 받은 조언은 "네가 가슴을 출렁거리면 우리는 침을 흘릴 것이다!"였을 뿐이다.

그렇다면 정답은 무엇일까? 저항하는 의미에서 가슴을 내놓고 다녀야 할까? 그렇게 간단한 문제가 아니다. 남녀가 모인 자리에서 이 주제를 꺼낼 때면 어김없이, 혼자 잘난 줄 아는 남자 하나가 아주 재미있다는 듯 말을 보탠다. 나는 여성들도 공공장소에서 상의를 벗는 페미니스트 운동을 전적으로 지지해! 내가 뭐 도울 일 없나? 흐흐. 기부는 어디에 하면 돼? 흐흐.

물론 여성의 가슴을 둘러싼 성적 금기를 해체하고자 하는 시도가 오해받지 않는 공간들도 존재한다. 그러나 도처에 카메라가 있는 시대에 그런 공간은 극히 적다. 히피주의의 원천이라 할 수 있는 버닝 맨 페스티벌Burning Man Festival은 남녀의 나체에 결부된 사회적 의미들이 모조리 시험대에 오르는 장이자, 억압된 신체를 안전하게 탐험할 수 있는 공간이다. 여성들이 상의를 벗어던지고 자전거를 타는 크리티컬 티츠Critical Tits는 1996년부터 이 페스티벌의 주요 행사로 이어져왔다. 보는 사람에 따라 다른 의미일 수 있겠지만, 기본적으로는 여성들이 사회로부터 부과된 신체적 제약을 벗어던지고 평소에는 예절이라는 이름하에 감춰져 있던 신체 부위들을 떳떳이 드러내며 자유롭게 즐기자는 취지의 행사다. 꽤 근사하게 들리지 않는가?

작가이자 아티스트인 웬디 클루퍼Wendy Clupper는 정치적 공연에 대한 에세이 선집(E. J. Westlake 외, *Political Performances:*

Theory and Practice, Rodolpi 2009를 말한다)에서 이 행사에 참여했던 경험을 털어놓는다. 행사를 준비하는 분위기는 환희로 넘실댔다. 동지애와 축제의 정신으로 무장한 여성들은 평소에는 드러내지 못하는 신체 부위에 서로 물감을 칠해주었다. 그러나 곧 가부장제가 다시 고개를 들이밀었다. 한 무리의 남성들이 행진 대열을 바로 옆에서 따라오며 허가 없이 사진을 찍어댔고, '가장 끝내주는 바퀴'를 단 여자들에게 야유를 보냈다. 클루퍼는 이때의 경험에 대해 양가적인 감정을 느꼈다. 한편으로 그는 이 행진이 여성들에게 선택에 의해 몸을 드러낼 기회를 주었으며 여성의 신체적 자유에 대한 중요한 논의들에 생명력을 부여했다고 믿었다. 다른 한편으로 그는 대상화되고 눈요깃감이 되었다고 느꼈으며, 행진을 부당하게 이용한 남성들이 페미니스트적인 목적을 훼손할 수 있었다는 것에 유감을 표했다.[53]

생물학적 성은 이분법이 아니라 스펙트럼이지만, 그럼에도 남성의 몸을 지닌 사람과 여성의 몸을 지닌 사람들은 존재한다. 우리는 그 차이를 부풀리고 여성의 몸에 성적 금기를 결부시켜 여성의 나체만을 다르게 정의한다. 여성의 몸이 본디 에로틱하거나 부끄러운 것이라고, 혹은 둘 다라고 선언한다. 이것은 생물학적 성이라는 과학적 사실을 젠더와 결부시킨 용법으로서 성폭력 피해자에 대한 책임 전가, 여성의 상품화와 여성 자유의 축소를 허용한다.

여성의 몸이 오로지 성적으로만, 자기 자신을 위해서가 아니라 남을 위해서만 공연할 수 있다는 사회적 믿음을 통해 생물학적 성의 차이는 불평등으로 변질된다.

끝없는 이야기: 계속되는 아름다움의 미신

5장에서 나는 우리가 남성과 여성의 신체를 부호화함으로써 젠더 이분법을 공고히 한다고 주장했다. 젠더 이분법이 발휘하는 가장 큰 파괴력은 남녀의 신체를 단순히 이분화하여 우리에게 가장 남성적인 '최고의' 신체와 가장 여성적인 '최고의' 신체가 있다고 확신하게 한다는 데 있다. 이것은 생물학적 성이라는 과학적 사실이 사회적으로 전용된 결과인 가슴 열광증과 마찬가지로, 여성을 무력화한다.

우리 사회에서 이상적으로 여겨지는 신체에 대해 굳이 설명할 생각은 없다. 이미 잘 알고 있을 테니 말이다. 많은 이들이 아마 지금 이 순간도 자신의 몸을 이상적인 여성의 몸에 더 가깝게 만들려 분투하고 있을 것이다. 완벽하게 이해할 수 있는 일이다. 우리가 소비하는 미디어는 우리의 눈이 초점을 맞출 수 있을 때부터 올바른 여성의 몸이라는 것이 있다고 우리를 설득해왔다. 미용업계는 우리의 몸에 결점이 있으나 자신들의 제품을 구매함으로써 결점을 고칠 수 있다고 큰돈을 들여가며 우리를 부추겨왔다.

텔레비전에서 보는 몸들을 떠올려보라. 캘빈 클라인에서 다이어트 콜라에 이르기까지 여러 광고에 '미스터 유니버스' 같은 남성의 몸이 등장한다는 것을 기억할 수 있을 것이다. 실제로 남성의 대상화는 점점 심각해지는 문제여서 운동 중독, 스테로이드 남용, 식이장애, 그리고 자신의 몸이 잘못되었다는 생각에 수반되는 끔찍한 심리적 고통을 유발한다. 그러나 텔레비전에서 보는 모든 몸이 '이상적인' 남성의 몸은 아니다. 텔레비전에서는 뚱뚱한 남자, 늙은 남자, 파이프처럼 삐쩍 마른 남자, 온갖 종류의 남자들을 볼 수 있다.[54]

그런데 여성의 경우는 어떤가? 인류에 대한 모든 지식을 텔레비전에서 얻는 외계인이 있다면 아마 여성 인간은 단 한가지 크기와 모양만 있다고 믿을 것이다. 이상적인 신체에서 아주 약간만 어긋나도 화젯거리가 된다. 샤키라의 골반, 제니퍼 로페즈의 엉덩이, 케이트 모스의 작은 가슴, 크리스티나 헨드릭스의 큰 가슴 — 이 모든 일탈적 특징들은 전체 인구에서 소위 '이상적인' 형태만큼이나 흔함에도 불구하고 얘깃거리가 된다.

어떤 크기와 모양의 몸이라도 건강하고 아름다울 수 있다는 것에는 이론의 여지가 없다. 이건 나를 둘러싼 온 세계를 보기만 해도 알 수 있는 사실이다. 그럼에도 나는 미디어가 만들어낸 이상적인 몸이라는 미신을 믿었다. 건강을 잃고, 공연을 하다가 부적절한 순간에 기절을 하는 지경에 이를 때까지 이 미신을 믿었다. 내 친구들도 나처럼 속아넘어갔다. 우리는 서로를 격려하며 이상적인 여성성을 공연하기 위해 점점 더 노력을 쏟았다. 그러다가 20대 중반의 한 시점에, 한발짝 떨어져 내 모습을 바라보고 나는 탄식했다. "세상에."

예전에는 결혼식 전에 페이크태닝 제품을 바르는 것으로 충분했다. 지금은 썬베드에 누워서 UV광선을 쬔다. 예전에는 원더브라를 입는 것도 꽤나 사기였다. 지금 나는 자존감을 북돋아주리라는 믿음으로 가슴에 씰리콘을 수술해 넣은 여자를 세명이나 안다. 그들에게 가슴의 크기를 근거로 한 자신감은 진짜 자신감이 아니지 않으냐고 당돌하게 묻자, 남을 멋대로 재단하지 말라는 대답이 돌아왔다. 과거에 면도는 샤워하면서 같이 해치우는 일이었는데 지금은 비싸고 고통스러운 제모를 받아야 한다. 아이크림은 마법처럼 보톡스로 변신했고, 스팽스Spanx(몸매 보정 속옷)는 번데기에서 나와 아름다운 날개를 단 지방흡입술로 성장했다.

나는 청소년기에 평범한 것으로 받아들였던 미용의 절차와 미용제품들을 다시 생각해보았다. 뽕브라, 압박스타킹, 이런저런 주름방지용 제품들, 페이크태닝 제품, 화장품, 면도기. 나와 친구들이 이런 제품들을 살 때마다 우리에게는 추가 비용 없이 불안이라는 사은품이 주어졌다. 페이크태닝 제품을 바르지 않으면 우리의 피부는 잘못된 빛깔이었고, 뽕브라가 없으면 우리의 가슴은 잘못된 크기였고, 면도하지 않으면 우리의 다리는 여성스럽지 못했고, 압박스타킹이 없으면 우리의 배는 너무 뚱뚱했다. 한마디로 우리의 몸은 교정을 받아야 했다. 그러나 우리가 결점을 개선하려 사용하는 제품들은 표면만을 가려줄 뿐, 그 아래에는 여전히 흉물스러운 것들이 도사리고 있었다. 그러니 우리가 성인이 되어 UV태닝, 레이저 제모, 성형수술 같은 영구적인 해법에 점차 의존하게 된 것은 눈곱만큼도 놀라운 일이 아니다.

내 몸에는 전혀 잘못된 점이 없다. 형편없는 90년대풍 자기계발서처럼 들릴 위험이 있다는 건 알지만, 당신의 외모가 사회적 이상형과 다른 것이 당신의 몸이 조금이라도 잘못되었다는 뜻은 아니다. 우리는 미용제품이 없어도 건강하고, 행복하고, 육체적으로 매력적일 수 있다. 내가 치장 자체에 반대하는 것은 아니다. 오히려 나는 꾸미기를 좋아한다. 그러나 동료들이 우리 얼굴을 보고 아침 먹은 걸 토하는 건 아닐까 하는 걱정 때문에 민낯으로 출근하지 못한다면, 그건 분명 문제다. 여성의 아름다움이라는 영원한 왕국을 둘러싼 수사들인 '자신감' '자기를 아끼는 것' '자기 자신을 보살피는 것'은 사실 우리를 병들고 불행하게 만들며, 그 모든 것의 밑바탕에 우리 자신은 매력적이지 않다는 믿음을 주입한다.

1990년대 초에 발간된 나오미 울프의 중요한 저서 『아름다움의 미신』*The Beauty Myth*은 '아름다움'에 대한 강박이 여성을 무력화하는 방식을 설명한다. 아름다움의 미신은 첫째, 우리가 일할 때조차 영향을 미친다. 성공한 여성이 관습적인 의미에서 매력적이라면, 그는 예쁘기 때문에 그 자리까지 올라갔다는 소리를 듣는다. 관습적인 의미에서 매력적이지 않다면, 그 사실은 그를 공격하고 깎아내리는 데 사용된다. 둘째, 문화 내에서 여성의 위치에 영향을 준다. 여성을 장식적인 존재로 규정하고, 주인공의 보조역이나 도구적인 역할밖에는 맡지 못하게 한다. 셋째, 여성의 성을 억압하고 상품화한다. 또한 여성들이 배를 곯게 만들고, 나아가 심리적으로도 고갈시킨다. 마지막으로, 고통을 여성의 삶에서 '자연적인' 부분으로 여겨지게 하며, 여성의 신체에 대한 불필요한 폭력적 절차들을 합리화한다. 여성의 이상적 아름다움이라는 미신은 실로 많은 비판에 책임을 져야 한다.[55]

내게 있어 아름다움의 미신은 이 책에서 묘사한 젠더 공연의 과정과 불가분의 관계다. 우리는 코흘리개 시절부터 노골적으로 또는 암시적으로 어떤 행동이 적절한지에 대한 메시지를 받고, 그것이 사회가 용인하는 행동이자 우리에게서 기대하는 행동임을 알고 그에 순응한다. 스타킹에 구멍을 냈다고 꾸중을 듣든 예쁜 원피스를 입었다고 칭찬을 듣든, 뽕브라로 커진 가슴을 찬미하는 시선을 받든 살이 쪘다고 폄하하는 시선을 받든지 간에, 우리는 여자로서 우리 자신과 우리의 몸이 사회에서 최고로 평가받는 유형에 들어맞도록 '올바른' 여성적 행동을 반복하는 법을 끊임없이 주입받고 있다.

벌거벗은 야망

몸은 증거다. 몸은 우리를 남성과 여성으로 똑떨어지게 나눌 수 없다는 증거고, 여성의 존재가 남성의 욕망만을 위한 것이 아니라는 증거고, 표준이나 이상은 존재하지 않는다는 증거, 아름다움의 미신이 말 그대로 미신이라는 증거다.

그런데, 어떻게 이 증거를 알아차릴 수 있을까? 우리가 너무나 자연스럽게 여기는 수행적 행동들을 의식하고 비판하려면 어떻게 해야 할까?

어떤 반대 젠더 연기는 너무 위험하거나 어렵다. 나는 땀내 나는 하우스 파티에서 윗도리를 벗어던지지 않을 것이다. 그것은 내 앞날에 먹구름을 드리울 것이고, 내게 심리적으로 해가 되는 사회적 반응을 불러일으킬 것이다. 내 가슴에 대한 금기는 상징체계에 의해 견고하게 유지되고 있으며, 내가 거부하는 순간조차도 나를 성적 대상으로 만들 만큼 강력하다.

그러나 여성의 벗은 몸에 대한 금기를 해체할 보다 부드러운 방법도 있다. 우리 자신으로부터 시작해보자. 샤워를 마치고 나오면 다들 물기를 닦아내자마자 수건을 작은 원피스처럼 몸에 둘러 가슴에서 허벅지까지 가리지 않는가? 왜 그런 행동을 하는 걸까? 남자처럼 허리에 수건을 둘러보자. 기분이 이상하지 않은가? 왜 기분이 이상할까? 아, 그래, 맞다 — 우리는 언제나, 심지어 우리 자신에게서도 가슴을 숨겨야 하기 때문이다. 가슴은 너무나 성적이라서, 우리는 자기 자신의 벗은 가슴을 보고도 하루 종일 거울 앞에서 자위를 하게 될 테니까.

우리는 방으로 들어가서 수건을 벗고 바로 옷을 입는다. 그러지 말고 잠깐 벌거벗은 채 돌아다녀보는 건 어떨까? 그 상태로 책을 읽고, 일을 해보자. 벌거벗은 자기 자신에게 익숙해지자. 우리의 몸은 언제나 숨겨야만 하는 부끄러운 것이 아니라, 그 안에서 살아가고 사랑해야 하는 우리 고유의 것이다.

침실 안에서 벌거벗고 지내는 것이 이제 좀 편안하게 느껴지는가? 그렇다면 내년 여름에는 과감하게 누드 비치에 도전해보는 건 어떨까? 번화가보다는 인파가 덜하니 말이다. 누드 비치가 마음에 드는가? 그러면 웬만한 대도시에서는 대개 열리는 나체 자전거행진에 참여해보는 건 어떨까? 창의력을 발휘하고, 각자에게 적합한 만큼 용기를 내어 여성의 벗은 몸이 상업화나 대상화가 아니라 신체적 자유를 뜻하는 분위기를 함께 만들어보자.

아름다움은 괴물이 아니다

아름다움의 미신에 도전하는 것은 이론상 가슴 열광증에 딴죽을 거는 것보다 쉬워야 한다. 민낯으로 현관문을 나선다고 해서 누가 "피부 좋은데, 아주 섹시해!"라고 외치진 않을 테니 말이다. 하지만 우리 사회의 이상적 여성성에 부합하도록 자신의 의상을 고르고 행동하는 데에는 즐거움이 있다. 심지어는 권력도 따른다. 행위주체에 초점을 맞추면, 매력적이 되고자 하고 자신의 외모에 대한 자신감을 얻고자 하는 개인의 노력은 전적으로 합리적인 것이다.

그러나 행위주체에서 한걸음 물러나 구조에 초점을 맞추면, 우리가 이상적인 미에 순응하는 것이 남녀의 차이를 과장하고, 성과 젠더의 스펙트럼을 숨기고, 우리의 몸과 행동이 감시되고 통제되도록 허용하는 결과를 가져온다는 지적도 또한 합리적이다. 우리는 현실에 안주함으로써 미용산업이 여성들을 점점 더 심하게 착취하도록 방조하고 있다. 미용사업가들은 점점 더 강력하고 파급력 있는 제품을 갈수록 어린 나이의 소녀들에게 판매해서, 나나 당신 같은 보통의 여자마저 자신감을 얻기 위해 성형수술을 해야 한다고 느낄 지경에 이르렀다.

우리가 이 체계에 공모하고 있으며 그로부터 권력이나 즐거움을 얻고 있다는 사실은 자주 강조되지 않는다. 하지만 이건 짚고 넘어갈 필요가 있다.

우리가 내린 선택과 우리의 젠더를 수행하며 얻는 즐거움에 도덕적 잣대를 들이대는 것처럼 느껴지기 때문에 아름다움의 문제는 불편하게 여겨질지도 모른다. 그러나 이 문제를 도마에 올리는 것이 여성의 선택을 섣부르게 재단하거나 여성의 즐거움에 반대하는 것으로 해석되어서는 안 된다. 사실은 그 반대다. 아름다움에 대한 논의는 여성의 선택을 의미있는 방식으로 이해하고, 우리를 미용의례로 떠미는 사회적 요소들을 바꾸고자 하는 시도로 해석되어야 한다. 아름다움의 미신에 던지는 의문은 궁극적으로는 여성의 선택과 자유를 제한하기는커녕 더 확대할 것이다.

나는 또한 이 논의가 지금보다 많은 즐거움을 낳기를 바란다. 미용제품 없이는 추하거나 사회적으로 용인되지 못한다는 믿음 대신 선택의 자유를 바탕으로 우리의 몸을 변화시킨다면, 우리는 분명히 원래 몸과 변화된 몸, 그리고 더 넓어진 젠더 표현으로부터 즐거움을 누릴 수 있을 것이다. 그러니까 즐거움은 세배!

성형수술을 예로 들어 구조와 행위주체와 아름다움의 미신에 대해 조금 더 깊이 이야기해보자. 우리는 여성의 신체를 상품화하고 통제하기 위해 가슴에 성적 금기를 부여하는 문화적 구조를 인식해야 한다. 우리가 여성의 가치를 외모로 평가하는 사회에 살고 있음을, 성형수술의 90퍼센트는 여성에게 행해짐을[56] 인식하고, 그 바탕에 여성의 몸에 대한 성차별적 태도가 놓여 있음을 기억해야 한다.

　그러나, 그렇다고 해서 행위주체를 무시해서는 안 된다. 현재의 사회구조에서 성장한 여성들 가운데 소수만이 성형수술을 택한다는 것을 간과하지 말고, 이것이 자신의 선택이었다고 말하는 여성들의 목소리에 귀를 기울여야 한다. 페미니즘 이론가 캐시 데이비스Kathy Davis는 성형수술을 택한 다양한 배경의 여성들과 심층 면담을 한 뒤에, 그들은 미용산업의 열렬한 옹호자이기는커녕 페미니스트의 딜레마를 명확하게 인식하고 있는 사람이 대부분이었다고 기록했다. 그들은 자신들이 스스로를 평균 이하라고 느끼는 까닭이 임의적이고 불공정하고 비논리적인 '미'의 기준 때문임을 알고 있었다. 그 기준으로 인한 고통이 인내해야 하는 선을 넘었다고 느꼈을 때, 그들은 수술을 선택했다. 미의 기준은 그들이 통제할 수 없는 영역에 존재했으나 성형수술로 약간의 권력을 되찾을 수 있었던 것이다.[57]

데이비스는 그가 면담한 여성들 다수에게 있어 성형수술은 차악이었다고 말한다. 이 문제에 대해서라면 나도 할 말이 있다. 나는 날씬해야 한다는 압박에 진저리를 내지만, 동시에 날씬해지려고 노력하기도 한다. 이 내적 딜레마가 소모적이라는 건 안다. 그러나 가끔 스트레스가 폭발하고 자신감이 바닥으로 곤두박질칠 때면 작은 싸이즈의 청바지와 납작한 배가 내게 안겨주는 격려와 사회적 승인을 갈망하게 된다.

데이비스는 말한다. "성형수술이라는 선택은 이상적 아름다움이라는 체제의 규칙에 순응하는 것이면서, 동시에 지나친 심적 고통을 거부하는 것이기도 하다."[58] 나도 여기 동의하고 깊이 공감한다. 우리는 우리의 몸이 부끄럽고, 그 느낌을 없애고 싶다. 우리는 부끄러움을 느낀 원인이 엉망진창인 사회체제에 있다는 걸 알지만, 그래도 기분이 나아지는 쪽으로 행동하기를 택한다. 구조를 바꾸는 대신, 구조 안에서 행위주체로서 선택을 한 것이다.

물론 구조를 바꾸는 것은 그와는 비교도 할 수 없을 만큼 어렵고, 터무니없는 시도를 하다가는 무력함을 느끼기 십상이다. 하지만 단속받고 순응하기를 거부하는 것이 무조건 우리가 젠더 정체성을 수행하면서 얻는 즐거움을 포기해야 한다는 뜻은 아니다. 우리의 몸이 의미하는 것들을 의식적으로 바꿔나감으로써 우리는 아름다움의 미신을 강화하지 않으면서도 몸을 치장하고, 아름다워진 기분을 만끽하고, 자신감을 얻을 수 있다. 더 아름답게. 더 자신감 있게.

페미니즘에 대한 거짓말 가운데 하나는 페미니즘이 패션과 치장에 반대한다는 것이다. 내가 페미니스트로서 많은 미용관습에 반대하며 양성적 젠더 벤딩gender bending(성역할을 바꾸거나 파괴하기)을 받아들이는 데 반해, 내가 아는 많은 페미니스트들은 몸을 규범에 순응시키는 것을 아주 온화한 방식으로 거부하면서도 여전히 도발적이고 정치적이다. 누더기 옷, 피어싱, 파랗게 염색한 머리, 집에서 프린트한 티셔츠는 펑키한 페미니스트 패션의 단골 품목이다.

나는 그뿐 아니라 주류 패션을 사랑하는 훌륭한 페미니스트들도 여럿 안다. 한번은 1990년대 페미니스트 잡지 『버스트』Bust에서 패션은 여자들이 다른 여자들을 위해 특별히 행하는 공연이라고 해석하는, 여성지에 대한 애정어린 변호의 글을 읽은 적이 있다. 패션잡지에 대한 이런 변론이 아주 오랫동안 비판을 피할 수는 없으리라 생각하지만,[59] 이 글의 무언가가 내 마음에 쏙 들었다. 구닥다리 먹물답게 설명해보자면, 그건 바로 우리가 해석되는 방식과 우리가 몸을 통해 문화적 부호들을 조작하여 메시지를 전달하는 방식을 여성들이 자각하고 있다는 사실이다.

패션에는 거대한 페미니즘적 잠재력이 있다. 우리는 패

션을 통해 여성성을 시각적, 감각적으로 표현한다. 그럼으로써 젠더 규범을 요리조리 주물러보고, 많은 사람이 열망하는(혹은 열망하지 않으려고 애쓰는) 날씬하고 장애가 없는 중산층 백인의 아름다움 대신 다양한 형태의 미를 찬양할 수 있다. 패션은 예술이다. 따라서 정치적일 수 있다. 진실이 곧 아름다움이라는 키츠John Keats(영국의 낭만주의 시인)의 말이 옳다면, 우리의 아름답고 다양한 몸 — 남성의 몸, 여성의 몸, 치장한 몸, 치장하지 않은 몸, 흑인의 몸, 백인의 몸, 작은 몸, 큰 몸, 마른 몸, 뚱뚱한 몸, 장애가 있는 몸, 장애가 없는 몸, 그리고 그 사이의 온갖 근사한 변형들 — 은 '올바른' 젠더 표현 따위는 애초에 없다는 진실을 내보일 것이다. 아름다움은 무엇이든 될 수 있지만, 결코 획일성만은 아니다.

　페미니즘은 패션이나 몸의 변화에 반대하지 않지만 미용산업에, 그리고 미용산업과 여성들의 관계에 스포트라이트를 비춘다. 그래야만 한다. 우리가 의상을 고르고 스스로를 부호화하는 방식을 곱씹어보면 우리 사회에서 여성으로 산다는 것의 의미를 알 수 있다. 이 문제를 숙고할 때마다 나는 내 몸을 강제로 규범에 순응시키고 싶지 않다는 결론을 내린다. 나는 억압적인 여성적 아름다움의 이상을 강화하고 이분법적 젠더 체계를 공고히 하는 패션에 반대한다. 그렇다면, 다음 과제는 대안을 만드는 것이다.

벨 훅스는 페미니즘에서 패션의 필요성에 대해 열변을 토한다. 그는 우리 사회에서 가부장적 기준이 아름다움의 성격을 불가항력적으로 규정한다는 것에 유감을 표한다. "페미니스트들이 미용업계와 패션으로 돌아가 지속적인 혁명을 일으키지 않는다면 우리는 자유로울 수 없다. 우리는 결코 우리 몸을 우리 자신처럼 사랑하는 법을 배우지 못할 것이다."[60]

아름답고 혁명적인 페미니스트들은 어떤 모습을 하고 있는가? 나는 이 질문에 대한 답이 우리의 몸과 마찬가지로 각양각색일 거라고 상상한다. 페미니즘은 패션처럼 선택의 문제여야 한다. 서문에서 나는 아리스토텔레스의 행복의 윤리학에 대해 간단히 언급했다. 사고하는 존재로서 우리는 행복하기 위해 어떻게 행동하는 것이 최선인지 고민해야 하지만, 그 답은 모두에게 같지 않다. 우리는 젠더 딱지가 붙은 의상과 공연의 상징들, 우리가 강화하고 있는 여성적 행동에 대한 믿음들을 고민한 끝에 각자 아름다움으로 가는 최선의 길에 대한 결론을 내릴 것이다.

젠더에 특화된 미용관습에 대해 아무리 숙고해보아도 이것이 개인적 선택으로 하는 일인지 강압에 의해 하는 일인지 판단하기 어렵다면, 잠시 동안 다른 연기를 해보는 건 어떨까? 우리가 안전하고 건강하다고 생각하는 방식으로 패션 및 몸치장과 당신이 맺고 있는 감정적, 심리적 관계를 탐구해보자. 자신감을 가지고 창의력을 발휘하여 누구도 당신에게 팔 수 없는 자신만의 아름다움이라는 브랜드를 즐겨보자.

제7장

털 난 아가씨,
별 탈 없나요?

이 장의 제목을 소리 내어 읽어보라.
당신의 털도 별 탈 없는가?
('털보'hair lair와 '안녕'hello의 발음 유사성을 이용한 농담)

보다시피 여성의 체모는 논의의 대상이 되기에는 너무 우스꽝스럽고 하찮고 흉측한 것으로 여겨진다. 이런 의미에서 여성의 체모는 진정한 금기가 되었다. 보여서도 언급해서도 안 되고, 회피의 규칙에 의해 금지되고 제한되며, 수치와 혐오와 비난에 둘러싸인 것이 되었다.

— 카린 레스닉-오버슈타인Karín Lesnik-Oberstein
(레딩대학교 문학과 교수)[61]

겨드랑이 좀 보여줘

조명이 켜지고 카메라가 돌아가기 시작한다. 너무 긴장한 나머지 얼굴에 경련이 일어날 것 같다. 지금 나는「디스모닝」This Morning이라는 지상파 아침방송에 출연해 있다. 내가 스튜디오에 초대된 표면상의 이유는 여성의 체모를 논하기 위해서지만, 실제 이유는 온 세상 사람들에게 미친 여자와 그의 겨드랑이에서 가냘프게 우짖는 야수를 구경시켜주기 위해서라는 게 점차 명백해진다.

소파 옆자리에는 미셸 더바인Michelle Devine이라는 미용사가 앉아 있다. 우리 둘을 싸움 붙이는 구도에서 내 역할은 페미니즘을 들먹이며 누구도 겨드랑이털을 밀어서는 안 된다고 우기는 페미나치('페미니즘'과 '나치'의 합성어)이고,

미셸의 역할은 보기 흉한 겨드랑이털은 모두 밀어야 한다고 우기는 염색 금발 미녀다. 똑똑하고 사려 깊고 겸손한 씽글맘인 미셸은 소녀들을 대상으로 메이크오버 파티 사업을 운영하고 있다. 우리의 젠더 정치학에 분명한 차이가 있긴 해도 미셸은 근사한 여자다. 우리가 겨드랑이털에 대한 의견을 나누고 어린 여자아이들에게 미적 기준에 순응하라는 압박이 주어지는 현상에 대해 이야기하는 동안, 방송국은 '누구의 의견에 동의하십니까?'라는 시청자 투표를 내보낸다. 실상 우리의 의견은 대립하지 않으니, 말이 안 되는 투표다(어쩌면 내가 씁쓸한 건 그냥 미셸이 나를 큰 차이로 이겨서일지도 모르겠다).

나는 여성으로서 적절한 행동에 대해 한수 배워가는 역할로 출연했지만, 아직까지는 난관이랄 게 없다. 하지만 텔레비전은 얘깃거리를 원한다. 호스트인 에이먼 홈스 Eamonn Holmes가 내가 부츠를 신고 있는 이유를 묻는다. "8년간이나 버릇처럼 공부만 했더니 먹고 마시고 월세 낼 돈밖에는 없는 거 있죠. 저한텐 신발이 네켤레 있는데, 이 부츠, 냄새 나는 리복 클래식, 더 심한 냄새가 나는 던롭 샌들, 경박스럽게 섹시한 스틸레토 힐이 전부예요"라고 대답할 수야 없는 노릇이다. 이어서 에이먼은 시청자들이 내게 체모가 있다는 걸 믿지 않는다고 알려준다. 그래서 나는 손을 높이 쳐들고 "남자들에게 겨드랑이를 보여줘!"Get

Your Pits Out For The Lads를 외친다(이 문구의 원형은 'Get Your Tits Out For The Lads'로서, 펍처럼 남성들이 많이 모인 공간을 지나가는 여성들에게 맨가슴을 보여 달라고 조르는 영국 남자들의 구호다). 의심병 환자들이여, 똑똑히 보라. 케어베어Care Bear(다양한 색깔로 출시되는 털북숭이 곰 캐릭터)만큼이나 풍성한 내 겨드랑이털을.

10분 만에 화려한 텔레비전 데뷔를 마치고, 나는 방송국에서 준비해준 택시에 올라 직장으로 향했다. 안도의 한숨을 내쉬는 찰나 핸드폰이 울리기 시작했다. 기자들이었다. 거의 모든 언론사에서 내게 전화를 걸어대고 있었다. 내 겨드랑이털에 대해 긴급한 질문이 있다고 했다. 이유는 모르겠지만 "그 털 진짜인가요?"가 단골 질문이었으며, 내 비키니라인의 상태에 대한 은밀한 정보를 발 빠르게 확보하려는 이들도 있었다. 기자들이 어떻게 내 전화번호를 알아냈는지 의문이었지만 어쨌든 그들은 알아낸 번호를 사용하는 데 일말의 거리낌도 없었다.

처음 몇번의 질문에는 대답했지만, 곧 모든 것이 혼란스러워져서 대답을 관뒀다. 직장에 도착해서 회의를 마치고 무음 모드로 해두었던 핸드폰을 확인하니 모르는 번호로 부재중 전화가 20통가량 와 있고, 음성 메시지도 그만큼 쌓여 있었다. 언론이었다. 공적 용도의 이메일 계정에 들어가봤더니 기자들의 메일이 수북했다. 사적 용도의 계정에도 메일이 와 있었다. 기자들이었다. 이 메일 주소는 대체 어떻게 알아낸 걸까? 그때 내 박사과정 지도교수인 캐런이 나를 불렀다. "미디어 쎈세이션 양, 당신한테 연결해달라고 연락이 왔는데, 전화번호를 알려줘야 할까요?" 언론이었다. 대학 홍보국에서는 내 동료의 내선번호로 전화를 걸어왔다(나는 비천한 파트타임 연구조교라 전용 내선번호가 없었다). BBC와 인터뷰할 의향이 있는지 묻는 전화였다. **언론이었다.** 학과 행정실에서 또다른 동료의 내선번호로 전화를 걸어왔다. 기자가 대기 중이라며 뭐라고 전할지 물었다. **언론이었다.**

한참을 멍한 얼굴로 모니터만 들여다보고 있었더니, 나의 또다른 박사과정 지도교수이자 멋진 상사인 헬렌이 기진맥진해 보인다며 일찍 퇴근하라고 권했다. 나는 당시 사귀던 남자친구와 친구들을 만나 술을 한잔 마셨다. 그동안 핸드폰은 가방 속에서 조용히 울리고 있었고, 메시지 수신함은 터져나갔고, 그때 나는 몰랐지만 깔끔하게 차려입은 자그마한 갈색머리 여자가 미소를 띤 채 기쁘게 겨드랑이를 자랑하고 있는 사진은 인터넷에서 잘근잘근 씹히고 있었다. 다음 날 아침이 되자 유럽 대륙, 남아메리카, 스칸디나비아, 호주, 동아시아, 저 멀리 작은 별 명왕성에서까지 인터뷰 요청이 쇄도했다. 나는 수많은 딜레마에 직면했다. 예를 들자면, 내가 『썬데이 스포츠』*Sunday Sport*를 위해 옷을 벗어야 할까?

공자라면 이렇게 말할 것이다. 털북숭이 여자 역할로 엽기적인 미디어 써커스의 중심에 서고 싶지 않았다면, 애초에 지상파 텔레비전에 출연해 "남자들에게 겨드랑이를 보여줘!"를 노래하며 팔을 흔들지 말았어야 한다고. 뭐, 공자씨의 말도 맞는 면이 있지만, 나는 이 일이 이렇게 걷잡을 수 없이 커질 줄은 꿈도 꾸지 못했다. 한마디로 멍청했던 것이다. 면도를 하지 않고 18개월을 보내는 동안 그 사실이 나 자신과 내가 사랑하는 사람들에게 얼마나 중요한 의미를 갖는지 실감한 것은 처음이었다. 그러나 나는 친구들이 놀리는 투로 이름 붙인 '여성 체모 세계 대표'에 등극할 준비는 되어 있지 않았다.

털이 뭐라고

시곗바늘을 조금 되돌려보자. 여성 체모 종목의 세계 대표가 되려면 뭘 해야 하는가? 우선 면도를 그만둬야 한다. 지금까지 이 책에서 설명한 내용을 통해 내가 면도를 그만둔 이유가 설명된다면 좋겠다. 나는 지금까지 여성들이 여성적 틀에 꼭 맞는 여성으로 빚어지는 방식에 대해 많은 생각을 해왔다. 그러면서 수행성이라는 개념, 즉 우리가 하는 행동이 어떻게 우리의 정체성을 규정하는지에 대해 숙고했고, 기존과 다른 연기에 급진적 잠재력이 깃들어 있음을 알게 되었다. 나는 남녀의 신체적 차이가 어떻게 부풀려지고 여성의 몸이 어떻게 상품화되는지, 성별화된 미용의례에서 큰 부분을 차지하는 이상적 아름다움이 얼마나 파괴적인지를 인식했고, 미용에 대해 민감해졌다.

체모는 여자아이들에게 그들이 사춘기에 겪는 신체 변화가 수치스러운 것이라고 가르치는 매우 강력한 상징이었다. 나는 다른 연기를 하고 싶었다. 나의 (가상이긴 하지만 사랑스러운) 아이들에게 지금과 다른 세상을 만들어주고 싶었다. 그런데 내가 면도기를 내다버린 결정적 계기는 무엇이었던가?

분명히 방아쇠를 당긴 것이 있었다. 방아쇠의 비유가 호전적으로 들릴 위험이 있다는 건 알지만 어쨌든, 세번의 방아쇠가 있었다. 그중 첫번째는 내가 더블린에서 살던 2008년 무렵에 당겨졌다. 아일랜드에서는 경제부흥기가 끝나가고 있었고 사람들에게는 이성보다 돈이 더 넉넉했다. 그래프턴 스트리트에 문을 연 제모 숍은 둔부 제모에 50유로를 받았다. 많은 친구들이 브라질리언 왁싱과 할리우드 왁싱을 받고 자신의 은밀한 곳이 포르노에 나올 만큼 얼마나 근사하게 바뀌었는지, 남자친구의 반응이 얼마나 뜨거웠는지, 그 감촉이 얼마나 사랑스럽고 부드러운지 자랑했다. 그래서 나도 예약을 했다. 그래야만 할 것 같았다.

통화 중 그 얘기를 꺼내자 엄마는 이렇게 물었다. "대체 왜 그런 짓을 하는 거니?" 나는 대답했다. "다른 애들도 다

하니까요." 그러자 엄마가 말했다. "얘, 다른 사람들이 절 벽에서 떨어지면 너도 따라서 떨어질 거니?" 나는 다섯살 때부터 나를 격파해온 엄마의 논리에 또 한번 패소하여, 제모 숍에 전화해서 예약을 취소했다. 그러자 순식간에 기분이 좋아졌다. 나는 사실 브라질리언 왁싱을 받고 싶은 마음이 없었음을 깨달았다. 마음속 깊숙한 곳에서는 내 음모에 아무런 문제도 없다고 생각하고 있었다. 그러나 갑자기 수많은 친구들이 음모를 역겨운 것으로 취급하자 압박을 받았던 것이다. 그뿐이었다.

얼마 뒤에 두번째 방아쇠가 당겨졌다. 나는 더블린의 제모 숍이 11, 12세의 소녀들을 대상으로 그들의 '처녀모'를 뽑아내면 사춘기 동안 체모가 많이 나지 않아서 성인이 된 뒤에도 부드러운 피부를 갖게 될 거라고 광고하며 영업하고 있다는 신문 기사를 읽었다. "여자아이들에게 올바른 몸단장을 훈련시키는 거죠." 제모 시술을 담당하는 피부미용사가 말했다.

나는 화가 났다. 우선, 그 말은 헛소리였다. 어렸을 때 제모를 한다고 해서 사춘기에 털이 나지 않는 건 아니다. 털이 나는 건 엄연한 사실이며 거기엔 아무런 잘못도 없다. 둘째로, 아이에게 고통을 주면서 털을 뽑아내도 되는 순간은 무릎의 흉터에 앉은 딱지를 떼어내고 반창고를 갈아줄 때뿐이다. 이전에는 관심거리가 아니었던 음모가 이제 점점 수치스럽게 여겨진다는 사실에도 화가 났다. 이 이야기를 듣고 나는 소녀들에게 어린 나이부터 신체 혐오를 심어주는 풍조가 얼마나 잘못된 것인지 깨달았다.

나는 뛰어난 코미디언인 케이트 스머스웨이트Kate Smurthwaite의 공연을 본 적이 있다. 그때 그는 자신이 면도를 하지 않는 이유를 설명했다. 수영을 마치고 여자 샤워실에서 씻고 있는데, 어린 여자아이 둘이 탈의실로 뛰어들어오더니 그의 음모를 가리키며 킥킥대고는 다시 뛰어나갔다는 것이었다. 무성한 음모가 정상이라는 확신을 안고 살아온 세대인 케이트는 어깨를 한번 으쓱하고 '쟤들도 금방 같은 게 날 텐데'라고 생각했다. 그러나 그애들의 다리와 겨드랑이에도 털이 날 거라는 데에 생각이 미치자, 그는 면도를 그만두었다.

내가 털에 대해 새로운 시각을 갖게 된 계기도 이와 비슷했다. 나는 브라질리언 제모와 처녀모 제모가 불편했다. 여성에게 털이 없어야 한다는 규범이 도를 넘었다고 생각했다. 하지만 나 자신이 거기 동참하고 있으면서 화를 낼 수 있겠는가? 그게 핵심이었다. 열두살짜리 딸에게 면도기를 사주는 것과 제모 숍을 예약해주는 것 사이에 어떤 차이가 있단 말인가? 다리털이나 겨드랑이털을 부끄러워하는 사람이 음모만은 여성적이고 용인 가능한 것이라고 주장할 수 있겠는가?

체모는 젠더와 여성성에 대한, 그리고 명백히 여성혐오
적임에도 우리가 그저 상식으로 받아들이는 것들에 대한
헛소리의 상징이 되었다. 단지 적당히 여성적으로 보이고
싶을 뿐인데도 여성들이 따라야 하는 신체의 기준이 점점
더 극단으로 치닫고 있다는 상징이었다.

그러나 나는 여전히 면도를 했다. 내 선택에 따라 삭발
과 남장을 하긴 했지만, 그때 나는 여성스러움의 기준을
고수하는 것이 자신감과 정체성의 큰 부분을 차지하는 시
기에 놓여 있었다. 그러나 이미 씨는 뿌려졌다. 모름지기
여성이라면 목 아래로는 털이 없어야 한다고 주장하는 근
거들이 점점 더 설득력 없게 들렸다.

나는 여성의 몸이 비위생적이고 더럽다고 배웠다. 그러
나 위생 때문이라는 주장은 어불성설이다. 위생이란 자신
의 신체를 청결하고 건강하게 유지하는 것 아닌가. 여성의
다리털은 남성의 다리털보다 결코 덜 위생적이지 않다. 체
모가 비위생적이라는 주장은 곧 우리 사회에서 대다수의
남성이 항상 지저분하게 박테리아를 달고 다닌다는 주장
과 같다.

우리의 다리털에 배설물이 덕지덕지 묻어 있거나 겨드
랑이털에 치명적인 바이러스가 거주하는 것은 아니다. 진
짜로 위생이 문제라면 나날이 많은 화학물질과 박테리아
를 묻히고 다니는 머리털부터 밀어버려야 할 것이다. 아니

면 세균이 득실대는 손을 잘라야 할 것이다(조금 불편하리라는 것은 인정한다). 여성의 체모에 불결한 요소는 없으며, 여성이 체모를 제거해야 하는 이유가 무엇이든 간에, 건강이나 위생과 관련이 없다는 것은 분명하다.

나는 여성들이 체모 때문에 땀을 흘리고 악취가 난다고 배웠다. 이 논리를 처음 내세운 권위자들이 어떻게 이런 전문지식을 얻게 되었는지 궁금하다. 그들 대부분은 (그런 냄새는커녕) 겨드랑이털이 무성한 여성을 만나본 적조차 없었을 테니 말이다. 이 논리가 어떻게 다리 제모를 합리화하는지도 설명이 되지 않는다. 나는 체취 및 땀의 증가와 체모의 관계를 연결시킨 학술적 연구를 찾을 수 없었다(석사논문을 써야 할 시간에 이런 걸 조사하고 앉아 있다니).

만약 체모가 실제로 체취와 땀을 증가시킨다고 치더라도, 여성이 지구상에서 자기 존재의 후각적 증거를 완전히 지워야 할 당위성은 어디 있는가? 설령 체모가 실제로 사람들의 체취를 증가시킨다고 치더라도, 남성의 체취는 용인되는 반면 여성의 체취는 용납 불가능한 이유는 무엇일까? 여성의 신체가 이렇게 많은 난처함과 수치스러움에 둘러싸여 있는 이유는 무엇일까?

여자도 사람이다(이게 급진적 페미니스트의 생각이라는 것, 나도 안다). 여자도 털이 난다. 여자도 땀이 난다.

여기에 잘못된 것은 하나도 없다. 잘못된 것은 우리가 타고난 신체에 대해 수치심을 느끼도록 길들여졌다는 것, 그리고 그 때문에 우리의 건강과 행복이 공격받고 있다는 것이다.

나는 체모가 '여성스럽지 못하다'고 배웠다. 그러나 사춘기에 대부분의 여성이 갖게 되는 성적 성숙의 상징이 어떻게 여성스럽지 못할 수 있는가? 그렇다면 가슴도 여성스럽지 못하다고 주장해야 마땅하다. 성인 여성에게는 털이 난다. 우리가 여성스러움을 '여성의 특징'으로 정의한다면 체모는 여성성의 집약이라 할 수 있다. 물론 이는 사회학적 사고방식과는 맞지 않는 생물학적 주장이다. 사회적으로 여성의 특징은 제모를 한다는 것이고, 따라서 사회적 의미에서 여성스러움은 털이 없는 것일 테다.

그러나 여성의 사회적 특성이라는 논조를 취한다면 정치 참여도 여성스럽지 못하다는 주장이 가능하다. 사회적으로 구성된 '여성성'의 범주에 순응하는 것이 꼭 긍정적인 결과로 이어지지는 않는다는 말이다. 만약 과거의 여성들이 '여성스러운' 행동을 고수하는 미덕을 발휘했더라면, 지금 우리는 투표를 하거나 직업을 가지거나 재산을 소유할 수 없었을 것이다.

아름다움까지는 바라지도 않고 그저 정상으로 간주되고 싶을 뿐인데도, 여성의 신체는 점점 더 극단적인 방식으로 임의적 변형을 강요받는다. 우리는 사춘기에 접어든 어린 소녀들에게 미용제품을 구입하고 사용함으로써 그들의 신체가 겪는 변화를 지우거나, 억제하거나, 숨기라고 가르친다. 우리는 아이들에게 부끄러움을 가르친다. 가슴은 끌어올리고 뽕을 덧대고 졸라매야 하고, 남자들의 욕망에 불을 붙이는 젖꼭지는 시야에서 가려져야 한다. 여자아이들은 어떤 댓가를 치르더라도 몸에 털이 나지 않는다는 환상을 유지해야 한다. 남자아이들이 월경의 두려움을 공유하지 못하도록 탐폰은 사탕봉지로 위장되어야 한다.

이 모든 것을 알아채고 나는 화가 났다. 전부 잘못되어 있었다. 그럼에도 나는 예쁘고 여성스럽고 매력적인 여자이고 싶었기 때문에, 규범에 순응하여 면도를 계속했다. 두가지 믿음이 동시에 상충하는 인지부조화 때문에 나는 무의식중에 심리적 고통을 겪고 있었다.

나는 2008년 말에 영국으로 이주해 런던대학교에서 연극학 박사과정을 시작했다. 그곳에서는 젠더 수행의 대안들을 탐험하는 것이 더욱 안전하게 느껴졌다. 런던은 더 익명의 공간이었기 때문이다. 이제 더블린은 서부 아일랜드에 있는 고향집을 오가는 길에 거쳐가는 곳이 되었다. 그리고 2010년 말 더블린에 들렀을 때, 세번째 방아쇠가 끝까지 당겨졌다.

친구들과 술을 마시던 중 여자 지인 한명이 레이저 제

모 이야기를 꺼냈다. 그 고통과 비용, 반쯤 민둥산이 된 결과물의 미학, 그것이 가치가 있는지 여부에 대해 말이다. 나는 그의 얘기에 끼어들었다. 레이저 제모는 극단적으로 느껴졌고, 영구적이기도 했다 ─ 내 말은, 이제 음모를 기르고 싶어도 영영 기를 수 없게 되는 것 아닌가. 그 자리에 모여 있던 사람들은 내 말이 우습다고 생각했다. 왜 체모를 기르고 싶어 하겠어? 나는 만족스럽게 자기 체모를 기르고 있는 사람이 그 테이블에만도 여럿 있음을 지적했다. 그러나 이 말 역시 뻐꾸기시계 소리인 양 무시당했다. 그들은 남자였다. 그러니 다르다는 거다. 나는 순전한 궁금증에서 난제를 꺼내들었다. "여자가 체모를 기르는 게 뭐가 문제인데요?"

그렇게나 똑똑하고 사회적으로 깨어 있는 사람들이 그렇게나 멍청한 소리를 무더기로 해대는 건 처음 보았다. "남자들은 원래 좀 지저분하잖아요." "여자들은 애초에 털이 별로 많지 않아요." "남자들은 진화적으로 음모가 없는 여자를 선호하게 되어 있어요." 어림 반푼어치도 없는 논리들이 바닥나자 그들의 근거는 "그냥요"와 "우웩"으로 후퇴했다.

여자들이 목 아래로는 털을 깨끗이 밀어야 할 이유로 사람들이 찾아낸 가장 설득력 있는 것은 "그게 더 보기 좋으니까"였다(이건 사실 '우웩' 논리의 연장에 불과하다). 여성은 미적인 목적을 위해 털을 밀어야 한다. 남성에게 똑같은 것이 요구되지 않는 이유는 불명확하다. 어쩌면 그들의 체모는 타고나길 여성의 체모보다 아름다울지도 모른다. 이두박근 아래에서부터 비단결처럼 굽어지는 털, 슬개골 아래로 워즈워스W. Wordsworth(영국의 낭만파 시인)가 노래한 수선화처럼 물결치는 털, 음경에서 무성한 이파리처럼 떨어지는 털은 모두의 마음에 즐거움을 불어넣지 않는가. 아니, 어쩌면 남성들은 남자답게 여겨지거나 사회적 가치를 키우기 위해 아름다워질 필요가 없을지도 모른다.

나는 털 없는 여성이 더 보기 좋다는 믿음이 문화적으로 빚어진 것이라고 주장했다. 여성의 다리가 매끈한 것이 아름답다고 생각하는 이유는 다리털이 있는 아름다운 여성에게 익숙지 않기 때문이다. 면도가 여성에게 순전히 선택인 사회에서 자랐더라면, 아마 취향에 따라 털 난 다리를 좋아하는 사람과 털 없는 다리를 좋아하는 사람이 있었을 것이다. 여기까지 말했을 때 남자 한명이 비웃었다. "하하, 퍽도 그렇겠다. 그럼 다음에 만나면 우리 모두 고릴라가 되어 있겠군." 이 남자들은 좌파 예술가였고 겉보기에는 평등의식이 깨어 있는 사람들이었다. 그럼에도 불구하고 우리가 학습을 통해 여성의 신체가 사춘기에 겪는 변화를 역겹게 느끼고 그것을 우리의 시각문화에서 영구히 삭제해야 한다고 주입받았음을 이해하지 못한다는 게 너무나 실망스러웠다. 나는 생각했다. '그래, 고릴라가 되지 뭐.' 그리고 나는 그 생각을 실천했다. 그래, 내가 바로 고집 센 노새다. 아니, 고릴라다. 아니, 뭐가 됐든.

자신이 하는 일이 옳다고 믿는 고집 센 노새와 고릴라의 혼종이 되었다고 해서 새로운 미용원칙이 조금이나마 쉬워지는 일은 없었다. 나는 딱 1년 동안만 털을 기르고 그로부터 교훈을 얻자는 결심을 한 다음, 당시의 남자친구에게 얘기를 꺼냈다. "그래서 체모를 길러보려고 해." 대답이 없었다. "너는 어떻게 생각해?" 침묵만이, 더 많은 침묵만이 이어지다가 마침내 내키지 않는 목소리의 대답이 돌아왔다. "솔직히 말하면 기뻐 날뛰고 싶은 기분은 아니야." 이윽고 침묵, 더 많은 침묵. 끝나지 않는 침묵은 두 사람의 의지 사이에 말없는 싸움이 벌어지고 있다는 뜻이었다. 남자친구는 자신이 이기지 못할 것을 알고 있었다. 그는 한숨을 쉬었다. "네가 꼭 해야 하는 거라면 응원할게."

사실 이건 내가 막 삭발을 했다고 전화로 통보했을 때보다는 부드러운 반응이었다. 나중에 내 다리에 염소처럼 무성하게 털이 났을 때 남자친구는 전혀 신경 쓰지 않았다. 우리 둘 다에게 놀라운 일이었다. 그러나 나 자신을 변화시키는 것은 그만큼 쉽지 않았다.

바비 인형 대 코끼리

27번째 생일 바로 다음 날, 나는 머저리같이 굴고 있다. 내가 머저리 같다는 건 나도 잘 안다. 성적으로 흥분했을 때나 울음을 터뜨리기 직전처럼 내 얼굴은 기괴한 빛으로 달아올라 있다(생각해보면 내 애인들에게는 이 두가지 징후가 같다는 것이 꽤 혼란스러울 것이다). 내가 울음을 터뜨리려는 이유 하나는 내가 용서받을 수 없는 바보처럼 굴고 있기 때문이고, 다른 하나는 맥시드레스 때문이다. 아름답고도 아름다운 맥시드레스 말이다.

이 맥시드레스는 고급 상점들이 늘어선 번화가에 대한 신앙고백, 뭐든 쉽게 쓰고 버리는 우리 물질주의 문화의 구세주다. 이러한 아름다움을 창조하는 자본주의가 어떻게 나쁠 수 있겠는가? 그렇다. 빨강, 분홍, 보라가 섞인 이 맥시드레스는 맑스K. Marx를 부정한다. 홀터넥과 완전히 터진 등을 가로지르는 금 체인이 달린 이 맥시드레스는 플라톤에게 소리친다. "나는 이데아idea의 모방 따위가 아니야. 내가 바로 이데아 그 자체야!" 이 원피스는 내 친구 루이자(세련된 패션 브랜드 직원이다)가 매장 쌤플을 뒤져 나를 위해 특별히 낚아온 것이다. 나는 보통 맥시드레스처럼 사랑스러운 옷은 부담스러워서 입지 않는다. 사실 나는 스스로 무엇을 입어도 이상해 보인다고 생각하는 경향이 있지만, 그럼에도 이 맥시드레스가 내게 꽤 잘 어울린다는 것은 무시할 수 없다.

그러나 나는 이 옷을 입고 외출할 수 없다. 아니, 할 수 있다. 아니, 못한다. 아니, 분명히 할 수 있다! 아니다, 아냐. 못한다. 절대 안 된다. 세상이 뒤집어져도 안 된다. 세상에, 이제 눈물이 흐르고 있다. 나는 페미니스트여야 한다. 이렇게나 죄책감을 느끼다니, 아주 대단한 페미니스트 납셨다. 여성으로서 느끼는 죄책감만 해도 차고 넘치는데. 그만 울어! 옷에 마스카라 묻겠다!

이즈음 나는 6개월이 조금 안 되게 체모를 기르고 있었다. 내가 기대한 것은 귀여운 솜털이었지만 현실은 경악스러울 만큼 강렬한 털의 부피감이었다. 내 겨드랑이에 예쁜 눈이 달렸더라면 팬틴Pantene 샴푸 광고를 찍을 수도 있었을 것이다. 내 삶을 그린 전기 영화가 나온다면 이요르('곰돌이 푸우'Winnie the Pooh 씨리즈에 나오는 당나귀)가 내 무릎 아래 대역을 맡을 수도 있을 거였다. 나는 겨울을 수월하게 났다. 남자친구는 흔치 않은 털보와 침대를 함께 쓰는 데 금세 익숙해졌고, 내 아파트를 공유하던 잭, 쏘피, 크리스는 한동안 내 털을 화젯거리에 올리고 '낄낄대더니' 그후로는 굉장한 지지를 보내주었다(나중에 쏘피도 털을 기르기 시작했다). 나는 항상 입던 대로 스타킹, 레깅스, 예쁜 카디건을 입을 수 있었다. 가장 좋은 것은 내가 좋은 친구들, 사랑하는 사람들, 믿음이 가는 사람들과의 파티에서 겉옷을 벗는 것에 점점 더 편안함을 느끼게 되었다는 것이다.

그러나 봄이 성큼 다가오자 카디건과 레깅스가 어색해 보이기 시작했다. 어쨌든 이 드레스 위에 카디건을 입는 건 범죄 행위일 것이다. 이 드레스는 등 파인 홀터넥이라는 것이 핵심이기 때문이다. 나는 악당이 된 기분으로 가벼운 재킷 몇개를 꺼냈다. 하지만 어울리는 게 하나도 없었다. 다른 액세서리를 걸치기에는 너무 완벽한 드레스였다. 오늘은 영광스러운 날, 내가 스물일곱살이 된 걸 기념하는 날이고, 나는 이 아름다운 선물을 입고 친구들이 기다리는 펍에 가고 싶었다. 그러나 화려한 드레스를 입고 겨드랑이털을 자랑하는 괴짜가 될 용기는 없었다.

나는 시선을 받고 싶지 않았다. 내 몸이 수치스러웠다. 이 감정은 낯설지 않다―사실은 나와 오래된 친구이다. 거식증에서 회복 중이던 시절, 나는 매일 아침 집을 나서기 전 비슷한 기분을 느꼈다. 마치 바비 인형이 내 오른쪽 어깨 위에 앉아서 "다이어트를 계속하면 기분이 한결 나아질 텐데!"라고 종알대고, 코끼리가 왼쪽 어깨에 앉아서 "문제는 네 몸이 아니라, 네 몸에 대한 네 감정이야"라고 울부짖으며 불꽃 튀는 싸움을 벌이는 것 같았다.

지금도 정확히 그런 느낌이었다. 바비 인형은 "털을 밀어버리면 나처럼 근사하고 플라스틱 뺨치게 매끈한 겨드랑이를 가질 수 있잖아!"라고 말하며 키들댄다. 코끼리 넬리는 "너 자신의 몸을 혐오하게 만든 사회적 학습에 굴복하지 마!"라고 울부짖는다. 하지만 완벽한 맥시드레스의 미니 버전을 입은 바비가 내 눈앞에서 뽐내듯 걷고, 빙글빙글 돌고, 배시시 웃고 있다. "에머, 이 예쁜 드레스 입고 싶지 않니? 이 예쁘고 세련된 드레스를 입고 싶지 않단 말이니? 랄랄랄랄라!" 바비 인형은 왼쪽 어깨로 다가오더니 달콤한 금발머리를 흩날려 불쌍한 넬리를 바닥에 떨어뜨린다. "안돼애애애……" 넬리는 추락하며 소리친다. "저 멍청한 플라스틱 바비의 말은 듣지 말……"

내가 왜 스스로에게 이런 짓을 하고 있는가? 그냥 면도하면 될 걸 왜 사서 고생인가? 정말로 여름 내내 긴팔 옷과 스타킹을 입고 지낼 생각인가? 말도 안 된다. 나는 괴로워하며 옷장 제일 윗서랍에서 민트색 여성용 면도기를 꺼내들고 욕실로 향한다. 문을 잠그고 잠시 숨을 고른다. 그러고 나서 거울 속 내 모습을 바라본다. 컬러풀한 실크 옷을 몸에 감고 검은색 마스카라를 칠한 채 칙칙한 겨드랑이의 더듬이를 드러내고 일회용 질레트 면도기가 초승달 모양 칼이라도 되는 양 꼭 쥐고 있다. 나는 조금 웃는다. 정말 멍청하기 짝이 없다.

나는 바닥에서 넬리를 구해낸다. 세수를 하고, 방으로 돌아가 맥시드레스를 벗고 스타킹과 소매가 달린 옷을 입

는다. 그러고는 아래층으로 터벅터벅 내려가 쏘피에게 드
레스를 건네준다. "진심이야?" 그가 묻는다. "응." 나는 어
깨를 한번 으쓱한다. "잘 안 맞더라고."

자본주의와 여성 체모에 대한 교훈담 하나

머리로는 학부생 때부터 구조와 행위주체 개념을 이해
하고 있었지만, 면도를 그만둔다는 결정을 내린 뒤 나는
처음으로 사회적으로 조건화된 젠더 행동을 선택한다는
것이 얼마나 복잡한 것인지 실감했다. 나는 결코 면도하기
로 '선택'한 적이 없었다. 내가 열세살 무렵 다리를 난도질
하기 시작한 까닭은 그것이 당시 내가 절박하게 꿈꾸던 여
성성으로의 도약을 의미했기 때문이었다. 심지어는 겨드
랑이에 털이 좀 났으면 하는 바람을 담아 겨드랑이에 면
도기를 들이대기도 했다. 내가 성인으로 지내는 인생 내내
다리와 겨드랑이를 아이처럼 매끈하게 유지하려 노력할
것이라는 데에는 의심의 여지가 없었다. 나는 소녀였고,
어른이 되면 성인 여성들이 으레 그러듯 면도를 할 터였다.

면도를 그만두는 건 끔찍하게 힘들었다. 탱크톱이나 치
마를 입고 집을 나설 때면 심리적 부담이 어찌나 심하던
지, 제모가 더이상 선택의 문제로 여겨지지 않았다. 매일
노골적인 시선을 받고 조롱거리가 되는 것과 시선도 조롱
도 받지 않는 것 중에서 당신은 무엇을 택하겠는가? 아침

출근 때마다 정상적이고 편안한 기분을 느끼는 것과 자리를 비울 때마다 동료들이 당신의 체모에 대해 뭐라고 수군거릴지에 온통 신경이 곤두서 있는 것, 선택지가 이 둘뿐이라면 그것을 진짜 선택이라 할 수 있을까? 내가 2011년 여름 동안(찌는 듯 더운 일본으로의 땀내 나는 여행기간을 포함하여) 체모를 계속 기를 수 있었던 건, 1년만 참아보자고 스스로에게 되뇌었기 때문이었다. 많은 것을 배울 테고, 1년은 금방 지나갈 것이라고.

테리사 라이어든Teresa Riordan의 저서 『미의 발명』*Inventing Beauty*은 '미용사업가'들, 즉 현대 사회의 미적 기준을 만들어낸 발명들의 배후에 있었던 사람들 이야기를 담고 있다. 지난 몇년 동안 여성들에게 필수적이거나 안전한 것으로 들이밀어진 여러 '미적' 처치들은 알고 보면 오줌을 지릴 만큼 위험하다. 진지하게 하는 소리다. "얼굴 털을 제거하기 위해 엑스레이 시술을 받을 분 계신가요? 어머, 걱정하지 마세요. 엑스레이는 위험할지 몰라도 이 시술은 완벽하게 안전하답니다! 여기 우리의 비윤리적인 연구원들이 준비한 근거 없는 유사과학 헛소리를 읽어보세요." 라이어든은 라벨에 적혀 있는 어떤 것도 믿어서는 안 된다고 경고한다.[62]

라이어든에 따르면 제1차 세계대전 이전에는 다리털을 미는 미국 여성이 단 한명도 없다고 해도 될 정도였다. 이

때의 여성복은 때로 몸에 밀착해서 굴곡을 드러내긴 해도 피부는 대부분 가렸기 때문에, 겨드랑이털 역시 미용의 고려대상이 아니었다. 그런데 1964년에 이르자 44세 이하의 여성 98퍼센트가 다리털을 밀고 있었다.

발명과 신기술의 역사에 주안점을 둔 라이어든의 관점에서 이러한 대격변에는 여러 요인이 있다. 피부를 더 많이 드러내는 여성복이 유행했고, 체모가 없는 영화배우들이 시각문화에 침투했다. 일회용 안전면도기가 시장에 나왔으며, 광고주들은 이윤을 얻기 위해 여성들에게 면도의 필요성을 설득시켰다. 여성지들은 체모는 구닥다리여서 새로운 패션과 어울리지 않는다고 비방했다. 나일론 같은 신소재가 개발된 덕에 여성의 살갗은 참신한 방법으로 전시되기 시작했다.

서구의 체모 제거 역사를 연구한 컬럼비아대학교 학생 커스틴 핸슨Kirsten Hansen은 석사논문에서 털 없는 여성이라는 새로운 이상의 기저에 깔려 있는 자본주의적 동기를 파헤치며 라이어든과 거의 같은 결론을 내렸다.[63] 1915년에 출시된 질레트의 첫번째 여성용 면도기는, 핸슨의 표현을 빌리자면 "여성들에게 갑자기 '흉측한' 체모를 제거하라고 부추기며 이윤을 추구하는, 12개가 넘는 미용기업들의 끝없는 광고 행진"을 촉발했다.

내가 체모 기르기 실험을 시작했을 무렵 서구 문화에서

는 여성의 면도가 사회적 기준으로 자리 잡은 지 대략 75년이 지나 있었다. 서구의 거의 모든 사람에게 여성의 다리털과 겨드랑이털이 부자연스럽고, 청결하지 못하고, 여성스럽지 못하다고 설득하는 데 걸린 시간이 고작 이만큼이었다. 여성 체모 제거 산업은 수백만 파운드의 금전적 가치가 있다. 자신의 체모에 수치심과 괴로움을 느끼는 여성의 수도 그 어마어마한 금액에 비례한다.

핸슨은 자신들의 이상형이 털 없는 여자여야 한다고 열렬히 주장하는 친구들을 보며 논문의 영감을 얻었다고 한다.

여자들에게 제모는 짜증나고 고되고 가끔은 고통스럽지만 필수적인 의식으로 여겨진다. 대부분은 치마나 반바지를 입기 전에 반드시 다리털을 제거하며 비키니라인을 면도하거나 제모하지 않고서는 수영복 입기를 꺼린다. 제모는 이들에게 너무나 필수적으로 여겨져서, 미처 하지 못했을 경우 운동이나 데이트 같은 일상적 활동에 참여하기를 주저할 정도다.

익숙하게 들리는가? 여성의 체모가 역겹다고 주장하는 자본주의의 운동은 우려스러울 만큼 성공했다. 그러나 미용산업은 여전히 탐욕스럽다. 이제는 여성의 음모도 더럽다고 전세계를 설득할 태세다. 이제는 남성의 체모도 똑같이 용납할 수 없는 것으로 사람들을 설득할 참이다. 심리적 불안감을 이용해 더 많은 돈을 벌 수 있다면, 미용산업은 기꺼이 불안감을 조성할 것이다.

체모를 기른 첫해에 나는 관습적 의상이 나를 어떤 식으로 무대 위에 전시시키는지 몇번이고 실감했다. 그때까지 나는 여성들이 원하는 옷을 입을 수 있다는 것이 우리 자유주의 사회의 근사한 면이라고 생각해왔다. 항상 남보다 먼저 미니스커트를 입은 여자애한테 오늘 예뻐 보인다고 말했고, 남들이 노출이 심한 옷을 비판할 때 반론을 제기했다. 나는 의복의 자유라는 원칙을 믿는 사람이며, 혹여 내 마음에 들지 않는 옷차림이라도 그것을 변호하기 위해 목숨이라도 걸 용의가 있다.

그러나 원피스를 입기 위해 야생동물 같은 다리를 가려줄 깨끗한 스타킹과 흉포한 겨드랑이를 가려줄 카디건을 찾아 고군분투하는 지금, 나는 의복의 자유가 얼마나 허상이었는지 느낄 수 있었다. 내게는 피부를 드러낼 자유가 있었지만, 규범에 맞는 여성적 의상을 입을 때 드러나는 나의 신체 부위들은 '여성화'되었을 경우에만 노출에 적합하다고 평가받았다. 그리고 여성화 과정에는 종종 돈과 시간을 들여야 했다―미용산업의 주머니를 내 돈과 시간으로 배불려야 했다는 말이다. 만약 내가 여성화에 순응하지 않은 신체 부위를 노출한다면―가령 크롭톱 아래로 드러난 배가 충분히 날씬하지 않다거나 치마 아래로 뻗은 다리에 털이 숭숭 나 있다거나—나는 사회적 맹비난과 개인적 수치심으로 이중의 불쾌감을 겪어야 할 것이다. 여성성은 여성이 갖고 있는 것이 아니라, 여성이 구매해야 하는 것이다.

나는 점점 예쁜 원피스 대신 청바지와 티셔츠를 입게 되었다. 그게 더 쉬웠으니까. 면도를 그만두고 난 뒤에 훨씬 '부치butch(외양이나 행동이 남성스러운 레즈비언)스러워'졌다는 말도 많이 들었다. 더이상 나는 내 여성성을 내 마음대로 표현할 수 없었다. 한가지에서 사회적 규범에 순응하지 않으니(체모), 그다음 것에서도 순응하지 못하게 됐다(의상). 나의 여성적 정체성은 내 소유가 아니었다. 내가 돈을 지불하고 구매해야 하는 것이었다.

자본주의 체제는 우리에게 여성성은 우리가 구매해야 하는 것이라고, 남성과의 차이를 과장하는 방향으로 몸치장을 하지 않으면 올바르게 성별화될 수 없다고, 여성성이라는 임의적 개념에 맞춰 스스로를 부호화하지 않으면 여성적일 수 없다고 가르친다. 그러면서 동시에 선택의 주체는 우리라고 세뇌시킨다. 나는 체모를 기르기 시작한 뒤에야, 몸의 문제에서 내게는 조금도 선택권이 없었음을 깨달았다.

모두가 작당하여 여성들에게 불필요한 상품들을 구매

해야 한다고 설득한 자본주의 운동의 결과, 1960~70년대에 우리 엄마 세대가 면도를 선택했다. 내게는 선택권이 없었다. 오늘날 여성성을 위해 수많은 여성들이 구매하는 할리우드 왁싱, 성형수술, 썬탠, 보톡스까지도 우리의 딸들에게는 더이상 선택이 아닐지도 모른다.

인물 연기를 그만두면

자, 이제 이론은 이만하면 됐다. 여성에게 주어지는 면도할 특권은 완전히 임의적이며, 이는 남녀 사이에 큰 차이가 있다는 믿음과 여성의 신체에 대한 기존의 태도를 공고히 해서 여성의 권력을 박탈한다. 우리는 자신의 몸에 수치심을 느끼도록 조건화됨으로써 자본주의의 이상적인 소비자가 되었다. 나는 이러한 조작에 분개했고, 사회적으로 용인되는 외모를 둘러싼 압박에 굴복하지 않고도 자신감과 안정감을 느낄 수 있을지 확인해보기로 결심했다.

개인적이고도 감각적인 수준에서 얘기하자면, 나는 곧 내 털의 모양과 느낌을 좋아하게 되었다. (믿어달라. 이 사실에 최고로 놀란 사람은 나니까.) 털을 길렀다고 해서 체취가 역해지지도 않았다. 오히려 더 좋아졌다면 모를까. 면도한 피부에 맺힌 땀이 퀴퀴하고 싸한 냄새를 내는 것과 달리, 내 땀은 따뜻하고 신선하고 인간다운 느낌이었다. 애인이 없을 때에도 잠자리 상대를 찾을 수 있었고, 애인이 있을 때도 그들은 원숭이처럼 털이 무성한 내 다리를 좋아해주었다——아마 원숭이 같은 다리가 나라는 사람에 대해 드러내는 바가 있었기 때문일 것이다. 가까운 친구들은 내가 용감하다고 생각했다. 요컨대 내게는 확신이 있었고 주변 사람들의 지원도 얻었다. 하지만 모든 게 갖춰졌는데도 체모를 기르는 건 여전히 힘들었다. 왜였을까?

2011년 여름을 다 보내고서야 나는 겨드랑이를 내놓고도 편안할 수 있었다——원하는 옷을 입고, 원할 때 손을 들어 흔드는 데 그만큼의 시간이 걸렸다는 얘기다. 그러나 나는 목표한 바를 달성하지 못했기 때문에 실험을 계속하기로 결정했다. 아직도 치마를 입고 밖에 나갈 때면 대단히 부끄럽고 불편했다. 2012년 여름의 어느 무더운 날, 청바지를 입고 지하철에 앉아 엉덩이 골에 땀이 차는 것을 느끼고 있던 나는 맞은편 남자가 설인雪人을 연상시키는 (털이 수북한) 다리와 발을 내놓고 있는 것을 보고 질투에 사로잡혔다.

'저 남자는 자기가 얼마나 큰 행운을 누리고 있는지 모를걸.' 나는 생각했다. '시원하고 산뜻한 반바지 차림을 하고도 남의 시선 따위는 의식하지 않아도 된다니. 다리털이 수치스럽다는 생각은 꿈에도 해본 적이 없겠지. 아침마다 그저 편안하고 멋진 옷을 고르면 되는 거야. 역겹다는 시선과 은밀한 눈길과 티나는 수군거림에 마음을 추스를 필요도 없을 테지. 저 남자의 엉덩이 골에는 땀이 차지 않았을 거고. 이건 불공평해! 나도 그러고 싶어!' 이윽고 자책감이 밀려왔다. '왜 나도 그러면 안 돼? 항상 다리를 감추고 있을 거라면 다리털을 기르는 의미가 뭔데? 벌써 2년 가까이 지났는데 왜 아직도 남의 시선을 의식하고 수치심을 느끼는 거야?'

이 난제 앞에서 나는 어쩔 줄 몰랐다. 면도를 하고 싶지는 않았지만, 수치심을 느끼는 것도 지긋지긋했다. 언젠가는 마음이 편해지리라는 희망도 점차 잃고 있었다. 왜일까? 단지 내가 용감하지 못해서, 아니면 남들의 시선을 너무 의식해서일까? 이쯤에서 포기하고 체모에 대한 실험이 절반의 실패로 끝났다고 인정해야 할까?

나는 죽은 프랑스 사회학자 삐에르 부르디외Pierre Bourdieu 에게 편지를 쓰기로 결심했다.

삐에르에게 물어보세요!——삐에르 부르디외가 당신의 모든 문제를 해결해주는 칼럼

친애하는 삐에르,

무덤 속에서 꿈도 없이 푹 쉬고 있었을 텐데 방해해서 미안해요. 저는 당신의 엄청난 팬이고, 당신을 사랑해요. 당신은 이미 죽었고 썩어가는 두개골에는 가죽처럼 너덜너덜한 피부가

붙어 있겠지만, 분명히 말해두는데, 저는 그럼에도 불구하고 당신과 할 수 있어요.

하지만 그게 제가 지금 이 편지를 쓰고 있는 이유는 아니랍니다. 결코 아니에요. 저는 당신에게 조언을 구하고 싶어요. 2년 전, 저는 면도를 그만두기로 결심했어요(저는 여자입니다). 저는 젠더 정체성이 오랜 시간에 걸친 행동으로써 만들어진다는 주디스 버틀러의 책을 읽고, 젠더를 다르게 수행하는 데 급진적 잠재력이 깃들어 있다는 생각에 매우 들떴어요.

하지만 저는 그게 말처럼 쉽지 않다는 걸 느끼고 있어요. 오 꽁트레르au contraire('반대로'를 뜻하는 프랑스어), 힘줄을 씹어 삼키는 것만큼이나 힘들더군요. 사회의 젠더 규범을 비틀 준비를 하면서 따가운 시선과 "세상에, 저기 좀 봐" 하는 수군거림을 예상하긴 했지만, 저 자신이 이렇게나 깊은 당혹감과 사회적 수치를 느낄 줄은 몰랐거든요. 저는 스스로 충분히 용감하지 못하다고, 남들의 생각에 지나치게 신경 쓴다고 자책하느라 정신적 에너지를 허비하고 있어요.

왜 그럴까요? 이 상황이 바뀔 가능성이 있을까요?

저는 당신이 대단한 사람이라고 생각해요. 조언을 주신다면 아주 감사하겠습니다. 그리고 혹시 환생하면 제가 당신과 잘 수 있을지 알려주세요.

2012년 여름 런던 브릭스턴에서, 진심을 담아,

하와이의 털보

추신: 제가 진짜 하와이에 있는 건 아니에요. (하와이Hawaii과 털보hairy의 발음적 유사성을 이용한 말장난)

친애하는 벨 뿌예Belle Pouillee ('눈총 받는 아가씨'의 예스러운 프랑스어 표현),

편지 고맙네. 일부는 불쾌할 정도로 외설적이었네만. 과거에 유클리드적이었던 내 턱선이 약간 와해되었으리라는 추측은 맞았어. 그걸 제외하면 사후세계는 썩 나쁘지 않다네.

그래, 자네가 세상을 바꾸고 싶다는 겐가? '쥐스뜨'juste (공정)하지 않은 걸 많이 봤군그래. 나로 말하자면 쩌ze (영어 the의 프랑스식 발음을 살린 표현) 계급체계에 관심이 있어. 가난하게 태어난 사람이 계속 가난한 이유를 이해하고자 하지. 털북숭이 가짜 하와이언인 자네는 쩌 젠더 평등에 관심이 있는 것 같군. 여성들이 계속 사회적으로 이상화된 여성성을 수행하는 이유, 배후에 무엇이 있는지 잘 알고 그로 인해 피해를 보면서도 그만두지 않는 이유가 궁금한 게지?

이제 쩌 프랑스어 억양으로 말하는 건 그만두지. 보다시피 힘든 일이니 말이야. 그래도 프랑스 사람의 말투로 계속 읽어주게나. 메르시.

자네는 자신이 구조에 속해 있다는 걸 알고 있네. 자네는 마지팬marzipan (아몬드, 설탕, 계란 흰자로 만든 부드러운 과자)처럼 가족, 학교 교육, 문화에 의해 빚어졌기에 '아비뛰스'habitus라고 이름 붙여진 것을 갖고 있지.[64] 아비뛰스는 개인들이 사회를 이해하고 사회와 교류하기 위해 저마다 갖고 있는 지속적인 체계라네.

자네가 우주에서 갑자기 지구로 떨어져서 사람의 몸으로 깨어났다고 상상해보게나. 그러면 집 밖에서는 (거의 나체가 되는 것이 용인되는 모래사장을 제외하고) 항상 옷을 입어야 한다는 것을 모를 테지. 정해진 장소에서만 배변해야 한다는 것도, 돈을 내고 음식을 사먹어야 한다는 것도, 낯선 이에게는 적절한 예의를 갖추고 다가가야 한다는 것도 모를 게야. 요컨대 자네는 사회와 교류하는 법을 모르는 게지. 아비뛰스가 없으니 말일세. 알몸으로 땡전 한푼 없이 테스코를 돌아다니며 냉동식품 코너에서 똥을 싸고, 캡틴 버즈아이Captain Birdseye(세계적인 냉동식품회사 버즈아이 사의 마스코트) 피시핑거와 하겐다스 아이스크림을 한꺼번에 먹고, 파인애플 통조림을 사러 온 낯선 이들에게 코를 들이밀고 킁킁댈 게야.

하지만 자네는 그러지 않는다네. 아비뛰스가 있기 때문이지. 아비뛰스 덕분에 자네가 사회와 상호작용할 수 있다는 말일세. 예를 하나 들어도 될까. 거의 나체가 되는 것이 해변에서만 적절하다는 법칙은 내 아비뛰스의 일부라네. 그래서 나는 시크한 프렌치 레스토랑에서 옷을 벗는 것은 꿈도 꾸지 않지만, 해변에서는 도발적인 스피도 수영복만 남기고 전부 기꺼이 벗을 수 있어. 내 행동은 거리를 거닐 때는 옷이 필요하지만 모래 위를 밟을 때는 옷이 필요 없는 사회를 만드는 데 일조하지. 이는 즉, 내 행동이 무엇이 사회에서 용인되고 정상으로 여겨지는지에 대한 감각을 강화시킨다는 뜻일세. 그러니 아비뛰스는 규칙을 품는 동시에 규칙을 만들기도 하는 셈이지.

아비뛰스의 구조에는 지속성이 있다네. 한번 만들어지고 나면 변화시키기가 아주 어렵고, 어쩌면 아예 불가능할지도 몰라. 우리는 아비뛰스를 내면화하고 웬만해선 그에 대해 의문을 제기하지 않아. 우리가 아는 사람들도 전부 아비뛰스를 받아들이지. 자네는 이걸 '상식'이라고 부르겠지만, 나는 '지배적 아비뛰스'라고 부른다네.

하지만 의문이 생기지 않나? 어째서 우리는 선택이 자유롭다고 믿는 걸까? 모두 아비뛰스를 갖고 있는데도, 우리가 정해진 규칙에 따라 예측대로만 움직이는 뻣뻣한 로봇과는 다른 이유가 무엇일까?

아비뛰스의 구조는 분명히 지속적이지만, 한편으로 우리는 새로운 지식과 경험에 대해서는 즉흥적으로 움직일 수 있다네. 이를테면 테니스 선수는 테니스 규칙을 몇년이나 배웠으니 이제는 생각하지 않고 테니스를 칠 수 있지. 테니스에 대한 지식이 체화되어서 경기감각이 생겼다는 얘길세. 그렇지만 겉으로는 예측 불가능하고 '자유로워' 보이는 그의 행동은 사실은 일련의 규칙 내에서 이루어지고 있으며, 그가 규칙 바깥으로 걸어나가면 더는 테니스를 친다고 말할 수 없을 게야.

아비뛰스의 구조 중 여럿이, 어쩌면 대부분이 임의적일세. 그 말인즉슨 현상이 지금과 같아야 할 절대적인 과학적, 논리적, 이성적 이유가 없다는 뜻이네. 해가 쨍쨍한 날에는 붐비는 도심의 거리라도 스피도 수영복 차림으로 걷지 못할 이유가 있는가? 쌩트로뻬 해변에서는 내 벗은 몸이 남들에게 불쾌감을 주지 않는데, 왜 빠리에서는 갑자기 흉물스럽고 일탈적인 것으로 간주되는가? 오히려 한여름 해변에서는 노출에 익숙하지 않은 피부가 심한 화상을 입지 않도록 소매가 긴 옷을 입는 것이 적절하지 않은가?

그러나 아비뛰스의 구조가 임의적이라는 걸 꿰뚫어보면서도 우리는 계속해서 '정상적'이고 '상식적'인 사회적 행동을 계속한다네. 이는 아비뛰스의 구조가 체화되었기 때문일세. 아비뛰스가 단순히 최선의 행동에 대한 냉정한 **믿음**의 체계인 것만이 아니라 체화된 일련의 **합의**이기도 하다는 말일세. 앞서의 테니스 선수에게로 돌아가볼까? 테니스에 대한 그의 지식은 머리만큼이나 몸에도 담겨 있고, 테니스 경기와 그의 관계는 감정적인 것일세. 논리적으로 그는 자신이 작은 구체를 둥글고 납작한 것으로 쳐서 낮고 긴 물체 위로 날려보내는 능력을 시험하는 공허한 경기를 치르고 있을 뿐이란 걸 알고 있지. 그럼에도 패배하면 속이 상하는 게야. 둥글고 납작한 것을 낮고 긴 물체를 향해 던져버리고 울음을 터뜨릴 테지.

    털북숭이 친구, 세상을 바꾸는 것이 쉽지 않은 까닭은 우리가 이성적으로는 세상이 공정하지 않고 변화가 필요하다는 걸 알고 있지만, 실제로 변화를 시도하면 주위 세계로부터 강렬한 저항에 부딪히기 때문일세. 어떤 사람들은 자신들이 믿고 따르는 규칙들의 임의성을 인정하려 들지 않아. 또 어떤 사람들은 임의성을 알면서도 그 규칙들을 너무나 강렬히 **느끼기** 때문에 이성의 목소리에 귀를 기울이지 않지. 정상적인 사람으로서 어떻게 행동해야 하는지에 대한 지식은 머릿속에 있든 몸속에 있든 벗어던지기가 쉽지 않아. 어쩌면 헤엄치는 법이나 자전거 타는 법을 잊는 게 더 쉬울지도 모르지.

    벨 뿌예, 그러니 하와이에서든 어디에서든 자네가 털을 기르는 것에 대해 편안하게 느낄 가능성은 아주 낮아. 유감이지만 그렇다네. 내가 생전에 주디스 버틀러에게 이미 다 지적한 얘기야.[65] 후기 저서에서 그는 젠더를 다르게 수행하는 것의 급진적 잠재력에 대해 한풀 꺾인 목소리로 말하면서, 그보다는 개인 행동의 배경이 되는 사회적 구조의 강제력을 강조했더군.[66]

    내 취향을 말하자면, 털이 많은 여성을 퍽 좋아하는 편이라네. 1970년대에도 시골이었던 베아른Béarn풍으로 성장했다는 사실을 감안해야겠지. 그게 내 아비튀스의 일부니까. 환생하면 꼭 자네에게 알려주기로 약속하지.

영겁의 시간 가운데, 저승세계 스틱스 강변 아파트 44번지에
서, 꼬르디알레망cordialement ('진심을 담아'를 뜻하는 프랑스어),
삐에르 부르디외

삐에르 부르디외의 희소성 있는 사후 편지에 말로 다 못
할 감사를 느낀다. 나는 그의 아비뛰스 이론이 구조와 행
위주체 사이에 벌어지는 상호작용의 복잡성을 사고하는
유용한 도구라는 것을 발견했다. '내가 언제쯤 털을 기르
는 것에 편안해질까?'라는 고민에 한창 빠져 있을 무렵, 부
르디외의 말은 나 자신을 덜 몰아세우는 데 도움이 되었
다. 내가 털을 기르기 힘들어한 까닭은 신체를 다르게 수
행한다는 것이 **분명**히 어려운 일이기 때문이었다. 어떤 논
리를 들이대더라도 평생에 걸친 성별화를 하룻밤 만에 벗
어던질 수는 없는 일이다. 그러나 삐에르 부르디외 좀비는
내가 영영 다리털을 편하게 여기지 못할지도 모른다고 말
했다. 그게 사실일까?

부르디외의 사회학은 종종 지나치게 결정론적이라는
비판을 받는다. 행위주체에 비해 구조에 지나친 특전을 준
다는 이유에서다. 그는 아비뛰스의 지속성을 강조하면서,
가난하게 태어난 사람들이 계속 가난한 이유를 사회적 위
계를 재생산하는 강력한 사회적 힘으로써 설명하고자 했
다. 그래야만 사회적으로 불리한 위치에 놓인 이들에게 책

임을 덮어씌우지 않게 되지 않겠는가?

그러나 그의 설명에는 부족한 부분이 있다. 현실의 자본주의에서는 지배관계가 변화할 수 있음을 간과한 것이다. 가령, 이제 서구 대부분의 지역에서 노예제는 불법이고 동성애는 합법이다. 세습되던 정치권력은 민주적 정치권력으로 대체되었고, 여성도 투표할 수 있으며, 장애인도 기회에 동등하게 접근할 법적 권리를 가진다.

유색인종, 동성애자, 노동계급, 여성, 장애인들이 여전히 차별받고 있긴 하지만, 많은 활동가들이 ─ 사회적 편견과 자기 자신의 조건화에 맞서 ─ 분투 끝에 이처럼 대단한 성과를 일궈냈다. 부르디외는 중산층 어린이에게 특혜를 주도록 설계된 교육체계에서 탁월한 성취를 이뤄낸 노동계급 어린이들을 '기적의 생존자들'이라고 부르지만, 부르디외 본인 역시 기적의 생존자 출신으로 계급, 문화, 특권에 대한 새로운 사고방식을 개발했다. 기성 위계질서에 조금은 흠집을 낸 것이다.

몸속 깊이 새겨진 사회적 조건화를 깨는 실험은 예상보다 훨씬 어려웠고, 이는 아비튀스가 듀라셀 토끼들처럼 지칠 줄 모르고 작용한다는 부르디외의 주장을 뒷받침하는 것처럼 보였다. 주디스 버틀러조차도 그의 쪽으로 한걸음 후퇴하지 않았던가. 그러나 나는 내 체모 기르기 실험을 일종의 사회운동으로 생각하게 되었다. 내 털은 주변 사람들에게 자신이 여성의 신체에 대해 비이성적이고 성차별적인 태도를 지니고 있음을 자각시켜주었고, 동시에 나에게는 나 자신이 깊이 느끼고 있는 수치심과 맞서도록 강제했다.

내가 6장에서 주장한 것처럼 여성의 신체가 여성의 권력을 빼앗는 방식으로 성별화되어 있는 상황하에서, 겨드랑이를 드러내는 것(아름다움의 미신에 도전장을 던지는 것)이 가슴을 드러내는 것(가슴 열광증에 도전장을 던지는 것)보다는 훨씬 쉬웠다. 그에 결부된 성별화된 의미가 흥분보다는 역겨움을 일으키기 때문이다(이상성욕자들에게서 온갖 기괴한 이메일을 받았다는 점은 짚고 넘어가야겠다). 요컨대, 나는 체모의 힘을 믿었다. 믿습니다! 아직은 면도날 앞에서 패배를 인정할 때가 아니었다.

악한 털은 기르지 말거라

나는 작가들이 하는 일을 했다. 그러니까, 털 난 여성으로서의 모험담을 전부 적고, 숲처럼 무성하게 털을 기른 18개월 동안 겪은 일들을 공유하고, 그에 따르는 기쁨과 위험을 최대한 솔직하게 털어놓았다. 그리고 『더 버젠더』*The Vagenda*(온라인 페미니스트 잡지로, 제호는 '질'vagina과 '안건' agenda의 합성어다)에 내 글을 실어달라고 요청했다. 잡지에 실린 내 글은 곧 널리 퍼져나갔다.

이게 내가 아침 방송에서 "남자들에게 겨드랑이를 보여줘!"를 부르게 된 전말이다. 이게 내가 별의별 텔레비전과 라디오에 출연하고, 세계의 타블로이드 언론에 내 겨드랑이 밑에 사는 애완동물을 뽐내게 된 계기다. 내가 하고 싶었던 말은 이거다. "털은 자연스러운 겁니다. 털은 좋은 거예요. 털을 기르기로 결정하는 건 어려울 수도 있지만, 해보면 썩 괜찮아요. 그러니까 하고 싶으면 한번 해보세요!" 그러나 되돌아온 반응은 내가 전하고자 했던 메시지와 완전히 어긋난 것이어서, 나는 신체에 대한 검열이 정말로 깊이 뿌리내려 있음을 깨달았다.

이 경험을 통해 알게 된 사실 하나는, 사람들에게 지금까지 학습한 성차별을 버리라고 요구하는 것만으로도 분노를 자아낼 수 있다는 것이다. 나는 한 남자에게서 "당신의 팬입니다" 운운하는 제목의 이메일을 받았다. 메일 속 링크를 클릭해보니, 내 사진을 올려놓은 게시물에서 한 무리의 남자들이 '얘랑 섹스할 수 있는지' 토론하고 있었다. 한 사람은, 하긴 하되 뒤에서 하겠다고 말했다. 한 남자는 나를 클로로포름으로 마취시켜서 털을 민 다음에, 글에서 암시한 바에 따르면, 강간하겠다고 말했다. 한 남자는 가시가 돋친 막대기 사진을 올려놓고 그것으로 '하겠다'고 말했다. 상상이나 가는가? ① 한 여자를 클로로포름으로 마취시키고 가시 돋친 막대로 강간하고 싶다고 적는다,

그리고 ② 그의 이메일 주소를 추적해서 가시 돋친 막대로 강간하고 싶다는 의향을 알려준다. 단지 그의 미용철학이 마음에 들지 않는다는 이유로. 정말 돌아버릴 일 아닌가?

순식간에 여성 체모의 세계 대표가 되는 바람에 나는 신체를 다르게 수행하는 것에 강력한 힘이 있음을 실감했다. 이렇게나 비이성적인 충격과 불신을 자아낼 수 있는 것이라면 분명 우리 사회의 성별화에 사람들의 관심을 집중시킬 수도 있지 않겠는가. 체모에 대한 이중잣대는 너무나 명백하게 비논리적이고 문화적으로 빚어진 것이기에, 사람들에게 젠더 이분법을 재검토해보라고 권하는 훌륭한 시작점이 된다.

털보로 이름을 떨친 뒤, 나는 더 용기를 내기 시작했다. 부분적으로는 WANG Women Against Non-Essential Grooming(불필요한 치장에 반대하는 여성들) 페이스북 그룹에 가입한 덕분이다. WANG은 신체를 긍정하고 신체 관행에 따르지 않으며 신체 검열에 반대하는 페미니스트들의 모임이다. 털 난 여성으로 살아간다는 것의 장단점을 함께 토론할 수 있는 똑똑하고 우호적인 사람들의 포럼이 있어서 정말 좋았다. 다른 여성들이 신체 검열과 싸우고 있다는 이야기를 읽을 때면 용기가 솟았다.

짧은 텔레비전 출연 이후 많은 여성들이 내게 이메일을 보내 내가 털이 무성한 겨드랑이를 드러낸 것을 보고 자신들도 용기를 얻었다고 말했다. 그것도 힘이 되었다. 몇달이 지나자 친구들은 내 덕분에 자신들의 몸에 대해 ── 머리와 화장과 땀에 대해 마음을 편히 먹게 되었다고 고백했다. 몇몇은 면도기를 버리기도 했다. 그러니까 낮은 수준에서 긴 해도, 내가 젠더 이분법에 작지만 구체적인 도전을 함으로써 내 주변 세계의 구조가 바뀌기 시작한 것이다. 이는 순차적으로 내가 공공장소에서 내 신체에 대해 받는 느낌을 변화시켰다.

2013년 여름, 나는 마침내 내가 바라던 단계에 다다랐다. 처음에는 다리를 드러낼 때면 조금이라도 남들의 시선을 덜 받도록 남성적인 옷차림을 했으나, 여기에 다른 옷들을 점차 섞어 입다보니 매일 입고 싶은 것을 무엇이든 입으면서도 불편하지 않게 되었다.

나는 대규모 국제 연극학 콘퍼런스에 참석해 많은 업계 인맥들 사이에서 예쁜 원피스에 초록색 웨지힐을 신고 다리와 겨드랑이를 흔들어댔다. 친구들과 브라이턴 해변에 놀러 가서는 비키니를 입고 일광욕을 했다. 짧고 화려한 드레스를 입고 결혼식에도 참석했다. 너무나 행복했다 ── 내가 해낸 것이다. 3년이라는 시간이 걸리긴 했지만, 나는 이제 내가 유해하다고 믿는 젠더 규범에 순응하지 않고도 스스로 매력적이라고 생각했고 자신감을 느꼈다. 마치 내 몸을 되찾은 듯한 기분이었다.

나는 이제 면도를 하거나 하지 않기로 선택할 수 있는 지점에 놓여 있다. 꼭 한쪽으로 정하고 싶지는 않지만, 나는 털을 기르는 편이 더 편안하다. 이 단계에 오기까지 많은 에너지를 소모했다. 그러나 배운 것도 많았다. 나는 아비뛰스에 지속성이 있긴 하지만, 듀라셀 토끼들조차도 계속해서 작은북을 치게 만들면 지쳐서 나가떨어진다는 것을 믿게 되었다. 체모를 드러낸 채로 콘퍼런스에서 논문을 발표하는 내 모습을 생각하면 자랑스럽다. 아니, 사실은 이 모든 게 바보 같다. 그깟 털이 뭐라고.

제8장

대사

침묵을 언어와 행동으로 변형시킬 때, 우리가 반드시 해야 할 것이 있다. 변형과정에서 침묵이 어떤 기능을 하는지 규명하고 검토해야 하며, 침묵이 반드시 필요한 역할을 하고 있음을 인식해야 한다.

글을 쓰는 사람이라면 자신이 내뱉는 말의 진실성뿐 아니라 그 도구인 언어의 진실성도 면밀히 검토해야 한다. 글을 쓰지 않는 사람이라면 자신에게 의미있는 말을 공유하고 퍼뜨려야 한다. 그러나 가장 먼저, 우리는 각자 믿고 있는 진실을 이해하는 데 그치지 않고, 행동하고 말함으로써 남들을 가르쳐야만 한다. 창조적이고 지속적인 삶의 과정, 즉 성장에 참여하는 것만이 우리가 살아남을 수 있는 유일한 길이다.

―오드리 로드Audrey Lorde(페미니스트이자 인권운동가인 미국 작가)[67]

나쁜 씬

시나리오 1

동료 집 근처에 괜찮은 치과 있을까?

나 내가 다니는 치과가 너희 집 바로 옆이야. 의사선생님이 전문성이 뛰어나고 능력도 좋아. 몬트리올대학에서 몇 년 동안 치과 수술 연구원으로 일했고, 교수로 있다가 개업했대. 아주 친절한 사람이야.

동료 좋은 의사 같네. 그 남자 치과 주소가 어떻게 돼?

시나리오 2

친구 아이를 낳고 싶지만 내가 그걸 견뎌낼 수 있을지 가끔은 자신이 없어.

나 아일랜드에 있는 내 친구가 아이 둘을 키우는데, 볼 때마다 개의 인내심에 놀라. 아이들이 끊임없이 질문을 던지면 친구는 매번 지친 기색 없이 설명해주고, 더 알아보라고 격려해주더라고. 완전히 초인이야.

친구 훌륭한 엄마인 것 같네.

시나리오 3

과학자인 친구 내 상사 스웨덴 사람이야.

나 오, 스웨덴 남자라고?

이름이 무슨 상관이람

조앤 롤링J. K. Rowling('해리 포터' 씨리즈의 작가)이 원고를 보내는 족족 출판사로부터 거절당한 뒤, 현재의 출판사에서 필명을 J. K.로 바꾸라는 조언을 받고 성공가도에 올랐다는 이야기를 들어본 적이 있는가? 그는 그렇게 했다. 그 뒷얘기는 모두 아는 대로다. 1997년에 롤링의 출판사가 알고 있었던 것을 1859년에 조지 엘리엇George Eliot(본명은 메리 앤 에번스Mary Ann Evans다)도 알고 있었다. 사람들은 표지에 적힌 이름의 성별을 기준으로 아직 펼쳐보지 않은 책을 판단한다.

아일랜드에서 영국으로 막 이주했을 당시 재미있었던 것 중 하나는 에머라는 이름이 영국에서 낯설다보니 나와 이메일을 주고받는 사람들이 내 성별을 확신하지 못한다는 점이었다. 게다가 내 성의 남성적 울림(오툴이라는 성에서 가장 먼저 떠오르는 인물은 작고한 피터 오툴 경Sir Peter O'Toole(1960~80년대에 왕성하게 활동한 영화배우)이고, 이 단어는 음경을 일컫는 은어이기도 하다)으로 인해 많은 영국인들이 자신과 이메일을 주고받고 있는 에머 오툴이 '미스'가 아니라 '미스터'일 거라고 추정했다. 당시 연극학 대학원 학술지의 편집자로 활동하던 나를 남자라고 추측한 사람들의 반응은 눈에 띄게 달라졌다. 사람들은 나를 더 공손하고 예의 바르게 대했다.

박사학위를 받은 뒤 내가 가장 먼저 한 일은 (물론 사흘 내리 진탕 마신 것을 빼면) 모든 개인 서류와 계좌에서 내 이름에 붙는 직함을 '미스'에서 '박사'로 바꾼 것이었다. 잘난 척을 하려고 그런 건 아니었다 — 오툴 박사라고 불리는 게 썩 마음에 들진 않았으니까. 단지 내가 여성이라는 사실뿐 아니라 내가 미혼 여성인지 기혼 여성인지 페미니스트 여성인지 적시하는 것이 지긋지긋했을 뿐이다. 은행 당국이 이 사실을 알아야 할 필요가 대체 뭔가? 남성이든 여성이든 미혼이든 기혼이든, 나를 똑같이 판단하고 대우하면 안 되는 걸까?

이름은 인종, 계급, 젠더를 드러낸다. 우리는 남녀를 차별대우하는 세상에 살기에, 만나본 적 없는 사람의 이름을 들고 성별을 알면 무의식적으로 그 사람의 성격을 추측한다. 이때 만들어지는 선입견은 우리의 스키마에 담긴 편견으로 인해 여성에게 불리한 경우가 많다.

여러 연구가 이 사실을 입증한다. 그중 저명한 연구기관의 과학자들에게 동일한 이력서를 평가하게 한 실험이 있다. 과학자의 절반은 여성 이름이 적힌 이력서를, 나머지 절반은 남성 이름이 적힌 이력서를 받았다. '여성' 지원자는 일관되게 능력이 덜하고 고용 가능성도 낮게 평가되었고, 그들의 멘토로 지원한 과학자의 수도 적었다. '남성' 지원자는 여성 지원자에 비해 유의미하게 높은 초봉을 제시받았다.[68] 또다른 연구는 다양한 업계에 흑인 이름이 적힌 이력서에 대한 편견이 존재한다는 사실을 유사한 방식으로 증명했다.[69]

그러나 편견을 조장하는 것이 이름만은 아니다. 영어는 문법부터 성차별적이다. 우리는 일반적으로 행동과 언어가 명확한 경계로 구분된다고 믿는다. 곤봉과 돌은 뼈를 부러뜨릴 수 있지만, 이름은 아무도 다치게 하지 않는다는 믿음이다. 언어가 행동만큼 중요하지 않다는 믿음이다. 이는 여러모로 4장에서 논의했던, 현실과 표상 사이에 명확한 경계가 있다는 개념에서 파생한 것이라 할 수 있다. 이런 논리에서는 객관적 실재가 존재하며 언어는 실재를 표상하는 방식일 뿐이라고 주장한다.

그러나 포스트모더니즘 사상가들의 눈에 이런 이분법은 지나치게 단순하다. 언어는 현실을 반영하는 데 그치지 않고 현실을 만들어내기도 한다. 이미 존재하는 것을 거울처럼 비추기도 하지만 새로운 가능성을 창조하기도 한다는 말이다. 행동과 언어가 뚜렷하게 둘로 구분되는 게 아니라는 생각은 내게 아주 유용했다. 언어는 행동일 수 있다. 거꾸로 행동도 언어일 수 있다. 그리고 우리가 사용하는 언어는 젠더 이분법을 공고히 하는 데 중요한 역할을 한다.

버틀러 이전의 사상가 오스틴J. L. Austin은 1950년대에 우리의 언어가 수행적이라는 유명한 주장을 펼쳤다. 젠더 수행성은 앞서 말했듯 젠더 정체성이 고정된 내적 본질이 아니라 우리가 오랜 시간에 걸쳐 수행하는 행동들을 통해 만들어진다는 개념이다. 버틀러는 젠더가 생물학적 성에서 정신적 혹은 심리적으로 자연히 파생된 것이라는 생각에 대항하여 이 개념을 내놓았는데, 그 부모격이 오스틴의 언어에 대한 연구다. 오스틴은 행동과 말 사이에 또렷한 선을 그을 수 있다는 생각에 대항하여 언어가 고정적인 '현실'을 표상하는 대신 '현실'을 만들어내는 상황들을 예로 들었다. 그에 따르면, 단지 무언가를 말하기 위해서가 아니라 무언가를 행하기 위해서 말할 때 우리는 '화행'speech act을 수행하고 있는 것이다.[70]

사람들로 가득 찬 하객석 앞에서 혼인서약을 할 때처럼 누가 보아도 명백한 화행이 있다. 그러나 오스틴의 후학들이 보여주듯, 언어는 보다 미묘한 방식으로 수행적일 수도 있다. 언어는 우리 사회의 가치와 편견을 재확인하고, 우리의 수행적 정체성을 빚는 데 큰 역할을 한다.

박사과정 시절 내 지도교수는 유색인이었다. 하루는 그가 내 논문 초고를 검토해주면서, 논리의 중대한 허점들을 지적하고 보다 사소한 실수들은 내가 직접 수정할 수 있도록 알려주었다. 초고를 넘기던 중 나는 그가 '검은'과 '어두운'이라는 단어들에 동그라미를 쳐놓은 것을 발견했다. 그 옆의 메모는 짤막했다. "다른 단어를 쓸 수 있을까요?" 내가 쓴 글은 셰익스피어 희곡의 각색에서 나타나는 인종, 계급, 젠더의 문제를 다루고 있었다. 지도교수는 정답을 들이미는 대신 직접 답을 찾도록 하는 특유의 방식으로 내가 '검은'과 '어두운'을 '나쁨'과 동의어로 쓰고 있다는 사실을 깨우쳐주었다. 그뒤로 나는 이 버릇을 고치려 끈질기게 노력하고 있다.

백인 친구들과 가족들에게 이 경험을 얘기하면 지도교수가 과민하다, 또는 PC(political correctness의 약자로, 정치적 공정성을 위해 차별적 언어, 행동을 지양하는 운동)에 너무 집착한다는 반응이 돌아왔다. 그러나 나와 같은 백인들은 어두운 빛깔이 곧 나쁜 것을 뜻하는 언어를 끊임없이 읽거나 들어야 하는 유색인종의 입장에 서보지 못했다. '어두운'이 실제로 빛깔이 어두운 사물을 일컫기 위해서가 아니라 다른 의미로 사용되는 것은 검은 것이 악하다는 문화적 믿음을 보여줄 따름이다(내가 초고에서 '어둡다'라고 표현한 것들은 대부분 심리상태, 유머감각, 인물들의 의도처럼 실제로 빛깔이 어둡거나 검다고 할 수 없는 것들이었다). 언어가 곧 행동이라는 오스틴의 주장에 비추어보면, '어두운'의 이러한 용법은 잘못된 문화적 믿음을 강화한다.

2000년대 초반에 나는 '게이'라는 단어를 '형편없다'라는 뜻으로 사용했다. 정말 부끄러운 일이지만, 또래 사이에 도는 폼나는 은어를 생각 없이 따라한 것이었다. 하루는 브라이언이라는 비범한 친구와 대화를 나누던 중 평소처럼 '게이'라는 단어를 내뱉자 그애는 하던 말을 멈추고 지적했다. "나는 게이고, 네가 이 단어를 그런 뜻으로 쓸 때마다 마음이 아파." 용감한 지적이었다. 나는 그뒤로 '게이'의 못된 용법을 내 사전에서 뿌리뽑는 데 성공했다. 그러나 다른 사람들에게 이런 얘기를 꺼내면 늘 "유머감각도 없냐?" 같은 반응이 돌아왔다.

어렸을 때 우리는 '병신'spa이나 '머저리'mong 같은 말을 욕으로 썼다. 나는 아직도 가끔 '저능아'retarded라는 단어를 쓴다. 듣는 사람에게 상처를 준다는 걸 알고 쓰지 않으려 무진 애를 쓰고 있지만, 장애인차별적인 언어 용법은 우리 문화에서 너무나 자연스럽고 정상적으로 느껴져서 실수를 인식하기도 전에 입 밖으로 튀어나온다. 폐기하기 쉽지 않은 버릇이다. (업데이트: 지금 나는 이 실수를 저지르지 않은 지 1년을 넘기고 있다.)

무죄를 주장하려는 것은 아니지만, 이런 언어 용법은 모두 외부에서 물려받은 것이다. 이성애자처럼 보이는 비장애인 백인으로서 나는 나의 언어가 어디서 왔는지, 그것이 어떤 결과를 낳고 있는지 생각해볼 겨를이 없었다. 물론 나의 언어는 흑인, 성소수자, 장애인을 차별하는 사회에서 왔으며, 차별을 정상으로 간주하게 하는 수행적 효과를 발휘한다.

우리의 언어문화에서 남성과 관련된 어휘가 칭찬이나 긍정적 의미로(사내답군!), 여성과 관련된 어휘가 모욕이나 부정적 의미로(계집애처럼 굴지 마!) 쓰인다는 건 말하지 않아도 잘 알 것이다. 이걸 절감한 순간들은 수없이 많지만 그중 유독 기억나는 사례가 있다.

스무살 무렵, 나는 골웨이의 한 아파트에서 남자인 친구들과 이야기를 나누고 있었다. 그애들은 내 존재를 까맣게 잊은 채 그 자리에 없는 남자 하나를 흉보고 bitch(성별화된 어휘의 일례다) 있었다. 누군가 말했다. "걔는 맨날 여자처럼 질질 짜더라." 이에 나는 본능적으로 입을 열었다. "여자처럼? 내가 질질 짜냐?" 잠시 모두가 당황한 기색이었다. 이윽고 친구가 표현을 덜 불쾌하게 바꾼답시고 정정했다. "내 말은, 나이 든 여자처럼 말이야." 성차별에 노인차별을 더하는 것이 탐탁지 않았으나 나는 입을 다물었다. 남자들 틈바구니에서 여자로서 목소리를 내는 것은 쉽지 않다. 어차피 돌아올 반응은 뻔했다. 네가 과민한 거야. PC에 과도하게 집착하는 거야.

이런 언어 용법에 직접 피해를 보지 않는 사람들은 자신의 말에 아무것도 담겨 있지 않다고 생각하는 여유를 부릴 수 있다. 그들은 왜 남들이 화를 내는지 이해하지 못한다. 정말로 어떤 **행동**을 한 건 아니지 않은가. 말은 어디까지나 말일 뿐이다. 사람을 해치는 것은 곤봉과 돌이지 않은가? 그들은 혹여나 '백인'이나 '남자'나 '이성애자'나 '비장애인'이 나쁘다는 뜻으로 쓰인다 하더라도 자신들은 결코 기분 나빠하지 않을 거라고 말한다. **자신들**이 상처받지 않는다면 다른 누구에게도 상처받을 권리가 없다는 듯이.

요즈음 나는 '여자'를 모욕적인 용법으로 사용하는 걸 보면 곧장 날카롭게 반격한다. 이런 용법은 아주 명확하기 때문에 언어적 성차별 가운데 가장 대들기 쉽다. '지나친 PC' 운운하는 무리들이 입을 틀어막으려고 들면 이렇게 대꾸하자. "여자들이 어떤 말에 기분 나빠하고 어떤 말을 웃어넘기는지 알려줘서 참 고맙네요. 하찮은 여자의 머리로는 결코 알지 못했을 사실이죠."(보다 관대한 기분이 든다면 언어의 수행성과 화행이론에 대해 짧은 강의를 해주어도 좋다.)

그러나 언어의 성별화는 여성과 관련된 어휘를 모욕으로, 남성과 관련된 어휘를 칭찬으로 사용하는 것 이상으로 깊게 뿌리내린 문제다. 영어 문법 자체가 젠더에 의해 사람들을 판단할 수 있으며, 판단해야 한다는 생각에 기반을 두고 있다. 우리는 인지하지 못한 채 계속 성차별적인 대사를 내뱉고 있는 것이다. 슬프게도, 자신을 '미스'가 아닌 '박사'라고 불러달라고 요구하고 모든 대화를 이메일로만 나눈다고 해서 이런 현상이 사라지는 건 아니다.

다른 사람에게 친구에 대해 얘기할 때를 생각해보라. 여자인 친구를 언급하면서 여자임을 드러내는 이름이나 '그녀'라는 대명사를 쓰면 친구는 한 사람이기 이전에 여성으로 인식된다. 여성이 남성만큼 가치있게 여겨지지 않는 우리 가부장제 사회에서 친구는 무의식적인 선입견의 대상이 되고 말 것이다.

그가 말하길, 그녀가 말하길

언어는 사회 내에서 공유되는 '상식'을 보여준다. 우리는 일상생활 속에서 사람, 행동, 물건, 태도에 알맞은 어휘와 문법 구조를 갖고 있다. 여성과 남성을 언급할 때 다른 대명사를 사용한다는 사실은 우리 사회에서 남녀의 구분이 언제나 중요하게 여겨진다는 뜻이자 남녀의 역할이 다르게 간주된다는 뜻이다.

말할 것도 없이 이는 대다수의 사람들이 남성과 여성은 다른 행성에서 왔을 거라 믿었던 시대의 유물이다. 그러나 언어는 진화하는 중이다. 대단히 고무적이게도 우리 사회가 점점 더 평등을 향해 다가가는 만큼 성별화된 언어에 대한 해법도 만들어지고 있다.

이런 해결책 중 일부는 의식적인 것이다. 가령 어떤 페미니스트들은 대명사 'she'와 'he' 대신 'zi'를, 'her'과 'his' 대신 'zer'를 사용하자고 제안한다. 나는 이 노력에 갈채를 보내지만, 그 효용성은 의심한다. 대부분의 사람들은 'zi'나 'zer'를 곧바로 이해하지 못하고, 잘못 들었다고 생각해서 다시 말해달라고 한다. 우리에게는 이보다 유기적으로 언중言衆이 만들어낸 해법이 있다. 기존 문법에서 빌려온 'they'와 'their'의 사용이다.[71]

오늘날 많은 사람이 제3자의 젠더를 특정하고 싶지 않을 때 'they'를 사용한다. 특히 가상의 제3자를 이야기할 때 그렇다. 예컨대, '하루 종일 수다나 떨고 싶은 사람they이 도서관에는 왜 오는 거지?'(또는 '내가 그들을them 죽여주길 바라서?') 같은 문장에서. 그러나 가상이 아니더라도 제3자의 젠더를 밝히고 싶지 않을 경우에 이 용법을 택할 수 있다.

나는 별의별 그릇된 이유로 'they'를 사용했다. 열아홉 살 때 처음으로 동성과 사귈 때는 성정체성에 대한 질문을 피하고 싶어서 여자친구를 'they'로 칭했다. 거짓말을 할 필요가 없어서 좋았다. 그러나 내가 이성애자처럼 보였기 때문에 사람들은 내가 당연히 남자친구 얘기를 한다고 생각했고, 따라서 정치적 수행의 관점에서 나의 'they' 용법은 효과적인 화행이라 할 수 없었다.

예전에 『가디언』*The Guardian*에 기고한 인터넷 데이트에 대한 기사에서 'they'를 사용한 적이 있다. 내가 데이트 싸이트를 이용하는 남녀의 습관을 다루는 글이라고 분명히 밝혔음에도, 기사에 댓글을 단 사람들 대부분은 이 글이 남성들의 습관에 대한 비판이라고 생각했다. 이렇듯 의식적으로 정치적 힘이 깃든 언어를 사용하더라도 항상 효과가 발휘되는 건 아니다. 사람들의 스키마가 당신이 의도적으로 비워둔 빈자리를 기존의 이분법을 더욱 강화하는 방향으로 채우기도 한다.

그렇긴 해도, 젠더 중립적인 3인칭 대명사의 필요성에 대한 답으로 'they'가 떠오르고 있다는 것은 매우 고무적이다. 내 학창 시절에 비하면 대단한 발전이다. 그때는 학교에서 'he'를 대표로 사용하면 여성이 포함된다고 가르쳤지만 내게는 결코 옳게 느껴지지 않았다. 'he'는 엄연히 성별이 정해진 대명사가 아니던가.

학부생 시절 교수들은 학술적인 글에서 'they'를 3인칭 단수로 사용하지 말라고 가르쳤다. (단수명사에 복수대명사를 일치시키므로) 기술적으로 비문이라는 이유였다. 나는 'he' 'she' 's/he'의 대안 가운데 'she'를 택했다. 몇년 뒤 대학에서 강의를 시작한 나는 학생들의 문법을 교정할 때 내가 배운 것과 유사한 방침을 적용했다. 그러다가 어느날 수업시간에 이 주제를 놓고 활발한 토론이 벌어진 뒤로 나는 마음을 바꿔먹었다. 문법적, 정치적 측면에서 'they'를 자연스럽게 사용하는 학생들을 격려하고, 스스로 결정을 내리게 하는 쪽으로 방향을 튼 것이다.

나는 철학자 루트비히 비트겐슈타인Ludwig Wittgenstein이 말한 것처럼 단어의 의미는 그것이 어떻게 사용되는지에 따라 정해진다고 믿는다.[72] 한때 복수대명사였던 'they'는 복수와 단수 대명사로 사용되며 새로운 의미를 얻었다. 'they'는 남성 대명사가 모든 인류를 대표할 수 없을 뿐더러 한 사람이 성별을 근거로 평가되어서는 안 된다는 깨달음을 얻은 우리 사회가, 성별화되지 않은 3인칭 대명사를 필요로 하면서 등장했다.

'they'는 젠더 문제를 해결하기 위해 영어 내에서 유기적으로 발생한 해법이다. 그러나 이 선물은 아직 태아 상태에 머물러 있어서, 아직 우리는 대부분의 대화에서 언급하는 사람의 성별을 특정한다. 그런데 말이 곧 행동이라는 것을 생각하면, 성별화된 대명사를 사용하는 것이 어떤 행동인지를 고민해보는 것은 아주 중요하다. 우리가 'he'나 'she'를 입에 올릴 때마다 사회의 젠더 이분법이 강화되는 건 아닐까? 우리가 대사를 다시 쓸 수 있을까?

다시 쓰기

나는 2주 동안 그 자리에 없는 사람을 'they'로 언급하는 실험에 착수했다. 결과를 발표하기 전에, 젠더 수행성과 언어에 대한 이 실험의 정치학을 먼저 논하고 싶다. 어떤 사람들은 특정한 대명사로 언급되기를 원한다. 특히 자신의 정체성과 사회적 기대가 상충해서 대명사 선택에 곤란을 겪는 트랜스젠더들에게 이는 중요한 안건이다.

이 실험의 목표는 남들에게 자신을 특정 성별을 지칭하는 대명사로 불러달라고 요구하지 말자는 게 아니다. 우리는 여전히 젠더 이분법이 지배하는 사회에서 살고 있으며 대명사를 특정하는 것은 트랜스젠더를 인지하는 중요한 도구이기도 하다. 그러나 나는 우리가 젠더 이분법이 지배하지 않는 사회에서 산다면, 그 자리에 없는 사람의 성별이나 젠더를 언급하는 것이 당연하지도 필수적이지도 않은 사회에서 산다면 어떨지 실험해보고 싶었다. 트랜스젠더를 비롯해 그 누구도 언어와 젠더를 둘러싼 정체성 문제를 겪지 않는 사회는 어떨지 궁금했다.

언어에서 성별을 없앤다는 것은 처음엔 불가능에 가깝게 여겨졌다. 입을 열기 전에 거의 모든 단어를 점검해야 했다. 첫날 나는 대녀의 생일선물을 고르는 이야기를 하면서 '대자녀'가 아니라 '대녀'라고 미리 말해버리는 바람에 'they'를 사용할 의미를 잃었다. 내 친구들은 대개 성별을 쉽게 구별할 수 있는 이름을 갖고 있어서 마찬가지로 'they'를 사용하는 의미가 없었다.

나는 이 실험을 최대한 충실히 수행하기 위해 가능하면 누군가를 이름으로 칭하기보다는 '내 친구' '내 사촌' '우리 부모님' '내 동료' '내 업보' 같은 표현을 사용했다. 잠시도 주의를 늦출 수 없었다. 동성애와 인종과 장애인을 차별하는 어휘를 쓰지 않으려 노력했을 때와 비슷했지만, 성별은 우리가 나누는 거의 모든 대화에 녹아 있기 때문에 훨씬 까다로웠다. 경각심을 잃지 않았음에도 나는 자주 실수를 저질렀다. 하지만 한주가 지나자 'she'나 'he' 대신 'they'를 사용하는 것이 한결 쉬워졌고 전처럼 거슬리지도 않았다.

3인칭 단수의 성별을 언급하지 않으면 신기한 현상 두 가지가 나타난다.

첫번째 현상은 듣는 사람들이 자신의 젠더 스키마에 따라 인물의 젠더를 머릿속으로 결정한다는 것이다. 단서로 삼을 정보가 전혀 없을 때조차 그렇다. 한가지 실험을 해보자. 우선 페이지를 앞으로 넘겨 이 장 처음의 시나리오 1(247면)을 읽고 돌아오라. 출발!

잘 보고 왔는가? 짐작했겠지만, 내가 소개한 치과의사는 여자다. 그러면 이 일화에서 나와 대화를 나누는 동료의 성별은 뭘까? 내 동료 역시 여성이다. 본인의 의사에 따라 적어두는데, 그는 이 책이 나오기 전 교정을 봐준 사람들 중 하나로서 열렬한 페미니스트이자 젠더 이론에 대해 저술과 강의를 하는 사람이기도 하다. 놀랄 일은 아니다. 시나리오 3이 보여주듯 나 역시도 몇달 뒤 똑같은 오류를 범했기 때문이다. 나는 많은 시간과 에너지를 투자해 언어에서 젠더를 없애려 노력한 뒤에도 내 친구의 상사가 남성일 거라고 짐작했다. 우리의 스키마는 권위와 성취에 남성성을 결부시킨다 — 이런 의미에서 우리는 모두 성차별주의자다. 언어를 젠더 중립적인 방식으로 사용하는 것은 이런 편견에 맞서고 기존의 생각을 바꾸는 결정적인 계기가 될 수 있다.

얘기가 나온 김에 말하자면, 내가 대화를 나눈 사람들은 학과장, 택시 운전사, 대학원 학장, 전시회를 연 예술가 친구, 뇌과학을 연구하는 친구, 나의 전 애인을 남성으로 추측해 'he'를 사용했다. 한편 조교, 미용사인 친구, 아이가 둘 있는 친구를 여성으로 추측하고 'she'를 사용했다.

두번째 현상은 사람들이 내가 언급한 인물의 성별 정보

를 알지 못해 괴로워하며 때로는 단도직입적으로 성별을 물어본다는 것이다. 어떤 종류의 생식기를 가졌는지 모르는 채로는 타인에 대한 이야기를 들을 수도, 타인이 맺는 사회적 관계를 상상할 수도 없다는 건 기이한 일이다. 아니, 기이함을 넘어 슬프기까지 하다. 온갖 종류의 젠더 고정관념을 적용하지 않고 사람들을 그저 사람들로 대할 수 없다는 것은.

런던에 사는 친구와 스카이프로 나눈 대화가 내게는 결정타였다.

나 이제 가봐야겠어──글쓰기 약속이 있거든.

친구 글쓰기 약속을 빙자한 데이트?

나 아니, 그냥 친구야. 일주일에 한번쯤 까페에서 같이 글을 써.

친구 여자야, 남자야?

나 남자.

친구 게이야?

나 아니.

친구 그런데 같이 글을 쓰면서 까페에서 시간을 그렇게나 보낸다고? 걔가 너 마음속으로 짝사랑하고 있는 거 아냐?

내 친구 에이브와 나는 주기적으로 단둘이 만나서 글을

쓴다. 우리는 까페에 앉아 서로의 저술작업에 대해 대화하고, 보다시피 글을 쓴다. 내 런던 친구가 에이브의 성별을 알고 나서 그가 나를 연애 상대로, 혹은 성적 파트너로 좋아할 거라고 추측했다는 사실은 두가지 이유로 내게 충격을 주었다. 첫째로, 친구는 내가 남녀 모두와 사귄다는 것을 알고 있었는데도 에이브가 남자라는 사실만으로 우리의 관계가 플라토닉하지 않을 거라 추측했다. 내 친구의 추측은 남성이 여성에 대해 보내는 관심은 오로지 성적 파트너를 얻기 위한 것이며, 남성이 여성과의 관계에서 부정직하다는 고정관념을 기반으로 하고 있었다. 그의 말은 요컨대 에이브가 내 팬티 속을 탐하면서 친구인 척하고 있다는 주장이었는데, 에이브는 그런 사람과는 거리가 천리만리 멀었다! 내가 스카이프로 대화를 나눈 친구는 성소수자이고 평등주의자이며 앞선 논평은 가볍게 던진 농담이었다. 그럼에도 우리 모두는 이런 식으로 어림짐작을 한다.

이 대화가 충격적이었던 두번째 이유는 에이브와 내가 최근에 아주 솔직하게 남녀의 플라토닉한 우정에 대해 이메일로 의견을 교환했기 때문이었다. 우리는 이런 관계에 대해 우리 두 사람의 생각이 같은지 확인해야 했다. 우리 둘 다 자신은 의미있는 우정이길 바라는 것이 상대에게는 연애로 여겨질까봐 조바심을 내고 있었다. 스카이프 통화 이후에 나는 이 걱정의 근원에 대해 고민해보았다. 한창 언어에 집중하고 있었기 때문일지도 모르겠지만, 나는 그 이유의 일부를 우리가 사용하는 언어에서 찾았다.

우리가 남들에게 서로에 대해, 그리고 우리가 함께 보내며 점차 친해지고 가까워지는 시간에 대해 이야기할 때 사용하는 언어는 화자와 청자 양쪽에게 에이브가 남성이고 내가 여성임을 끊임없이 상기시킨다. 우리의 성별 차이가 강조되면서 우리의 공통점(도리스 레싱의 광팬, SF 애호가, 채식주의자가 아닌 것에 대한 죄책감, 부드러운 목소리와 음울한 가사를 매혹적으로 들려주는 인디뮤지션에 대한 애호)은 모두 사라져버린다. 이는 언어적으로 우리가 두 인간이기 이전에 남자와 여자라는 뜻이다. 에이브와 나의 경우 언어 스펙트럼의 양쪽 끝에 놓이는 것보다 하나의 젠더 대명사를 공유하는 편이 더 어울릴 만큼 에이브가 그다지 남성적이지 않고 내가 그다지 여성적이지 않기 때문에, 이 사실이 더욱 이상하게 여겨졌다고 생각한다.

에이브와 내가 함께 있을 때 우리는 '너'와 '너'이지만 떨어져 있을 때 우리는 '그'와 '그녀'이다. 이것이 우리가 서로에 대해 이야기할 때 듣는 단어다. 알다시피, 상호작용에는 우리가 알고 있는 지식이 끼어든다. 그러니 남녀 간의 우정에 그렇게나 많은 의사소통이 필요하다는 것도 놀랄 일은 아니다. 우리가 사용하는 바로 그 단어들이 우리의 우정을 깨지게 만든다.

진실한 말에 권력을

말에서 성별을 없애려는 내 시도는 다른 많은 실험들처럼 장기화되었다. 이 시간 동안 나는 언어가 미치는 영향과 언어를 다르게 수행하는 방법에 대해 보다 깊은 깨달음을 얻었다.

나는 사람이란 다른 무엇이기 이전에 사람이며, 성별이나 젠더는 부차적이라고 생각한다. 그러나 내가 전생애에 걸쳐 사용한 어휘와 문법은 그 반대를 주장하고 있다. 그렇기에 우리가 내뱉는 대사를 다시 쓰는 것은 이분법적 성역할에서 해방된 세계를 창조하는 아주 중요한 수단이다.

꼭 필요하지 않을 때조차도 언어로써 성별이나 젠더에 대한 정보를 제시해야 하는 이유가 대체 뭘까? 젠더 중립적인 언어는 사람들에게 편견 —— 가령, 힘있는 지위에 앉은 사람은 남성이고 아이를 가진 사람은 여성이라는 편견, 남성이 여성에게 품은 관심이란 기본적으로 성적이라는 편견, 연애관계는 언제나 이성애적이라는 편견 —— 과 맞서게 한다.

언어를 변화시키면 가능성과 자유가 태어난다. 차별적인 세계관이 더는 당연하게 여겨지지 않는다. 예컨대 이 사장을 'they'라고 칭하면, 현실적으로 남자가 그 자리에 앉을 가능성이 더 높긴 해도, 이사장이 여성일 수 있는 언어적 공간이 만들어지는 셈이다. 내가 돌보는 어린아이를 'they'라고 칭하면 그 아이에게는 어린 나이부터 기대되는 성역할 바깥에서 행동할 수 있는 자유가 주어진다. 내가 데이트하는 사람을 'they'라고 칭하면 사람들은 더이상 내가 이성애자인지 동성애자인지 추측할 수 없을 것이고, 성소수자들에게는 다양한 기회가 주어진다. (이성애자가 자신의 연애생활에 대해 이런 어법을 사용하기 시작한다면 대단한 연대의 행위로 비쳐질 것이다.)

언어는 개인적이면서 정치적이다. 언어는 우리를 빚고, 세상을 빚는다. 말은 곧 행동이다. 말은 기대를 만들어내고, 행동을 수행한다. 언어에 함의된 젠더에 자신을 맞추기 어려운 까닭은 우리가 말로써 실제 의도하지 않은 일들을 여럿 하고 있기 때문이다. 우리의 정체성은 수행적이므로 이러한 비의도적인 화행들은 우리를 빚고, 시간이 흐름에 따라 우리가 어떤 사람이 될지를 결정한다.

언어는 함정과 잠재력을 동시에 가지고 있다. 언어는 한편으로는 젠더, 성, 인종, 계급, 장애에 대한 온갖 허튼 선입견들로 가득 차 있고, 다른 한편으로는 새로운 표현, 어휘, 문법을 창조함으로써 새로운 상상을 현실화할 한없는 가능성을 지닌다.

혹시 당신도 언어를 바꾸는 실험에 참여할 마음이 있다면 글쓰기에서부터 시작해보라. 이메일, 보고서, 짧은 이야기, 무엇이든 분석해보라. 어휘와 문법에 어떤 성차별적 편견이 녹아 있는가? 이를 어떻게 바꿀 수 있을까? 가능한 한 많은 집단의 사람들을 포함하는 명사와 대명사를 찾아보면 어떨까? 혹은 경멸적 표현을 칭찬으로 사용해보면 어떨까? (내 친구 하나는 '게이'를 멋지다는 뜻으로 쓰는데 아주 매끄럽게 뜻이 통한다.) 사회적 편견에 기대지 않는 훌륭한 욕을 발명해보면 어떨까? (위스키를 준비하고 친구들과 함께 재미있는 모임을 열어보자.)

말이 곧 행동이라는 사실에 익숙해지는 데에서 시작하는 것도 좋다. 즐겨 사용하는 어휘에 담긴 가치를 인식하는 것이든, 성차별적이거나 여타 편견을 담은 용법에 반대의 목소리를 내는 것이든, 말에서 성별을 지우려고 노력하는 것이든, 당신의 말에는 변화를 이끌어낼 가능성이 무궁무진하다.

나는 지혜로운 내 친구 브라이언 — '게이'를 욕으로 쓰지 말라고 했던 바로 그 친구 — 에게 깊은 존경을 품고 있다. 한번은 브라이언에게 아주 형편없이 군 적이 있었다. 하룻밤 재워달라고 부탁해놓고서는 연락도 없이 약속을 어긴 것이다. 다음 날 내가 찾아갔을 때 브라이언은 화가 나 있었다. "우리 집에 오겠다고 했잖아. 난 네 말을 믿었기 때문에 걱정했어. 하지만 너는 네 말을 그만큼 중요하게 생각하지 않은 거야. 이건 너 자신과 네 말을 믿는 사람들 모두에게 네 말의 가치를 떨어뜨리는 짓이야. 말에는 책임을 져야 해."

요다(영화 '스타워즈'Star Wars 씨리즈에 등장하는 현명한 제다이 마스터) 빰치게 지혜롭지 않은가? 우리의 언어는 수행적 정체성을 구성한다. 언어는 우리를 빚고, 또한 우리를 둘러싼 세계를 빚는다. 그러므로, 언제나 쉽지만은 않더라도, 언제나 말에 책임을 지려 노력해야 한다.

제9장

베드신

성은 인간적인 만큼이나 사회적인 사실이기도 하기에, 사회적 조건의 변화에 따라 성질을 바꾼다. 세상의 환경을 변화시켜 성의 다양한 성질을 포용할 수 있도록 한다면, 우리는 어쩌면 성적 활동들을 통해 세상을 다르게 인지하고, 어떤 의미로는 세상을 변화시킬 수도 있을 것이다.

— 앤절라 카터Angela Carter(페미니즘과 마술적 사실주의의 활용으로 유명한 영국의 소설가, 저널리스트)[73]

〔주의: 이어지는 내용은 내가 동의한 섹스가 내가 동의하지 않은 폭력으로 흘러가다가 내가 동의하지 않은 성행위로 끝난 사건에 대해 묘사하고 있다. 성폭력에 트라우마를 갖고 있는 독자는 278면으로 건너뛰기 바란다. 따뜻한 포옹을 보낸다.〕

침대에서 형편없는 여자

지난여름 나는 친구들과 저녁식사를 하고 있었다. 여자 셋, 남자 하나였다. 남자애는 당시 인터넷 데이트로 이상한 여자들을 줄줄이 만나던 참이라 괴이한 섹스 이야기를 한참 늘어놓았다. 어떤 여자는 친구 몸에 똥을 누고 싶어 했다. 친구는 거절했다. 또 어떤 여자는 애널플러그를 잔뜩 내밀며 한번 꽂아보지 않겠느냐고 제안했다. 친구는 거절했다. "바닐라(가학적 성적 성향이 전혀 없는 사람)가 변태들이랑 데이트를 하려니 시행착오가 많군!" 우리는 모두 폭소를 터뜨렸다. 이윽고 친구는 우리에게도 우스꽝스럽거나 섹시한 데이트 일화가 있느냐고 물었다. 그래서 나는 최악의 원나이트스탠드 이야기를 풀어놓기 시작했다.

상대는 내가 몇년이나 알고 지낸 남자였다. 당시 우리는 같은 연극에 출연하고 있었다. 아마 초연을 마친 밤이었던 것으로 기억한다. 술에 취한 나는 혼자 있고 싶지 않았기에, 반짝이는 눈의 재치있는 미남인 그를 내 비좁은 다락방의 싱글베드로 데려왔다.

우리가 옷을 벗자마자 그는 내 젖꼭지를 괴롭히기 시작했다. 병뚜껑을 돌려 따듯이 내 불쌍한 말미잘을 비틀어대기 시작한 것이었다. 젖꼭지는 민감하니 그만두라고 말했다. 그는 미안하다고 대답했으나 딱 2분 뒤 똑같은 짓을 시작했다. 집어치우라고 한번 더 말했다. 그는 화가 난 것 같았다. 이번엔 내 클리토리스는 완벽하게 무시하고, 아직 젖지도 않은 질을 손가락으로 쑤시기 시작했다. 기분이 좋지 않았지만 나는 더 반항하지 않았다.

대략 1나노초 동안 젖꼭지를 괴롭히고 질을 쑤신 것으로 전희는 끝나버렸고, 성기가 들어오기 시작했다. 콘돔을 가져올 테니 잠깐 기다리라고 했다. 그는 콘돔을 쓰고 싶지 않다고 대꾸했다. 콘돔을 써야만 한다고 주장하자, 콘돔을 쓰면 느낌이 좋지 않다는 대답이 돌아왔다. 나는 물었다. ─ 콘돔 끼고 할래, 그만둘래? 뭐가 낫겠어? 그는 결국 콘돔을 꼈다.

내 안에 성기를 넣은 뒤 그는 거울에 비친 자기 모습을 보면서 자세를 잡고서 내 허벅지와 엉덩이를 커다란 손바닥으로 후려치기 시작했다. 그러는 내내 자신의 몸을 뚫어져라 바라보고 있었다. 영화 「아메리칸 싸이코」American Psycho의 리메이크 오디션이라도 보는 것처럼. 나는 약간의 변태적 스팽킹spanking(엉덩이 때리기)은 용인하는 사람이지만, 이 남자가 하고 있는 건 순전한 구타 행위였다. 나는 제발 그만하라고 애원했다. "왜, 이것도 싫어? 그럼 네가 진짜 좋아하는 건 뭔데?" 그는 관대한 척 묻고는 다시 거울을 응시했다. 내 가슴과 허벅지가 너무 예민한 것일 뿐, 자신의 몸은 여전히 섹시하고 매혹적이라고 주장하는 것처럼.

우리 둘 다 영 재미를 보지 못하고 있었다. 나는 전희를 받지 못했고 안이 젖지도 않았으며 처음 20분 동안은 구타를 당했다. 심지어 구타를 즐기지 않는다고 꾸짖음을 듣기까지 했다. 한편 그도 섹스를 즐기지 못하고 있었다, 나는 바람을 넣는 섹스 인형이 아니라 육체와 정신을 지닌 인간이었으니까. 그때 나는 "끔찍하다. 이제 그만 가줄래?"라고 요구할 만큼 용감하지도, 노련하지도 못했기에 행위를 끝까지 이어나갔다. 젠장! (물론 여기서 끝이란 그의 절정을 말한다.)

우리는 후배위로 자세를 바꿨고, 그는 점점 더 메말라가는 나의 질 안으로 별 성의 없이 성기를 들이밀었다. 나는 섹스가 어서 끝나기를 바랐고, 그 역시 분명히 같은 것을 바랐지만, 행위는 끝없이 이어졌다. 그러다가 최후의 일격이 왔다. 그가 성기를 빼내는가 싶더니, 한마디 경고의 말도 없이 온 힘을 실어 내 항문 속에 집어넣은 것이다. 나는 고통의 비명을 내지른 뒤 베개를 붙들고 침대 한쪽 구석으로 도망쳤다.

"씨발, 너 대체 무슨 짓을 하는 거야?" 나는 최대한 공손하게 물었다. "너야말로 뭘 하는 건데?" 그가 말했다. "여자 젖꼭지를 뒤틀고 때리다가 갑자기 항문에 넣다니 말이 돼?" 나는 가까스로 목소리를 냈다. "콘돔 때문이야." 그가 말했다. "콘돔을 끼고 하면 사정을 못한다고." 나는 최대한 숙녀다운 말투로, 그러나 출판사에서 편집할 게 분명한 어휘를 사용해서, 그쪽의 사정능력은 내가 알 바 아니라고 말했다. 방패처럼 내민 베개 뒤에 숨어 화를 내는 내 모습에 그는 당황한 듯했다. 내가 합의 없는 항문성교를 즐길 거라고 추측한 이유가 도대체 뭐냐고 묻자, 그는 대답했다. "다른 여자들은 좋아하던데." 그리고 덧붙였다. "너도 딱 날라리 같아서 좋아할 줄 알았는데, 침대에선 형편없네."

다른 여자들은 좋아한다고? 아니, 아니다. 절대 좋아할리 없다. 여성의 몸은 그런 식으로 만들어지지 않았다. 여자들이 포르노 배우처럼 윤활유도 없는 항문성교를 좋아할 수 있다면 남자들은 전부 제임스 본드처럼 차를 몰 수 있을 거다.

말이 난 김에 덧붙이자면, 그후로 사흘 동안 대변을 볼때마다 피가 났다. 연극은 2주 동안 상연되었고, 나는 그 행복한 항문 강간마 씨와 매일 상당한 시간을 함께 보내야 했다. 그는 아직도 종종 페이스북에서 내게 친구 신청을 한다. 나는 거절한다. 그를 미워하거나 나쁜 사람이라고 생각지는 않는다. 어쨌든 그도 별 재미는 보지 못했을 테니.

내가 친구들 앞에서 이 일화를 풀어놓자 여자 친구들은 특정한 부분에서 고개를 끄덕이거나, 알겠다는 듯 웃음을 터뜨렸다. 대부분이 '항문에 박기 4편' 유의 교본으로 섹스 기술을 배운 남자들을 겪어본 적이 있었던 것이다. 그러나 그 자리에 있던 유일한 남자 친구는 충격에 몸서리를 쳤다. "경찰에 신고는 했어? 그 개자식이랑 계속 친구로 지냈다고? 너희들, 어떻게 이런 얘기를 들으면서 멀쩡히 밥을 먹고 코웃음을 칠 수 있어? 이건 쇼핑백이 바뀌는 에피소드랑은 차원이 다르잖아."

대부분의 사람들은 인터넷 포르노에서 본 판타지를 실

행에 옮기기 전에 최소한 상대의 의사를 묻는다. 하지만 현대의 많은 여성이 현실의 섹스에서 포르노의 영향을 맞닥뜨린다. 그 자리에 모여 있던 (나를 제외하고 전부 이성애자인) 여자들은 내 얘기에 전혀 놀라지 않았다. 음부를 매끈하게 밀어달라는 사람, 클리토리스는 완전히 무시하고 손가락으로 질을 쑤셔대는 사람, 나아가 항문이 제2의 질처럼 기능할 거라 생각하는 사람, 항문성교에서 구강성교로 물 흐르듯 이어지길 기대하는 사람(퍽이나 맛이 좋겠다!). ─ 우리는 모두 포르노가 현실에 미치는 효과를 어느 정도 경험해본 적이 있다. 포르노 연기는 남성의 성적 욕구와 여성의 성경험에 스며들며, 심지어는 그것들을 만들어내기도 한다.

섹스 연기

우리가 성을 경험하는 방식은 사회에 의해 조건화된다. 5장에서 나는 우리가 '자연스럽다'고 간주하는 성역할의 다수가 임의적이며 학습된 것이라고 주장했다. 섹스 역시 그렇다는 생각은 직관에 반할지도 모른다. 섹스는 동물적이고 본능적인 것, 사적으로 이루어지는 것, 사회 규범의 경계 바깥에 있는 것으로 생각되기 때문이다. 우리가 지금 섹스를 하는 방식은 수천년 전과 동일하지 않을까?

직관에 어긋날지 모르겠지만, 한 사회 내에서 이루어지

는 섹스의 행태가 뚜렷이 보여주는 것은 불변하는 인간의 보편적 성질이 아니라 특정 시공간 내의 젠더 권력관계다. 우리가 행하는 섹스는 때로 우리의 신체적, 심리적 경험에서 유리되며, 날이 갈수록 텔레비전 또는 모니터 속 섹스의 표상과 결합되고 있다.

포르노 배우들이 카메라 앞에서 하는 행동과 두 성인이 합의하에 촛불을 켠 방 안에서 문을 닫고 벌이는 행동에는 무슨 차이가 있을까? 대다수 사람들은 포르노는 연기인데 어떻게 둘이 같냐고 되물을 것이다. 물론 포르노 배우들의 행동은 연기다. 우리가 관람하는 섹스는 무대 위, 조명 아래에서 이루어지며 감독의 편집을 거친다. 배우들은 자신의 신체적 쾌락과 욕구에 반응하는 대신 지시를 따라, 내부의 경험자가 아닌 외부의 관람객이 즐길 수 있는 버전의 섹스를 연기하고 있다. 포르노는 의상을 갖추고, 정해진 안무대로 촬영된다. 배우들은 맡은 역할을 하고 있을 따름이다. 이것은 '실제'가 아니다. 그러나 사적으로 나누는 섹스에도 의상과 안무가 존재한다.

4장에서 나는 표상과 현실의 경계가 분명하지 않다고 주장하는 포스트모더니즘 사상을 소개했다. 남성스러움과 여성스러움을 표현하기 위해 사용하는 상징들이 '실제' 신체나 심리가 아니라, 그 상징들의 의미에 대한 공유된 합의에 종속되어 있다는 것이다. 대부분의 사람들이 시각

매체를 통해 처음 성을 접하는 우리 시대에 미디어 속 섹스 연기는 그 사실을 입증한다.

우리가 보는 수많은 섹스 연기에 이분법 ─ 돔/써브(가학적 섹스에서 지배-종속관계), 부치/펨, 톱/보텀(여성간 혹은 남성간 동성애에서 보다 남성스러운/여성스러운 역할) ─ 이 녹아 있다. 성은 스펙트럼이라는 것이 명백한데도 그렇다. 이 책 내내 같은 얘기를 읊고 있는 것 같지만, 남성성과 여성성의 범주는 고정된 것이 아니다. 같은 맥락에서 써브도 최고의 돔이 될 수 있고, 남성도 박힐 수 있다. 펨도 부치가 될 수 있다. 그럼에도 불구하고 이분법적인 섹스 연기는 문화적 상징으로서 건재하다. 이것이 젠더와 사회의 문제에서 어떤 의미를 띠는지 한번 생각해보자.

의상 페티시

여성들이 섹시하고 여성스러워지기 위해 다이어트를 하고 머리를 염색하고 체모를 뽑고 심지어는 몸에 씰리콘을 넣어야 한다고 믿는다면, 우리 모두는 벌거벗고 있을 때조차도 성별화된 의상을 입고 있는 셈이다. 우리는 의상을 잣대로 자신의 성적 가치를 판단한다. 나는 다리털을 밀지 않은 상태에서는 연인을 절대 집에 데려오지 않을 여자들을 수도 없이 안다. 친구 한명은 새로 사귄 남자친구와 휴가를 갔을 때 민낯을 보이고 싶지 않아서 단 한번도 수영을 하지 않았다고 고백했다. 나는 장거리 연애 중인 친구들이 연인을 만나기 직전에 울면서 양배추 수프로 끼니를 때우는 것을 여러번 목격했다. 나 자신도 쿤닐링구스를 받을 때 힘을 주어 뱃살을 집어넣는다.

이건 망상이 아니다. 남자들은 이상적 여성성의 의상 — 늘씬한 몸, 중력에 굴하지 않는 가슴, 긴 머리털, 체모 없는 피부, 여성스러운 옷과 속옷과 화장의 미학 — 에 끌리도록 조건화되었다. 몸을 규범에 순응시키지 않는 실험들을 해오면서 나는 많은 남성이 부호와 의상에 우선적으로 이끌린다고 믿게 되었다. 물론 '자연스러운' 민낯의 여성을 선호한다고 주장하는 수많은 남자들을 보았다. 하지만 내가 남자옷을 입고 다닐 때는 내게 화장을 하지 않는 여자를 선호한다고 말하던 남자들이, 내가 평소의 후드티 대신 원피스를 입고 나타나자 놀랍게도 대뜸 친구에서 연인으로 발전하고자 했다.

보다 다양한 여성의 몸에 매력을 느끼는 남자들도 많이 있긴 하다. 하지만 우리는 모두 어떤 몸은 다른 몸보다 더 가치있다는 문화적 합의를 공유하고 있다. 내가 아는 한 남성은 뚱뚱한 여자와 결혼한 동료를 비웃곤 한다. 나는 언젠가 (그당시) 남자애 같던 내 몸매에 전혀 매력을 느끼지 못하는 남자와 사귄 적이 있었다. 그는 통통한 여자를 좋아했다. (그리고 통통한 여자가 나오는 포르노에 빠져 있었다. 아, 한번은 관대하게도 자기가 비용을 댈 테니 가슴 수술을 받으라고 제안하기도 했다.) 그러나 그는 동시에 날씬하고 사회적으로 가치가 높게 평가되는 여자를 사귀는 것 역시 좋아했다. 여자들이 자신의 매력과 가치를 여성성의 의상과 결부하게 길들여졌듯, 남자들은 여성성의 의상에 이끌리고 그것에 가치를 부여하도록 조건화되었다.

이 스펙트럼의 극단에 이르면 피와 살로 이루어진 진짜 사람이 미디어와 포르노에 등장하는 과장된 섹시함보다 못하다고 여기는 남성을 만날 수 있다. 내 친구 하나는 ─ 캐런이라고 부르겠다 ─ 대학 시절 발기부전이 있는 남자를 사귀었다. 처음에는 이해심을 발휘했으나, 어느날 남자친구가 하루 일과의 많은 시간을 포르노 앞에서 자위를 하며 보낸다는 사실을 알게 되었다. 그는 가상의 섹스 로봇을 시각적으로 소비하는 데에 너무나 열중한 나머지 자기를 좋아하는 예쁜 여자와 어두운 방 안에 있을 때는 세울 수 없었던 것이다. 캐런에게는 참 안된 일이었다. 자신감이 완전히 꺾였으니까. 그러나 그의 전 남친도 딱하지 않은가? 성적 친밀감을 경험하는 능력이 포르노로 인해 완전히 망가졌으니 말이다. 아마 그는 비판적 시각을 갖추기엔 너무 어린 나이부터 포르노를 보기 시작했을 것이다.

다른 한 친구 ─ 미나라고 부르겠다 ─ 의 전 남자친구는 포르노에 심하게 중독되어 섹스를 할 때도 배경으로 틀어놓으려 했다. 그가 여자들이 스크린에서 몸을 비트는 것을 바라보는 동안 미나는 그의 몸 아래에 깔려 그의 표정을 살폈다고 한다. 남자 경험이 별로 없었던 미나는 이 연애에서 큰 상처를 받았다. 그럼에도 그는 전 남자친구 얘기를 꺼낼 때면 동정적인 어조가 된다. 동성애 혐오자였던 그의 아버지가 아들이 게이가 될까 염려한 나머지 아홉살 때부터 포르노를 보여준 탓이라는 것이었다.

대부분의 사람들은 포르노를 적당히 소비하며, 포르노에 성생활을 지배당하지 않는다. 나는 모든 포르노 제작자와 이용자에게 잔소리를 하거나 그들을 악당으로 취급하려는 것이 아니다. 나 역시도 때로는 포르노를 감상하므로, 그런다면 나는 위선자일 것이다. 섹스산업 노동자들의 노동조건에 대한 윤리적 토론은 여전히 남는 과제겠지만 (안타깝게도 그 주제는 이 책이 다루는 범위를 넘어선다), 특정한 여성적 의상과 특정한 성행위에 대한 남성들의 보편적 욕구, 그리고 섹스가 미디어에서 다뤄지는 방식 간의 관계에 초점을 맞추는 것은 포르노를 비방하는 것과는 다른 문제다.

포르노 중독자들의 뇌를 스캔하여 연구한 정신과 의사이자 심리학자 노먼 도이지Norman Doidge는 섹스가 인간의 모든 본능 가운데 가장 유연하다고 믿는다. 일차적인 진화의 목표, 즉 재생산에서 떨어져나왔기 때문이다. 섹스 취향은 시대에 따라 그리고 개인의 삶의 단계마다 달라지는 가변적인 것이다. 도이지는 폭력적인 포르노에 손쉽게 접근할 수 있는 오늘날의 10대들이 뇌가 가장 유연한 시기에 포르노에서 심한 영향을 받을까봐 크게 우려하고 있다.[74]

도이지에 따르면 성적 욕구가 고정적이지 않다는 궁극적인 증거가 페티시 성욕자의 존재다. '신발을 신은 여자보다 신발 자체에 더 끌리는' 사람 말이다. 그러나 나는 여기에 의문을 제기하고 싶다. 여성의 스틸레토 힐에 매료되어 발에 사정하고 싶다는 욕망과, 여성의 긴 머리와 화장에 매료되어 얼굴에 사정하고 싶다는 욕망 사이에 차이가 있는가? 란제리를 입고 끌어모은 가슴골에 매료되어 가슴에 사정하고 싶다는 욕망은 그와 다를 게 또 뭔가? 이 모든 것이 페티시의 일종이다. 우리는 여성스러운 의상을 입고 있는 여성을 넘어, 그 의상 자체에 이끌리도록 문화적으로 조건화되었다.

안무와 클리토리스

우리의 시각문화는 여성의 신체와, 그리고 대부분의 여성들이 성적 만족을 경험하는 방식과 유리된 섹스 안무를 주로 묘사한다. 포르노나 할리우드 영화의 베드신을 감상할 줄 아는 성적으로 열린 여성인 우리들 대부분은 섹스가 묘사되는 주요한 방식이 과장임을 알고 있다. 첫 섹스를 하기 전 나는 텔레비전에서 본 섹스를 기대하고 있었으므로, 단단한 음경이 질에 들어온다고 해서 마법처럼 오르가슴이 찾아오는 것은 아님을 깨닫고 실망했다. 나는 섹스를 정말 좋아하는데도 몇년 동안이나 내게 뭔가 잘못이 있다고 믿었다. 남자친구들 역시 그랬다. 그들은 대단한 신체적 노력을 쏟은 뒤에 나에게 절정에 다다랐는지를 물으며 혼란스러워했다.

그 책임은 얼마간은 지그문트 프로이트Sigmund Freud에게 있다. 프로이트는 클리토리스 오르가슴(정확히 말하자면 음핵귀두 오르가슴)이 "미숙한 것"이며 신체가 제대로 발달한 여성이라면 질 오르가슴을 경험한다는 이론을 세웠다. 이 낭설을 깨부순 것이 사회학자 셰어 하이트Shere Hite의 유명한 1976년 보고서 「전국 여성 성 연구」A Nationwide Study of Female Sexuality다. 여기서 하이트는 3,000명의 여성들을 조사하여 응답자의 70퍼센트가 질 성교를 통해 오르가슴에 도달한 적이 없음을 밝혔다.[75]

모니터 속에서 여성의 오르가슴은 음경의 격렬한 왕복 운동의 결과로 얻어지며, 이 방정식에서 외부 클리토리스의 자리는 온데간데없다. 예술가인 쏘피아 윌리스Sophia Wallace는 이에 실망해서 '클리터러시'Cliteracy(클리토리스clitoris와 기본 지식literacy의 합성어)라는 프로젝트를 시작했다.

딱하게도 중상모략을 당해온 여성들의 이 기폭장치를 알리기 위해서였다. 그 덕에 나는 클리토리스 문외한에서 벗어났고, 전에는 상상도 못했던 이 놀라운 기관의 크기, 구조, 다양한 기능들을 알게 되었다.

클리토리스의 생김새, 위치, 기능을 익힌 뒤 나는 내가 경험하는 섹스를 보다 잘 설명할 수 있었고, 심지어는 더 즐거운 섹스를 할 수 있었다. 해부학 교육 만세! 당신도 과거의 나와 같은가? 클리토리스가 그저 재미있는 돌출부, 정열의 콩알, 누르면 '오, 세상에' 소리가 나는 작은 버튼이라고만 생각했는가? 클리토리스가 거대한 외계인처럼 생겼으며 기분이 좋을 때 질과 요도를 끌어안는다는 사실을 알면 아마 깜짝 놀랄 거다.

당신이 클리토리스에 대해 모르고 있을 법한 사실 다섯 가지를 소개해보겠다.

1. 클리토리스는 인간의 몸에서 오로지 쾌락만을 위해 존재하는 유일한 기관이다.

2. 클리토리스는 발기하지 않은 음경보다 크며, 근육조직과 발기조직을 비롯하여 여러 상호작용하는 부분들로 이루어진 복잡한 구조다.

3. 클리토리스 중 우리 눈에 보이는 음핵귀두는 빙산의 일각에 불과하다. 그러나 음핵귀두만 해도 8,000개나 되는 감각신경섬유가 있다. 이는 음경귀두 내 감각신경섬유의

두배나 되는 숫자다(딱히 경쟁을 붙이자는 건 아니지만).

4. 표면 아래에는 해면체 두개, 음핵각 두개, 질전정구가 있다. 발기하면 해면체는 질과 요도를 감싸고, 음핵각은 질구를 충혈시킨다.

5. 클리토리스의 해부학은 G스폿과 질 오르가슴의 문제를 해결하는 데 큰 도움이 된다. 질 자체는 발기성이 아니고, 신경 말단도 많지 않다. 질 오르가슴은 질벽을 통해 내부 클리토리스를 자극한 결과일 가능성이 높다.

이 사실들이 신선하게 여겨졌다면, 아마 당신은 지금 이렇게 생각하고 있을 것이다. '뭐라고! 왜 아무도 내게 이런 사실을 알려주지 않았지? 내 생식기에 대한 지식을 일찍부터 활용할 수 있었더라면 더 좋았을 텐데. 정말 고마워.' 클리토리스에 대해 대중에게 알려진 정보가 너무나 적은 까닭은 20세기 내내 클리토리스에 대한 연구가 전무했다 해도 과언이 아니기 때문이다. 경악스럽게도 클리토리스는 오늘날까지도 많은 의학 문헌에서 잘못 다뤄지거나 아예 누락되며, 심지어는 의대생들이 보는 해부학 교과서에서도 종종 그렇다. 1990년대에서 2000년대 초반까지 비뇨기학자 헬렌 오코넬Helen O'Connell이 선구적인 연구를 펼쳤는데도, 클리토리스의 첫번째 3D 모형은 2009년에야 만들어졌다. 이런 식으로 표현할 수도 있겠다. 현대과학이 무려 인간의 유전자지도를 그리고 모형화에 성공했을 때, 클리토리스는 여전히 충분히 설명되지도 모형화되지도 않았다고.

클리토리스에 대한 무지는 여성의 성 해부학이 작동하는 방식에 대한 오해를 낳았으며, 섹스가 묘사되고 수행되는 방식, 그리고 무엇보다도 우리 여성들이 섹스를 경험하는 방식에 영향을 미쳤다. 대체 왜? 무슨 일이 있었던 걸까? 왜 내부 클리토리스는 의학에서 이렇게까지 천시되었으며, 아직도 해부학 교과서에서 누락되거나 잘못 기술되어 있는 걸까?

헬렌 오코넬은 1998년에 시체 해부를 통해 클리토리스에 대한 기존의 해부학적 설명이 잘못되었음을 밝혀냈고, 2005년에 관대한 망자들의 시신을 MRI 모델링으로 살펴봄으로써 이를 재확인했다. 그의 말을 들어보자. "짐작하다시피 클리토리스의 해부학은 시대적으로 용인되지 않았다. 클리토리스 연구는 많은 부분 사회적 요인의 지배를 받았다. (…) 최근의 해부학 교과서도 클리토리스에 대한 설명을 누락하는 경우가 있다. 대조적으로 음경의 해부학은 몇쪽에 걸쳐 다뤄진다."[76] 오코넬이 뜻하는 바는 여성의 섹스에 대한 사회적 태도가 해당 분야를 해부학 연구에서 열외로 만들어왔다는 것이다. 현대의학사에서 대부분의 기간 동안 여성에게 쾌락을 주는 기관은 너무 죄스럽거나 너무 하찮아서 연구되지 않았다. (코크대학교 심리학과 교수인 로버트 킹Robert King은 '숙녀가 사라지다'The Lady Vanishes라는 제목의 블로그 글에서 클리토리스의 내부 구조가 사실 16세기에 이미 팔로피아Fallopia에 의해 발견되었다고 적었다. 클리토리스는 1800년대 중반에 다시 '발견'되고 설명되었으며, 우리에게 클리토리스를 알려준 오코넬의 연구가 등장하기 전인 1950년대에도 같은 일이 반복되었다. 킹은 의학 교과서에서 클리토리스가 잘못 설명되거나 누락되는 까닭, 대중들이 이 기관의 크기, 기능, 복잡성에 대해 무지한 까닭을 '한밤중의 꽃'이라고 이름 붙인 이론으로 설명한다. 여성의 성기능은 이데올로기적으로 남성의 성기능의 불완전한 모방으로 이해되기에, 남성에게 통하는 것이 여성에게는 통하지 않을 때 여성의 몸은 망가진 것으로 간주된다는 이론이다. 킹은 (유려한 수사를 동원하여) 이렇게 말한다. "이건 마치 한밤중에 꽃을 발견하고, 꽃잎이 닫혀 있으니 결함이 있다고 결론 내리는 것과 같다.")

여성의 성 해부학에 대한 의료계의 태도는 변화하고 있으나 그 속도는 아주 느리다. 2009년에 오딜 뷔송Odile Buisson과 삐에르 폴데Pierre Foldes는 최초로 클리토리스의 3D 초음파 이미지를 만들었다. 복잡한 클리토리스는 1차원 단면에서 하나의 도해로 설명하기 어려우므로, 이는 상당히 중요한 성과였다. 그러나 두 사람은 이 연구기금을 직접 모아야 했다. 폴데는 이 연구를 기반으로 여성 성기를 절제당한 할례의식 피해자들에게 클리토리스 감각을 복원해주었다. 그는 "쾌락기관의 존재 자체가 의학적으로 부정된다"라고 주장하며, "의학 문헌들은 우리가 여성에 대해 품고 있는 경멸을 드러낸다"라는 견해를 밝혔다.[77]

따라서 여성의 성 해부학은, 그리고 같은 맥락에서 여성의 성적 쾌락은 이데올로기의 문제다. 여성의 신체에 대한 성차별적 관점 ─ 여성의 쾌락을 죄스럽고 하찮고 남성의 쾌락에 부차적인 것으로 간주하는 관점을 기반으로 하기 때문이다. 오코넬과 뷔송과 폴데가 입을 모아 말하듯 클리토리스를 둘러싼 무지는 우연히 탄생한 게 아니라, 여성의 몸을 타고나 여성의 경험을 겪는 사람들의 가치를 폄하하는 사회의 산물이다. 앞서 밝혔듯 내게 포르노나 포르노 이용자들을 악으로 규정할 의도는 없다. 그러나 포르노가 이런 사회의 산물이고 우리의 성적 욕구, 취향, 행동을 창조하고 있다는 사실을 인정하는 것은 중요하다.

포르노에서 여성의 쾌락이 어떻게 묘사되는지 생각해보자. 현실에서와 마찬가지로 클리토리스는 부차적인 것으로 취급되고, 여성이 손가락으로 애무를 받을 때조차 음핵귀두는 대개 무시된다. 많은 포르노에서 여성을 위한 전희는 고작해야 손가락으로 빠르게 질을 쑤시는 장면으로 묘사되고 만다.

섹스의 준비단계에서 애액이 나올 때까지 손가락으로 질을 쑤셔대는 행위에 열광하는 여자들도 있을지 모르지만, 대부분의 여성은 공기드릴 뺨치게 딱딱하고 거친 손가락으로 질을 관통당하는 것이 섹스에서 맛볼 수 있는 가장 좋은 쾌락이라고 생각하지는 않을 것이다.

주류 포르노의 상투적인 행위들 다수는 현실에서 그것을 모방했을 때 고통이나 위험을 초래한다. 철의 항문을 지닌 여성만이 엉덩이 안으로 23센티미터 길이의 물체를 넣을 수 있다(세상에, 윤활유도 없이!). 가슴은 쥐어짜이고 젖꼭지는 집게로 집힌다. 엉덩이는 빨갛게 달아오를 때까지 찰싹찰싹 얻어맞는다. 구강성교는 남성의 쾌감보다는 여성의 불쾌감에 더 집중하고 있는 것처럼 보인다. 포르노의 세계에서는 여자를 토하기 직전까지 몰아붙이지 않으면 영 성에 차지 않는다. 그러는 동안 여성들은 쾌락의 신음을 내뱉고 있다. 그들은 음경에 관통당하면서 몇번이고 절정에 다다른다. 다른 요구사항은 전무하다.

남녀가 모두 있는 자리에서 포르노의 묘사와 현실 섹스의 관계에 대해 얘기할 때면, 이성애자 남자들은 포르노가 과장되고 연출된 버전의 섹스이며 실제 여성의 신체에 적용해서는 안 된다는 것쯤은 누구나 알고 있다고 주장하곤 한다. 그리고 이성애자 남자들과 자는 여자들은 대개 그 말에 반대하는데, 이유를 군이 밝히지는 않는다. 그 까닭은 (우리가 맹목적 편견에 사로잡힌 포르노 안티라서가 아니라) 우리가 직접 겪었기 때문이다. 감각과 정서 면에서 모니터 속 연기와 현실을 분간하지 못하는 상대를 만나 포르노의 효과를 몸소 체험한 여성들이 차고 넘친다. 자기가 포르노와 현실 섹스의 차이를 이해한다는 이유로 남들도 당연히 그럴 거라고 주장하는 남자들 ── 그들은 남자들과 자지 않으니까 속 편한 소리를 하는 거다.

'안돼'라고 말하라고?

남자들이 포르노에서 익힌 대로 우리를 대할 때 우리가 언제나 "안돼"라고 말하지 않는 이유는 무엇일까? 우리는 어째서 이런 행동들이 표상에서 현실로 옮겨가도록, 우리 성생활의 일부가 되도록 허용하는 걸까? 이건 복잡한 문제다.

어떤 두 사람의 몸도 똑같지는 않고, 어떤 몸에 통하는 것이 다른 몸에는 통하지 않기 때문에, 새로운 상대를 만나면 매번 해도 되는 것과 해서는 안되는 것을 탐색해야 한다. 이건 아주 놀라운 경험일 수 있다. "오 세상에, 내 클리토리스에 지금 뭘 하고 있는 거야? 나 널 사랑하는 것 같아, 우리 결혼하자. 아니 지금 말고, 하던 건 마저 하고 나서 말이야. 멈추지 마, 계속해, 절대 멈추지 마아아아아…… 됐어, 이제 멈춰도 돼. 결혼하자는 말 진심은 아니었어." 혹은 반대로 끔찍할 수도 있다. "아 그래, 음경을 질에서 완전히 빼냈다가 집어넣는 걸 계속 반복하면 질 안에 불편하게 공기가 차는 효과밖엔 없어. 시각적으로는 대단히 매력적이겠지. 그래서 네가 우리의 결합된 생식기를 5분째 바라보고 있는 것 아니겠니? 하지만 압축된 기체가 청각적으로 존재감을 과시하는 불가피한 결과에 다다르면 우리 둘 다 당황스러울 거야. 뭐, 그냥 그렇다고." 그러니 처음엔 의사소통을 해야 한다. 난 이걸 좋아하고, 이걸 싫어해. 넌 어떠니?

피셔, 무어, 피텐저Fisher, Moore and Pittenger의 2011년 연구는 남성이 여성보다 섹스를 포함한 모든 영역에서 자기 자신의 필요에 대해 더 많이 생각한다는 사실을 밝혔다.[78] 여성이 남성보다 타인의 지각과 경험에 더 많은 관심을 기울이고 자기 자신의 욕구는 억누르도록 사회화된다는 연구도 아주 많다. 따라서 남성들은 자기 자신을 만족시키는 것을 요구하되, 원치 않는 애널플러그를 내미는 사람에게는 예의 바르게 거절할 가능성이 높다.

내가 사귀었던 거의 모든 남자는 자신이 쾌락을 경험하고 오르가슴에 다다르는 것을 아주 중요하게 여겼다. 그것에 객관적 가치라도 있는 양. 반면 내가 사귀었던 거의 모든 여자는 항상 내게 주고, 주고, 끊임없이 주면서 내가 만족스럽게 절정에 다다르는 것만으로도 만족했다. 그리고 "내가 너를 위해 뭘 해줄 수 있어?"라는 질문에는 좌절스러울 만큼 묵묵부답이었다. 그들도 절정에 다다를 수 있지만 그건 시간과 노력이 필요한 일이기 때문에, 가령 20분 동안 자신의 음핵귀두를 천천히 문질러달라는 요구는 하려 들지 않는다(짚고 넘어가자면, 나는 기꺼이 그렇게 할 수 있다). 여자들은 기꺼이 수고를 하면서도 남에게 폐를 끼치는 것은 질색한다. 마치 자신의 쾌락은 상대의 쾌락에 부수적이라고 생각하는 듯하다. 그렇다면 나 자신은 이런 태도에서 완전히 벗어나 있는가? 그렇지도 않다.

나도 남자와 잠자리를 할 때는 만족하지 않았는데도 몸을 꼬아대며 만족한 연기를 한 적이 몇번 있었다. 남자들에게 정확히 어떻게 하면 내가 절정에 다다르는지 알려줄 수도 있었겠지만, 그들은 자기가 절정에 다다른 다음에는 졸려 했고, 그래서 나는 다음 날 아침까지 기다리기로 했다. 이보다 두려운 상황들도 있었다. 섹스가 정말로 불쾌해서—가령 전희 없이 너무 거칠고 빠르게 삽입한다거나—내가 지금의 행위를 즐기고 있지 않다는 의사를 전달하기보다는 그냥 참는 게 나을 때도 있었다. 나는 상대의 자아에 상처를 주고 싶지 않았다. 둘 중 적어도 한명은 재미를 보길 바랐다. 다시 말해, 나는 침대에서 형편없는 여자가 되고 싶지 않았다.

돌이켜보면 내 행동의 바탕에는 내 쾌락이 상대의 쾌락만큼 중요하지 않다는 믿음이 깔려 있었다. 미디어, 포르노, 심지어는 의학 및 과학 문헌에서 남녀의 성적 쾌락을 묘사할 때 취하는 태도를 감안하면 놀랄 일은 아니다. 1장에서 적었듯 여성들에게 남성의 승인을 갈망하는 경향, 자기 자신의 필요를 남성보다 적게 생각하는 경향이 있음을 염두에 두면 당연한 일이기도 하다. 그래도 나는 나 자신이 부끄럽다. 현실세계에서는 과격한 평등주의자인 내가 어째서 침실에서는 순종적으로 되는 걸까?

　옥스퍼드에서 언어와 커뮤니케이션을 가르치는 교수인 데버러 캐머런Deborah Cameron의 저서 『화성과 금성의 미신』The Myth of Mars and Venus은 남성과 여성의 언어적 차이에 대한 지금까지의 상식들을 타파한다. 타고난 성별 간 차이는 성별 내 차이에 비해 크지 않으며, 남녀 사이에 존재하는 언어적 차이 또한 개인적 의미와 정체성을 구축하고 투사하기 위한(나라면 '수행하기 위한'이라고 표현하겠다) 필요에서 비롯되었다는 주장이다. 널리 퍼진 미신 하나는 남성이 여성보다 더 직설적으로 말하기 때문에 상대가 전달하려는 뉘앙스를 잘 알아듣지 못한다는 것이다. 그러나 캐머런에 따르면 굳이 여성이 아니더라도 사람이라면 누구나 거절의 말은 돌려서 하며, 직설적으로 '안돼'라고 말하는 경우는 극히 드물고, 대개는 변명이나 사과의 말을

덧붙여 상대의 기분이 상하거나 화를 돋우지 않도록 한다.[79]

이런 언어태도는 섹스에서도 계속된다. 두 사람이 서로 다른 것을 원한다고 할 때, 오로지 자신의 필요만을 채우기 위해 "피곤해"나 "머리가 아파" 같은 신호를 알아채지 못한 척하고 오해를 핑계 삼아 원하는 행동을 계속하는 사람이 있을 수 있다. 캐머런은 이런 상황을 의사소통 실패 사례로 볼 수 없으며, 이는 강간재판에서 지속적으로 사용되는 프레임에서도 마찬가지라고 본다. (피해자들은 직접적으로 강력한 거부 의사를 밝히지 않았다는 책임을 추궁당하는데, 이는 우리가 실제로 언어를 사용하는 방식과는 완전히 어긋난다.) 오히려, 한 사람이 타인이 아닌 자신의 욕구를 우선시하는 사례일 따름이다.

강간은 이 스펙트럼의 가장 추한 극단이지만, 합의된 섹스에서도 두 사람이 서로 다른 것을 원할 경우 자신의 쾌감을 위해 상대의 불쾌감을 무시하는 일은 흔하다. 상대가 거절 의사를 명확하게 밝히지 않았다는 것이 핑계가 된다. 여성이 자신의 쾌락을 상대의 쾌락보다 덜 중요한 것으로 간주하는 문화에서 섹스는 결국 남성이 원하는 행위의 모방으로 이어지기 십상이다. 문제는 그 행위가 폭력적인 포르노와 여성의 성기능에 대한 보편적 무지에 뿌리를 두고 있다는 것이다.

성적 회의주의자

내가 완전히 찬물을 끼얹고 있나? 그건 아니길. 나는 21세기의 섹스가 대단하다고 믿는 사람이니까. 물론 기괴한 포르노적 요소들이 있고 썩 좋지 않은 경험을 해본 사람들도 많지만, 대체로 우리는 서로의 바지 속에서 멋진 시간을 보내고 있지 않은가. 바이브레이터가 있다! 그리고 침대용 결박 키트도! 그리고, 여성의 오르가슴이 우리의 성 문화에서 아직 이루기 어렵긴 하지만, 대부분의 사람은 이따금 클리토리스에 대한 의무를 인지하고 있다. 성혁명이여, 영원하라! 성적으로 주체적인 여성에게 억압과 징벌이 가해졌던 과거보다 지금이 훨씬 낫다는 것은 두말할 필요도 없다.

하드코어, 촛농과 코르셋과 스타킹과 봉춤 수업,『그레이의 50가지 그림자』*Fifty Shades of Grey*, 성적 복종, 진동하는 애널비즈를 좋아하는 여자들도 있다. 그렇다고 해서 그들이 자신의 성적 취향에 대해 사과해야 할까? 오랜 세월 동안 성적 욕망을 가진 여성들이 수치심을 가져야 했다고 해서 우리도 그들을 모욕해야 할까? 그렇지 않다면, 여성들이 자신의 사적인 생활에서 (혹은 별로 사적이지 않은 생활에서) 이런 욕망을 갖더라도 사회적 존중이나 보호를 받을 자격도 없는 부도덕한 쓰레기로 취급하지 않는 사회를 찬양해보는 건 어떨까?

나는 정숙하지 못한 옷차림이나 변태성욕을 비난하는 사람이 아니다. 개목걸이가 당신을 신나게 한다고? 그런가 보지 뭐. 사실, 포르노의 경우와 마찬가지로 나는 이 문제에서 조금이라도 도덕적 우위에 있다고 할 수 없다. 앞에서 언급한 대부분의 행위에 어느정도는 참여해보았으니까(진동 애널비즈가 어땠냐고? 써보지 않았으면 말을 말라). 진실을 말하자면, 나는 점잖은 페미니스트 앞에서는 인정하지 않을 성적 판타지와 이상성욕 들을 품고 있다. 그러나 흥미롭게도 특별히 노력하거나 의도하지 않았는데도 나이가 들고 전보다 정치화되면서 내 욕망은 조금씩 변화하는 중이다. (어쩌면 내 세계관에서 성별화가 줄어들면서 섹시함의 개념을 좀더 폭넓게 인식하게 되어서일지도 모르는데, 이 이야기는 다음 장에서 마저 하도록 하자.)

세계에는 구조와 행위주체가 있다. 성인이라면 (상대와의 합의하에) 자신의 욕망을 실행에 옮길 권리가 있으나, 인정할 건 인정하자. 그 욕망이 하늘에서 뚝 떨어진 건 아니다. 성적 욕망에 대해 사과해야 한다는 뜻이 아니다. 내 성행동의 정치학 — 내가 행하는 성행위가 어떤 것인지, 그것이 나라는 사람에게 어떤 영향을 주는지, 그것이 어떤 사회를 반영하며 어떤 사회를 만들어나가는지 — 에 질문을 던져보자는 거다. 이를테면 빅토리아 시대 영국이나 독립 후 아일랜드에서처럼 여성이 혼외에 품는 성적 욕망에 대한 비방은 당시 팽배했던 여성혐오에 기반을 둔 것이 아주 명백하다. 그렇다면 21세기의 성문화가 우리 시대의 젠더 정치학을 반영하고 있다는 것 또한 분명하지 않겠는가?

에리얼 레비Ariel Levy는 저서 『여성우월주의자』*Female Chauvinist Pigs*에서 1970~80년대에 성긍정, 성해방, 포르노와 선택의 문제들이 어떻게 페미니즘운동을 분열시켰는지 서술하고 있다.[80] (여기서 간단히 소개하겠지만, 레비의 설명은 정말 훌륭하니 직접 읽어보는 것도 좋을 것이다. 벨 훅스의 『행복한 페미니즘』 중 성을 다루는 장도 추천한다. 성긍정 논란 중 레즈비언 문제에 대한 중요한 통찰을 얻을 수 있다.[81])

페미니즘의 두번째 물결 초기에 여성운동과 성혁명은 아름답게 뒤엉켜 있었다. 관습적 가족과 성과 재생산의 권리를 두둔하는 법률을 반대하는 데 뜻이 일치했기 때문이다. 피임약과 낙태의 합법화는 양쪽 진영 모두에게 승전보로 여겨졌다. 이 기념비적인 진보를 위한 법정싸움의 기금은 심지어 『플레이보이』*Playboy* 창립자 휴 헤프너Hugh Heffner의 주머니에서 나왔다. 레비가 적은 대로 "성적 쾌락이 삶의 중요한 부분이라는—싸울 가치가 있고, 이야기할 가치가 있다는—사고방식과 성적 자유가 궁극적으로는 정치적인 것이라는 믿음은 여성운동과 성혁명이 공유하는 교리였다."

그러나 헤프너와 그의 무리가 쟁취하려 했던 성적 자유는 페미니스트들이 쟁취하고자 했던 것과는 달랐다. 헤프너는 당시 열네살이었던 그의 딸이 언젠가 『플레이보이』에 등장한다면 어떻겠느냐는 질문에 잡지의 발행인으로서는 기분이 좋겠지만 딸이 난잡하거나 부도덕한 여자로 취급받는 것은 싫다고 대답했다. 레비가 평했듯 헤프너의 성혁명에서 여성의 성은 오로지 공연되는 것이어야 했다. 그의 표현을 빌리면 "헤프너 자신의 성과는 달리, 고삐 풀린 성에 대한 암시가 아니라 섹시함의 전시"여야만 했다. 한편 성이 용인되는 새로운 기후 속에서 하드코어 포르노가 번성했고, 여성에 대한 성폭력 묘사가 점점 널리 받아들여지면서 페미니스트들의 분노는 커져갔다.

1970년대 후반에 여성운동의 저명인사들 집단이 포르노와의 전쟁에 힘을 쏟기 시작했다. 로빈 모건Robin Morgan은 "포르노는 이론, 강간은 실천"이라는 슬로건을 만들어냈다. 수전 브라운밀러Susan Brownmiller는 1975년 저서 『우리의 의지에 반하여: 남성, 여성, 그리고 강간』*Against Our Will: Men, Women and Rape*에서 강간은 "모든 남성이 모든 여성을 공포 상태에 몰아넣는 의식적 과정, 그 이상도 이하도 아니다"라고 정의했으며 포르노를 "반여성 선전의 희석되지 않은 본질"이라고 칭했다. 1983년 캐서린 매키넌Catherine McKinnon

과 앤드리아 드워킨Andrea Dworkin은 미니애폴리스 내의 포르노 금지를 위해 낙태와 동성애자 인권에 반대하는 보수 정치인과 손을 잡기도 했다.

레비에 따르면 1970~80년대의 포르노 전쟁은 페미니즘의 두번째 물결에 메울 수 없는 분열을 낳았다. 포르노에 반대하는 페미니스트들의 반대편에는 "페미니즘이 여성의 자유를 위한 것이라면, 여성이 포르노를 시청하거나 포르노에 출연할 자유도 있어야 한다고 생각하는 여성들"이 있었다. 이들은 성긍정을 내세우며 성의 자유를 위해 싸웠고, 신부든 목사든, 모건이든 브라운밀러든 드워킨이든, 그 누구도 침대에서의 행동에 대해 이래라저래라 할 수 없다고 믿었다. 벨 훅스가 지적했듯 싸디즘-마조히즘적 관계 및 성행위에 참여하는 레즈비언들은 포르노에 반대하는 페미니스트 자매들에게 이중으로 비난을 받는다. 힘들게 쟁취한 여성의 성적 주체성에 해를 끼친다는 비난과 동성애혐오적 비난이 겹쳐진 것이다. 페미니즘운동에서 이러한 긴장은 아직도 풀리지 않았다. 오늘날까지도 어떤 페미니스트들은 성(심지어는 성노동)을 해방으로, 다른 페미니스트들은 종속으로 본다.

다른 많은 페미니스트들처럼 나는 우리의 성문화가 무언가 잘못되었다는 인식과 내가 그 문화의 산물일 뿐이라는 자각, 그리고 그에 따르는 갖가지 변태성욕과 환상 사이에서 갈기갈기 찢긴 기분이다. 살면서 유일하게 평등에 대해 생각하지 않아도 되는 순간이 있다면, 널따랗고 탄력 좋은 침대 위에 아름다운 몸과 더불어 누워 있는 순간일 것이다. 그런데, 페미니스트인 내가 연인들에게 몸을 결박당하고 말 못할 행위의 대상이 되는 걸 즐겨도 괜찮은 걸까?

나는 이 질문에 대한 대답이 "당연히 괜찮다"라고 생각해왔다. 그러나 날이 갈수록 확신이 없어진다. 성에 대한 이분법적 이해(남/여, 톱/보텀, 돔/써브 등)는 사회의 불평등한 권력관계에 명백히 관련되어 있기 때문이다. 침실에서 일어나는 일이 사회적 현실과는 별개라고 ─ 주종관계에 기반을 둔 섹스는 가부장제의 산물도, 가부장제의 생산자도 아니라고 ─ 주장하는 사람들의 논거에는 논리도 설득력도 부족하다. 나는 믿고 싶다. 정말로 그렇게 믿고 싶다. 그러나 불가능하다. 섹스는 성별화된 사회의 일부이며 강력한 힘을 지니기에, 우리가 젠더 역할을 수행하는 방식에 막강한 영향을 미친다.

캘리포니아 팜스프링스 근방의 BDSM(bondage, discipline, sadism, masochism의 머릿글자를 딴 것으로 지배, 복종, 가학, 피학의 활동 및 관계를 뜻한다) '마스터' 한명은 매년 여름 2주간의 BDSM 행사를 연다. "백인 마스터와 검둥이 농장 노예 들이 함께 환상을 실현할 수 있는 안전하고 사적이며 따뜻한 만남의 장(이자 기회)이 될 것"이라고 소개하는 이 여름 섹스 캠프는 성인 남성들이 자신의 의사로 참가하는 것이므로, 참가자들은 전부 성적 선택권을 발휘하고 있다. 아래는 주최자인 '마사(마스터) 워런'이 '남부 스타일 노예 계약'이라는 야후 그룹에 올린 글에서 발췌한 내용이다.

노예들이 지켜야 할 최소한의 의무는 모든 마스터들을 존경하고 그들에게 복종하며 마스터들에게 즐거운 시간을 제공하기 위해 일해야 한다는 것이다. 여기에는 음식을 준비하고 내오는 것, 가사노동이나 밭일, 요구에 따라 성적 위안을 제공하는 것, 구역 내의 막노동(노예가 미리 명시한 한도에 따라) 등이 포함된다. 마스터들은 흑인 노예들을 언급하거나 그들에게 직접 얘기할 때 모욕적이고 폄하적인 인종차별적 어휘를 거리낌 없이 사용할 테니 노예들은 이에 대한 마음의 준비를 해야한다. 물론 노예들에게도 징벌과 괴로움만이 기다리는 것은 아니다. (…) 동지애를 쌓고 유희를 즐길 시간도 충분하다. 어떤 노예들은 함께 일하는 노예들과 형제 같은 유대감을 형성하기도 한다. 마스터들 역시 상호이익을 위해, 공유하는 노예들을 중심으로 지속적인 유대와 우정을 쌓는다.

이 행사는 내 개인 저택 내에서 소규모로 이루어지는 백인 마스터들의 친목모임일 뿐이다. (…) 우리는 노예제가 있던 시절처럼 흑인 노예들의 시중을 받는다. 누군가는 이를 합의된 비합의consensual non-consent(BDSM의 다른 표현) 또는 노예 플레이라고 부를지도 모른다. 노예들은 미리 자신이 제공할 노예 서비스의 한도와 기간을 정할 수 있으며 (…) 또한 이 경험에서 무엇을 배우고자 하는지를 정할 수 있다. 노예가 미리 자신에 대해 많은 정보를 줄수록 나는 그들이 이 경험을 통해 성장하도록 더 잘 안내할 수 있다.

이 섹스 게임에 참여하라고 강요하는 사람은 없다. 많은 흑인 써브들이 백인 돔의 지배를 받으며 성적 쾌락을 느낀다는 사실을 의심하는 건 아니다. 반대로 흑인이 백인을 지배하는 게이 돔/써브 관계가 있다는 걸 모르는 것도 아니다. (근거로 삼을 연구자료는 없지만, 여성 돔/남성 써브 관계와 마찬가지로 그건 일반적이라기보다는 예외에 가까울 것이다. 너무나 예외적이라서 백인 써브들이 흑인 돔에게 돈을 지불해야 할지도 모른다. 많은 남성 써브들이 여성 돔에게 돈을 지불하듯이 말이다.)

오랜 시간을 들여 '남부 스타일 노예계약' 야후 그룹에 올라와 있는 글들을 독파하면서(타인에게 권하고 싶은 경험은 아니다), 나는 인종을 기반으로 한 이 역할극이 실제 사회의 인종차별과 아무런 관련이 없다고 믿기가 아주 곤란해졌다. 이 행사에서는 백인우월주의의 언어와 상징이 사용되며, 심지어는 흑인 써브가 생물학적으로 복종하는 역할에 알맞다고 주장하기도 한다(인용: "이 행사는 유전적으로 검둥이 농장 노예가 되도록 태어난 소년들을 대상으로 하는데, 오늘날은 진짜배기 백인 마스터가 있는 곳에서 자연스러운 노예적 본성을 편안하게 탐험해볼 장소가 너무나 부족하기 때문이다"). (나는 이 이야기를 촌시 드베가Chauncey Devega의 매혹적인 블로그 '우리는 존경받을 만한 흑인이다'We Are Respectable Negroes에서 처음 접했다. 2012년 8월 12일에 올라온 「성, 권력, 인종과 장난치기: 흑인들이 백인 '마스터'에게 복종하러 가는 '농장 행사'가 있다는 걸 아십니까?」라는 글을 읽어보기 바란다.)

이런 행사를 기획하는 백인 남성이 인종주의자가 아니라는 얘기도 나로서는 똑같이 믿기 어렵다. 이 행사에 참여하는 흑인들이 ─ 최소한 그 일부는 ─ 자신의 성적 욕구와 그 성적 욕구가 아주 엿 같은 무언가의 결과라는 자각 사이에서 괴로워하고 있다는 증거가 있다. 이 행사에 참여하는 남성들이 인종평등 감각이 약화되거나 말살되지 않은 채 바깥세계로 돌아갈 수 있을 리 없다. 나는 백인 권력자와 흑인 노예의 주종관계에 대한 변태성욕에 생물학적, '자연적' 기반이 있다는 주장에 분개한다. 그건 역사와 문화에서 비롯된 것이 명백하지 않은가.

이 행사에 녹아 있는 인종주의는 알아보기 쉽다. 그러나 우리는 여성의 복종이 일반적인 ─ 대부분의 돔은 남성이고 대부분의 써브는 여성이며, 『그레이의 50가지 그림자』가 1억부나 팔리고, 포르노에는 음경을 물고 켁켁거리며 눈가에서 정액을 닦아내는 여성이 가득한 ─ 젠더화된 성문화 속에 살고 있으면서도 성차별주의를 알아보지 못한다.

제나 제임슨Jenna Jameson의 『포르노 스타처럼 사랑을 나누는 법』How to Make Love Like a Porn Star 같은 책은 날개 돋친 듯 팔리는 반면, 내부 클리토리스는 해부학 교과서에서 누락된다. 포르노의 미학은 이제 완전히 주류가 되어서 컵라면 광고부터 10대를 대상으로 한 뮤직비디오까지 온갖 곳에 등장하지만, 여성들은 공공장소에서 편하게 모유 수유를 하지 못한다. 내가 석사과정을 밟은 더블린 트리니티 칼리지에서는 봉춤 클럽에 가입할 수 있지만, 더블린 여성들은 안전하고 합법적으로 낙태를 받을 수 없다. 기업들은 접대 명목으로 남성 고객을 여성들이 돈을 받고 나체로 무릎 위에서 춤을 추는 클럽에 데리고 간다. 그러면서 그 고객들이 여성 직원을 존중하기를 기대할 수 있겠는가? 젊은 여성들은 섹스 및 포르노 업계에 걸맞은 미학의 의상을 입도록 조건화되지만, 강간이라도 당하면 그런 옷을 입은 게 잘못이라고 책임을 뒤집어쓴다. 여성들은 자신의 신체를 혐오하고 상대의 성적 쾌락에 우선적인 가치를 두면서도 성적으로 해방되었다고 주장한다. 우리는 표면상으로는 누구든 좋은 사람과 섹스를 할 자유가 있지만('능력

남' 대신 '창녀' 소리를 듣는 것에 개의치 않는다면), 우리
가 성해방을 수행하는 의상과 안무는 우리의 성숙한 신체
를 수치스러운 상징으로 바꿔놓으며, 최악의 경우에는 우
리를 폄하하고 상처를 입힌다.

과거 여성들의 혼외 순결서약이 당시의 성 정치학을 보
여주듯, 이러한 현재의 모순들은 우리 사회의 성 정치학을
완벽하게 반영하지 않는가? 여기에는 여성들이 법적으로
는 동등하나 실질적으로는 동등하지 못한 사회상이 투명
하게 비쳐져 있다. 이러한 모순은 불평등이 우리를 만들어
내고 우리 행동의 배경이 되는 사회구조가 아니라 우리 선
택의 결과라고 설명하는, 언제나, 언제까지나 행위주체에
책임을 돌리는 세계를 대변한다.

우리의 성 연기에는 아주 그릇된 부분이 있다. 이렇게
말한다고 해서 내가 섹스에 부정적인 사람일까? 아니, 다
른 건 몰라도 내가 섹스를 아주 좋아한다는 사실은 확실
하다. 하지만 내가 섹스를 수행하는 방식과 나를 둘러싸고
젠더 불평등이 작용하는 방식 사이의 유사점을 무시해버
리진 못하겠다.

남성의 몸을 한 개인들에게 권력의 우선권을 주지 않
고, 남성의 성적 쾌락을 더 중시하지 않고, 모든 사람이 신
체적으로나 정신적으로나 각기 다른 성적 존재이므로 성
행위 역시 그들 각각에게 적합한 것을 찾아내고 협상해야

한다는 사실을 인정하는 세상을 상상해본다. 그곳에서는 채찍과 회초리, 진동 장난감, 초월적이고 무정부주의적이고 고삐 풀린 즐거움이 자취를 감출까? 나는 그렇게 생각하지 않는다. 평등을 기반으로 한 성의 시대라면 애초부터 역할의 제약이 없을 것이기에, 오히려 유희는 한없이 기발하고 다양하게 피어나지 않을까.

베드신을 무대에 올리자

친구들을 모아 섹스에 대해 이야기해보자. 「섹스 앤 더 씨티」Sex and the City의 캐리를 따라하라는 소리는 아니다. 지금까지 우리가 성에서 해방된 21세기 여성으로서 적절하다고 배워온 "나는 개방적이고 딸기향이 나고 화려한 우주 최고의 명기야" 같은 연기도 집어치우자. 친구들과 터놓고 섹스 이야기를 해보자. 나는 이런 이야기를 나눌 때에는 여자들끼리가 좋다고 생각한다. (나의 페미니스트 정치학에서 여자란 성소수자와 여성이 된 트랜스젠더를 포함한다. 자신의 성별화된 경험을 나눌 수 있다고 생각하는 남성 트랜스젠더도 환영이다.)

토론하고자 하는 주제를 종이에 쭉 적어보자. 가령, 포르노는 당신의 성경험에 어떤 영향을 미쳤나? 당신은 어디서 쾌락을 얻고, 그에 반해 상대—특히 남성—들은 당신이 어디서 쾌락을 얻을 거라고 예상하는가? 당신의 성생활에는 어떠한 권력관계가 존재하며, 그것을 페미니즘과 어떻게 화해시킬 수 있을까? 성폭력이나 성적 강압을 겪어본 적이 있나? 친구들과 마지막 주제를 논하다가 나는 내 친구들 중 너무나 많은 숫자가 수치심과 심지어는 죄책감을 느끼는 트라우마적 성경험을 갖고도 강인하게 버티고 있었다는 사실에 깜짝 놀랐다(그리고 깊은 감명을 받았다).

섹스에 대한 당신의 경험, 욕구, 걱정을 안전하고 우호적인 공간에서 말하는 것이 익숙해진 다음에는 보다 어려운 실제 상황에서 이야기를 꺼내기 위한 전략을 함께 만들어보자.

현실에서 새로운 성역할을 연기하는 것은 겁나는 일일 수 있다. 무엇을 요구해야 할지 모른다면 더욱 그렇다. 나 같은 경우는 나만의 포르노 소설을 써보는 것이 도움이 되었다. 한번 시도해보기를 강력 추천한다. 이 재미있고 섹시하면서도 어려운 작업은 자신의 욕구의 근원을 깊이있게 탐구해볼 기회가 될 것이다. 여성의 경험을 강조하는 아주 섹시한 장면들을 써보라. 그리고 당신을 흥분시키는 시나리오와 현실 속 당신의 신체와 복잡한 정치학을 한데 엮어보라. 다음 순간 당신은 허구를 현실로 바꾸고 있을 것이다.

제10장

역할극

성은 권위적인 언어 내에서 더이상 직접 호명되지 못하도록 조심스럽게 삭제됐고, 성에 대한 담론은 어떠한 모호함이나 유예를 갖지 못하도록 성을 감시하고 추적했다.

— 미셸 푸꼬Michel Foucault[82]

등장(커밍아웃?)

나는 10대 때부터 남성들뿐만 아니라 여성들과도 연애를 하거나 성적 관계를 맺어왔다. 그래도 스스로를 양성애자라고 생각하지는 않는다. 그 이유를 말하자면 첫째로, 내가 끌리는 사람의 종류가 두가지로 한정되는 건 아니다. 내가 좋아했던 사람들은 굵은 팔에 수염을 기르고 군화를 즐겨 신는 상남자, 얇은 탱크톱을 즐겨 입는 수줍고 괴짜 같은 소년, 굴곡 있는 몸매에 안경을 쓰는 모범생 타입의 소녀, 아이라인을 완벽하게 그린 우아한 여성까지 다양하다. (어떤 젠더·성 활동가들은 양성애자라는 용어를 편안하게 사용하며, 이에 자부심을 느끼기도 한다. 나는 그들의 태도를 아주 존중한다. 줄리아 쎄라노Julia Serrano의 저서 『배제된 자들: 페미니즘 및 퀴어 운동의 포괄성을 넓히기』[83]에 퀴어로 정체성화한 사람들이 '양성애자'라는 용어를 더 널리 받아들여야 할 이유에 대한 훌륭한 변론과 흥미로운 주장이 실려 있다. 나는 여기에 완전히 동의하지는 않는다.)

그래도 더 선호하는 게 있지 않느냐고? 툭 까놓고 대답하자면, 언제나 나를 매혹시키는 것은 남자 같은 여자 또는 여자 같은 남자다. 그러나 내가 항상 양성적인 사람에게만 끌렸던 것은 아니다. 예컨대 수염 난 남자를 좋아할 때는 다른 수염 난 남자도 매력적으로 느껴졌다. 지금도 나는 파티에 참석하면 나도 모르게 양성적인 사람을 징그럽게 쫓아다니곤 하지만, 그들과 잠깐 대화를 나눈 뒤에는 흥미를 잃고 성별이 모호하지 않은 남자 또는 여자에게로 관심을 옮긴다.

둘째로, 나의 성정체성도 두가지로 한정되지 않는다. 나의 성정체성은 무한하며 내 연인들이 가진 생식기의 종류와는 거의 무관하다. 내 경험상 여성이 남성보다 성적으로 더 관대하며 상대에게 배려받으려는 마음은 적은데, (사회적으로 조건화된 것이 분명한) 이 현상과는 예외적으로, 나는 남자들과 '일반'이라기엔 좀 별난 섹스를 해본 적도 있고 여자들과 보수적이고 이성애적인 섹스를 해본 적도 있다. 남자와의 섹스에서 돔 역을 맡은 적도, 여자와의 섹스에서 써브 역을 맡은 적도 있다. 내가 겪은 가장 심오하고 만족스러운 성적 관계는 생물학적 성과 젠더가 아닌 사랑, 평등, 친밀함을 기반으로 하고 있었다. 신뢰가 싹튼 관계에서 나는 마음껏 변태가 될 수 있었다!

어떤 사람들은 나를 범성애자, 혹은 지성성애자라고 부르기도 한다. 하지만 내가 스스로 성정체성을 표현할 때 쓰고 싶은 단어는 '퀴어'queer이다. '양성애'는 내가 한참 전부터 믿지 않는 남녀 사이, 이성애자와 동성애자 사이의 경계를 부각시키지만 '퀴어'는 내가 스펙트럼상에 존재하게 해준다. 상자 바깥으로 나서면 훨씬 재미있는 일이 벌어진다.

남녀 모두를 사귄다는 걸 밝히면 여자도 좋아한다는 것을 언제 알았냐는 질문을 종종 받는다. 가장 정직한 대답은 "여자 입 안에 처음 혀를 넣어보았을 때"인데, 남들에게는 만족스럽게 들리지 않는 모양이다. 어린 나이부터 여성에 대해 깊은 성적 욕구를 품고, 대단한 심리적 고통을 겪으면서 자신의 성정체성에 맞서려고 하다가 실패해야만 진짜 퀴어로 인정받을 수 있는 걸까? 처음 클리토리스의 존재를 인식한 때부터 학교 친구들 또는 여성 팝스타들을 상대로 저항 불가능하고 죄책감으로 점철된 에로틱한 판타지를 품었어야 퀴어가 될 수 있는 걸까? 그게 아니라면 진짜 퀴어가 아닌 걸까?

나는 언제나 다른 여자들의 매력을 느낄 수 있었다. 나는 수영복 입은 남자를 보는 걸 좋아하는 것만큼이나 수영복 입은 여자를 좋아했다. 그러나 여자애들 대부분이 그러했으리라 생각한다. 우리 모두가 미디어로부터 미적 안목을 훈련받았으니 말이다. 아마 남자애들도 대부분 다른 남자가 매력적인지 여부를 판단할 수 있을 것이다.

열살 무렵의 일이다. 나와 친하게 지내던 열두살짜리 남자애가 걱정스러운 말투로 물었다. "너, 예쁜 여자애들을 가려낼 수 있지?" 그렇다고 대답했다. "응. 남자애들도 잘생긴 남자애들을 가려낼 수 있지 않아? 그게 정상일걸?" 열살짜리 머리를 굴려 나는 그렇게 대답했다. "그러니까 그게 동성애자라는 뜻은 아닌 거지." 남자애가 어떤 확신도 없는 목소리로 결론을 내렸다. 나는 그를 안심시켰다. (혹시 궁금할지 몰라서 덧붙이는데, 그 남자애는 당신이 만날 수 있는 사람 가운데 최고로 이성애자 같은 성인이 되었다.)

열다섯살 때 나는 가장 친한 여자 친구 네명에게 한번쯤 여자와 자보고 싶다는 이야기를 했다 ― 단순히 어떨지 궁금하다는 이유였다. 그러자 네명 중 세명이 자기도 그러고 싶다고 말했다. 상당히 개방적인 아일랜드 아가씨들 아닌가? 다시 말해 나는 10대 중반까지 다른 애들보다 특별히 이성애나 동성애 성향이 강하지 않았다.

열여덟살 때 나는 파티에서 만난 나보다 나이가 많은 여성(20대 중반으로, 당시의 내게는 고대인처럼 보였다!)과 같은 침대에 누워 서로 애무했던 적이 있다. 다음 날 아침 우리는 그 일을 웃어넘겼다. 이후에도 그날의 일을 심각하게 생각하지는 않았다.

열아홉살 때 나는 친구를 통해 마이러를 소개받았다. 그는 대단히 똑똑하고 대단히 멋지고 대단히 예뻤으며 대단한 레즈비언이었다. 나는 그에게 홀딱 빠졌고 정보망을 통해 그가 나를 좋아한다는 소문을 들었다. 그리고 그 정보망을 통해 나도 그를 좋아한다는 말을 흘렸다. 그러다가 어느 밤이 되어보니 우리는 뜨거운 욕조에서 단둘이 점점 더 거칠게 키스를 나누고 있었다. 처음엔 이렇게 생각했다. '세상에, 나 여자랑 사랑을 나누고 있잖아! 진짜 여자랑! 이 사건이 내 성정체성에서 어떤 의미를 갖게 될까?' 그러나 곧 주의가 흐트러졌다. 다음 날 아침 친구들은 우리 방문 앞에 '자쿠지의 탕녀들'이라는 푯말을 내걸었고, 그것이 그날 이후 우리의 별명이 되었다.

마이러와 육체관계를 맺기 전에 나는 다른 여성에게 흥분하거나 오르가슴을 느낄 수 있을지 여부를 알지 못했다. 내가 하고자 하는 말은, 그에 대한 내 성적 욕망이 깊고 억누를 수 없는 내적 정체성에서 발원한 것이 아니라 호기심, 모험심, 새로운 것에 대한 목마름에서 비롯되었다는 것이다. 한데 어떤 이유에선가 이는 다른 사람들의 화를 북돋는 것 같다.

전 애인 한명은 내 연애가 '싸구려'라고 말했다. 한 친구는 내가 관심을 갈구하며 남자들의 호감을 사려 하고 있다고 비난했다(다른 여자와 섹스하는 것이 어떻게 남성의 쾌락을 위한 것이 되는지 모르겠다. 굉장한 논리다). 나는 동성애자는 괜찮지만 양성애자는 싫다는 말을 수없이 들었다. 한 친구는 내가 남녀 모두를 좋아하면 그냥 남자를 사귀면 되지 않느냐고 물었다. 동성애자 친구들은 커밍아웃을 부추겼다. 이성애자 친구들은 여자를 사귀는 것도 한때일 거라고 말했다.

알 수 없는 일이었다. 진짜로 한때일지도 몰랐다. 결국은 남자친구를 사귀고 결혼하여 '일반'이 될지도 모를 일이었다. 하지만 그때까지는 너무 고민하지 않기로 했다. 커밍아웃은 동성애자들이 하는 것이었고, 나는 여자친구보다는 남자친구를 더 많이 사귀었고, 어쨌든 그게 뭐가 대수인가 싶었다.

그로부터 10년이 넘게 지난 지금, 나는 더이상 일부일처제하에서 한 남성과 평생을 짝으로 살아갈 생각이 없다. 나의 성적 지향은 사람들이 나를 정의하는 기준 중 중요한 항목이다. 이제 내가 퀴어라는 사실을 그저 무시해버리고 넘어갈 수 없다.

앨프리드 킨지Alfred Kinsey는 1940년대 후반 수백명의 남성을 대상으로 성생활을 연구한 결과, 사람들을 '이성애자'나 '동성애자'로 가를 수 없다는 결론을 내렸다. 단순히 동성애적이나 이성애적 행위에 참여할 경향성이 존재할 따름이라는 것이다. 킨지는 이 경향성을 나타내기 위해 0에서 6까지의 척도를 사용하는데, 0은 오로지 이성애적인 행위를 욕망하고 경험하는 사람, 6은 오로지 동성애적인 행위를 욕망하고 경험하는 사람을 뜻한다. 성적 욕망이나 경험이 전무한 사람을 위한 'X' 분류도 있다. 모든 것이 스펙트럼상에서 존재하는 것이다. 킨지는 후속 연구에서 여성들의 성적 지향도 스펙트럼으로 설명할 수 있다고 밝혔다.

내 직관으로도 그의 주장은 타당하게 여겨진다. 나는 선택에 따라 완전히 이성애자처럼 행동할 수 있으며, 이성애로 분류되는 성적 관계를 많이 맺을수록 나의 성적 기억과 욕구 역시 이성애적으로 변해갈 것이다. 마찬가지로 나는 선택에 따라 완전히 레즈비언처럼 행동할 수 있는데, 레즈비언으로서 성적 관계와 행위를 많이 할수록 나는 점점 더 동성애자가 되어갈 것이다. 그러나 어느 쪽이든 나는 여전히 나다. 킨지의 척도는 개개의 사람들이 개별적으로 성지향을 경험한다고 주장한다.

현대과학은 성지향이 부분적으로 유전에 기반을 두고 있다고 본다. 그러나 이것이 '동성애 유전자'를 타고나서 동성애자가 될 수밖에 없는 사람들이 있다는 뜻은 아니다. 유전학 교수 제니 그레이브스Jenny Graves가 설명하듯, 유전적으로 물려받은 성적 지향조차도 이분법보다는 스펙트럼으로 보는 것이 타당하다. 그레이브스의 설명을 들어보자.

동성애 성향은 수천개의 유전자 요소들과 환경 둘 다에서 영향을 받는 신장과 비슷하다. 키가 다른 사람들을 일렬로 세워놓으면 '연속적 분포'가 된다. 양 극단에는 키가 아주 큰 사람과 아주 작은 사람이 있다.

이와 유사하게 선호하는 성적 상대를 기준으로 사람들을 일렬로 세워놓으면 연속적 분포의 형태를 띤다. 남성의 대열과 여성의 대열 모두에서 양 극단에는 '아주 남자를 좋아하는' 사람과 '아주 여자를 좋아하는' 사람이 있을 것이다.[84]

물론 나의 욕구는 사회에 의해 강력하게 조건화되어왔다(구조). 여자인 내가 남자를 사귈 때의 장점은 성적으로나 사회적으로나 모든 것이 너무나 수월하다는 것이다. 앞으로 일이 어떻게 전개될지 모두가 알고 있다. 모두 아주 어린 나이부터 이성애적 연애를 주입받은 덕분이다. 이성애자는 게으를 수 있고, 게으름은 꽤 훌륭한 것일지도 모른다. 하지만 역설적이게도, 청사진이 없다는 것이 내가 여자를 사귈 때의 장점이다. 마치 매번 새로운 각본을 써나가는 느낌이다. 이건 때로 혼란스럽지만 흥분되는 일이고, 이성애자끼리의 만남에서 결여될 수 있는 친밀감을 만들어낸다.

또한 나의 성정체성은 부분적으로 선택이다(행위주체). 이를 증명하는 가장 명확한 근거는 상대가 내 욕구를 받아들일 가능성이 없으면 마음을 정말 쉽게 접는다는 것이다. 잘생긴 남자를 만났는데 그가 게이라면, 나는 그와 자고 싶다는 생각을 버린다. 아름다운 여자를 만났는데 그가 이성애자라면, 나는 그와 자고 싶다는 생각을 버린다. 내가 끌리는 사람이 독점적 연애관계에 놓여 있다면, 나는 그와 자고 싶다는 생각을 버린다. 내가 느끼는 성적 욕구에는 생물학적 토대가 없다. 토대랄 게 있다면 상대가 관계의 발전을 원한다는 것이 명백할 때에만 감정과 관계를 발전시켜야 한다는 원칙이다.

성에 대한 내 사고방식이 '부자연스럽다'라고 말하는 (내 생각엔 최악의 근거다) 사람들에게 나는 자기 사촌과의 연애를 상상해본 적이 있느냐고 묻곤 한다. 대부분은 사촌을 상대로 성적인 생각을 품은 적이 없다고 대답할 것이다. 나도 그런 적은 없다(사촌 여러분 미안. 너희 모두 아주 멋지지만 나는 사회적으로 조건화된 사람이라서 말이야). 그러나 몇세대 전만 해도 서구 사회에서 사촌 간의 결혼은 완벽하게 정상적인 것이었으며, 많은 사람이 사촌에게 실제로 성적 욕망을 품었다.

우리의 욕구는 부분적으로 우리가 욕망해도 된다고 허락받은 사람이 누구인지에 달려 있다. 나는 섹시한 이성애자 여자, 게이 남자, 내게 관심이 없음을 분명히 표현한 사람들, 독점적 연애관계를 맺고 있는 사람들, 친구들, 친척들을 '성적 관계로 발전할 수 없음'이라는 분류에 넣는다. 무의식 속에서 일어나는 작업이기는 하나, 내가 좋아하게 되는 사람들과 내가 맺는 관계들을 보면 이런 식의 분류가 존재한다는 것은 확실하다.

우리의 성정체성은 많은 부분에서 우리 사회와 우리 자신의 선택이 동시에 작용한 산물이다. 하지만 많은 사람들은 반박한다. "그건 사실이 아니야. 나는 결코 [동성에 대한/이성에 대한] 성적 욕망을 품은 적이 없다고! 여기엔 생물학적인 요인이 있는 게 분명해. [동성애자/이성애자]들이 싫은 건 아니지만, 다른 사람[의 질/음경]을 만지는 생각만 해도 토할 것 같거든!" 뭐, 나도 사실 사촌과 섹스하는 상상을 하면 토할 것 같다. 그러나 논리적으로는 이것이 학습된 혐오라는 걸 인정할 수 있다.

동성에 대한 성적 욕망을 전혀 품지 않는다고 말하는 사람들을 나는 눈곱만큼도 의심하지 않는다. 그러나 다른 사회에서는 상황이 달라지리라는 게 분명하다. 가령 그 사람들이 고대 그리스의 미혼 남성이었다면 10대 소년들과 연애를 하고 그들에게 성적 욕망을 품는 게 당연했을 것이다. 소년에 대한 매혹은 그들의 아름다움과 덕에 대한 동경에서 비롯된 것이었으며, 고대 그리스 사회에서 이성 결혼은 정략적 성격을 띠었기에 동성애는 대부분의 남성에게 사랑하는 사람과 교제할 수 있는 유일한 기회였다.

(그리스의 남성 시민으로서 당시의 가장 중요한 인구집단이었던) 소년은 나이 든 남성의 접근을 허락한 다음부터 그 남성의 보살핌하에 정치나 사교 행사에 참석할 수 있었고, 두말할 것 없이 성적으로도 경험을 시작했다. 이는 고대 그리스 남성으로서 겪는 완벽히 정상적이고 사회적으로 승인된 단계였다. 10대 소년에게서 연애감정과 성적 매력을 느끼지 못하는 것이 이상하게 여겨졌을 것이다.

다행스럽게도 지금은 대다수의 서양인 남성들이 열다섯살짜리 소년들에게 구애하거나 그애들과 잘 의향이 없다고 말한다. 그러나 고대 그리스에서 태어났다면 얘기가 달랐으리라는 건 인정해야 한다.

내 퀴어 친구 하나는 오로지 '보이'boi(나이 든 상대를 선호하는 어린 레즈비언) 혹은 생물학적으로 여성인 퀴어(때로는 트랜스젠더)에게만 끌린다. 친구는 외모와 옷차림만 보면 젊은 남자 같고, 행동도 얼마간 그렇다. 다른 친구 하나는 남녀를 떠나 팔에 옷소매처럼 문신을 하고 귓바퀴는 플러

그 피어싱으로 늘어져 있고 입술과 코에는 엄청난 수의 금속이 매달려 있는 사람에게만 끌린다. 이런 종류의 사람들은 30년 전에는 존재하지도 않았다.

그렇다면 성정체성은 개인적 선호의 문제인 동시에 우리 사회가 사람들을 어떻게 분류하는지의 문제이기도 하다. 성은 일종의 역할극이다. 사람들이 남녀로, 그리고 동성애자/이성애자로 구분되는 사회에서는 이런 이분법들이 우리가 발전시켜나가는 성정체성과 우리가 형성하는 애정관계의 유형을 지배한다.

만약 아이들에게 동성에 대한 욕구가 정상적이고 건강한 것이며, 성정체성은 전생애에 걸쳐 위치를 옮겨다니는 스펙트럼상의 한 점에 지나지 않는다고 가르치는 사회에서 자랐더라면 나의 성정체성은 어떻게 발전했을까. 하루는 내 친구 짐과 함께 상상의 나래를 펼쳐보았다. 그는 내가 지금 억압되어 있다면서, 그런 사회에서는 아마 레즈비언이 되었을 거라고 말했다. 다른 친구 베키는 내가 일종의 페미니스트적인 논지를 펼치려고 여자와 잠자리를 하기 때문에, 그런 사회에서는 아마 이성애자였을 거라고 했다. 한숨밖에 안 나온다. 우리는 왜 이렇게나 이분법에 집착하는 걸까?

내가 이성애자 역을 할게, 너는 동성애자 역을 하렴

많은 사람들이 인간을 동성애자와 이성애자로 (혹은 성가신 양성애자로) 구분할 수 있다고 믿는다. 이성 혹은 동성과의 성행위를 욕망하고 실천하는 것이 최고로 내밀한 정체성의 일부라는 생각이다.

철학자 미셸 푸꼬는 1976년에 발표한 영향력 있는 저서 『성의 역사』*Histoire de la sexualité*에서 성혁명의 이데올로기에 도전장을 던졌다. 그의 시대(그리고 내가 보기에는 우리 시대도)의 상식에 따르면 성정체성은 인간 정체성의 '자연적인' 부분으로 간주되며, 17세기 이후 서구 사회에서 꾸준히 억압받다가 우리의 '진정한' 성적 본성을 까발리는 정신분석이 등장했고, 이윽고 즐겁고 건강하고 개방적인 성을 주창하는 성혁명이 뒤따랐다고 이해된다.[85]

푸꼬가 보기에 이건 앞뒤가 맞지 않는 얘기였다. 현대과학은 성정체성의 진실을 아직 밝혀내지 못했다. 그저 사람들을 욱여넣는 범주가 늘어났을 뿐이다. 푸꼬는 오래전부터 가톨릭 고해성사의 형태로 성과 욕구에 대해 말하는 관습이 있었음을 지적한다. 그러다가 19세기 후반에 이 관습이 정신분석으로 변모하면서 환자들은 자신들의 가장 깊고 어두운 욕망을 과학의 사제에게 털어놓으라고 권유받았고, 사제들은 환자들에게 새로 만들어진 범주에 따른 정체성 — 동성애자 또는 이성애자 — 을 부여하고는 그것을 틀로 삼아 환자들의 생각과 행동을 이해하고자 했다.

18세기에서 20세기 초에 성정체성은 성격과 정체성을 이루는 바탕으로 간주되기 시작했다. 푸꼬의 관점에서 이러한 사회적 경향은 새로이 등장한 민주주의·자본주의 사회에서 지배계급인 부르주아지가 사람들을 분류하고 통제하는 수단이었다. 권위자들은 사람들을 분류함으로써 그들이 욕망하고 행하는 성적 행위들에서 비롯되는 특정한 이력과 심리와 역량을 알아낼 수 있다고 선언했다. 그로써 권위자들은 사회 전체가 사람들에게 취하는 태도를 통제할 수 있고, 그럼으로써 그들의 행동 역시 통제할 수 있다. 푸꼬에게 권력은 국가나 지배계급에 의해 발휘되는 하향식 힘이 아니라 사람과 제도 사이의 관계에 존재하는 것이었다. 우리는 역사적으로 구성된 자신의 성정체성이 자기 정체성의 중요한 부분이라고 믿음으로써 우리의 감정과 관계, 가족을 자본주의에 가장 이득이 되는 방향으로 구성해야 한다고 설득당했다.

조너선 캐츠Jonathan Katz는 저서 『이성애의 발명』*The Invention of Heterosexuality*에서 성정체성이 자기 정체성에 편입되는 역사적 과정을 놀라운 방식으로 부각시킨다. 그는 동성애 homosexual라는 단어가 1868년에 이르러서야 발명되었으며 이성애heterosexual는, 논란의 여지가 있긴 해도, 대략 1892년에 발명되었다고 지적한다. "어휘가 개념의 단서라면, 그 이전에 사람들이 인식하던 세상은 이성애자와 동성애자로 양극화되어 있지 않았다."[86]

캐츠는 과거 사회의 동성애 혹은 이성애에 대해 '동성애자'나 '이성애자'라는 정체성을 투사하는 접근법에 회의를 품는다. 과거 사회에서는 사람과 성정체성을 지금과는 전혀 다른 식으로 취급했기 때문이다. 일례로, 고대 그리스에서 연애감정은 일차적으로 동성의 사람들 사이에서 싹트는 것으로 여겨졌다. 캐츠는 '이성애'라는 단어 자체가 1892년 이전에는 존재하지 않았을 확률이 높은데도 그 단어에 연관되는 감정과 행위는 존재했을 거라고 추측하는 현대의 '상식'에 의문을 제기한다.

캐츠는 이성애가 태곳적부터 이루어졌다는 주장들을 세가지로 해체한다. 1) 인간은 자식을 낳지 않으면 멸종하므로, 이성애는 언제나 필요했다. 2) 모든 사회가 기본적으로 생물학적, 문화적 차이로써 남녀를 구분하는 것을 보건대 이성애에는 오랜 역사가 있다. 3) 남녀가 육체적 쾌락을 경험하는 방식은 변함없이 이성애의 근본이다.

캐츠는 이성애가 없더라도, 나아가 남녀의 구분과 남녀 사이의 성적 쾌락이 없더라도 생식을 위한 섹스가 존재할 수 있다고 주장한다. 그의 말을 빌리면 이성애란 "여러 종류의 섹스 중 하나와 여러 종류의 쾌락 중 하나가 역사적으로 특정하게 결합된 방식이다. (…) 유성생식과 성별 차이, 성적 쾌락은 서로 다른 문화들에서 천양지차의 방식들로 결합되어 왔다."[87]

캐츠는 복장도착 — 이성의 옷을 입고자 하는 욕구 — 이 얘깃거리가 되는 반면 동성의 옷을 입고자 하는 욕구는 똑같이 수수께끼임에도 얘깃거리가 되지 않는 이유를 묻는다. 성전환에 대해 말할 때 우리는 이성의 몸을 갖고 싶어 하는 욕구를 신기한 것으로 취급하지만, 동성의 몸을 갖고 싶어 하는 욕구에 대해서는 얘기하지 않는다. 캐츠에게 있어 "자신의 성의 온전성을 지키고자 하는 욕망"은 복장도착만큼이나 자세한 설명이 뒤따라야 하는 것이다.

같은 맥락에서 캐츠는 '이성애'라는 개념이 생각보다 최근에 발명되었다는 점을 강조하면서, 남성의 몸이나 여성의 몸을 갖고 살아가는 것에 생물학적으로 또는 사회적으로 정상적인 성행위가 결부되어 있다는 관념을 뒤흔든다. 그의 표현에 따르면 동성애와 이성애가 생물학적 혹은 사회적 요인에 의해 정해진다는 생각은 "20세기 말에 널리 퍼진 미국의 민간신앙"이다. 캐츠는 심지어 남녀가 쾌락을 위해 섹스를 하는 것이 보편적이라는 관념을 자위를 하면 눈이 먼다는 빅토리아 시대의 믿음에 빗대곤 한다. 빅토리아 시대 숙녀들이 계략에 넘어가지 않았더라면 어둠 속에서 홀로 얼마나 멋진 시간들을 보낼 수 있었을지 상상해 보라.

환상들

불변의 성·젠더 정체성이라는 개념은 여성인권 및 LGBTQ (레즈비언, 게이, 양성애자, 트랜스젠더, 퀴어 등의 성소수자) 인권운동에서 핵심적이었다. 페미니즘 이론가 조앤 스콧Joan Scott은 페미니즘운동의 일부에서 핵심이었던 본질주의적 환상을 연구대상으로 삼았다. 예컨대 어머니로서의 여성, 연사로서의 여성(스콧이 이 단어로 의미하는 바는 공공 영역에서 전통적으로 남성에게 부여된 역할을 맡는 여성이다) 같은 환상들은 여성들 간의 차이를 지우고 겉보기에 통일성 있는 범주를 만들어, 활동가들이 특정한 상황에서 사회적 변화를 이끌어낼 수 있도록 한다.[88]

어떤 사람은 모든 여성이 직업 영역에서 남성과 동등하게 일할 권리를 주장하기 위해 연사로서의 여성이라는 환상을 내세울 것이다. 반면 억압적 질서를 유지하고자 하는 사람은 여성이 부드럽고 가정적이라는 가부장적 환상으로써 여성을 하나로 묶을 것이다. 환상에는 상당한 힘이 있다. 역사의 어느 시점에서 서로 다른 집단들이 필요로 했던 환상에 집중하면, 우리는 '여자는 타고나길……' 운운하는 본질주의에 빠지는 함정에서 벗어나 그 시간과 공간에 대해 이야기할 수 있다.

환상은 오늘날 성정체성에 대해 얘기할 때도 유사하게

사용된다. 대중문화에서 게이와 이성애자를 이렇게 공고히 본질주의적으로 구분지은 시기는 일찍이 없었다. 과거에 페미니스트들이 이용한 환상이 쓸모가 있었던 것처럼, 당연하게도 환상은 게이의 권리를 주장하는 데에도 쓸모가 있다. 그 덕분에 권익단체들은 "이것이 우리의 변하지 않고, 변할 수도 없는 정체성이다. 우리는 우리 자신일 뿐이다. 우리에게도 권리가 있어야 마땅하다"라고 주장할 수 있었다. 그 덕분에 LGBTQ 행진자들은 "여기 있는 우리가 보이는가? 우리가 바로 퀴어다. 너희가 우리에게 적응하라!"라고 소리칠 수 있었다.

이성에 대해 아무런 이끌림도 느끼지 않는 타고난 동성애자라는 본질주의적 환상은 정체성의 정치를 뒷받침하고, 그로써 동성애를 죄스러운 선택으로 취급하며, 동성애자가 원하기만 하면 '교정'될 수 있다는 논리를 펼치는 동성애 혐오 단체들에 맞선다. 이처럼 동성애자의 환상은 강력하고 유용하다. 그러나 그렇다 해도 환상이라는 정체가 바뀌지는 않는다. 남녀 이분법을 기반으로 하지 않는 사회를 구축하고 싶다면, 환상을 넘어서야 한다.

정체성 정치학은 여전히 동성애 혐오적인 우리 사회 내에서 구체적인 정치적 목적을 달성하기 위해 사용되고 있으므로 이런 주장이 불편하게 여겨질지도 모른다. 그러나 젠더 평등과 LGBTQ 평등 둘 다를 달성하고 싶다면,

1960~80년대에 동성애자 인권운동이 이성애를 뒤흔들었 듯 이제는 이미 제도화된 이성애와 동성애의 이분법을 약 화시킬 차례다. 'LGBTQ는' '남자는' '여자는'으로 시작 하는 문구는 넣어두고, 젠더와 성정체성 둘 다를 스펙트럼 으로 생각하자. 환상은 한때 우리에게 자유를 안겨주었으 나 결국에는 동성애자와 이성애자, 여자와 남자 사이의 구 분을 공고히 한다.

연기 너머의 성

젠더 역할을 벗어난 행동에 결부된 사회적 낙인을 제거 하면, 아마 매력을 느끼는 상대도 바뀔 것이다. 왜 그렇게 생각하느냐고?

내 애인들은 남성의 신체적 특징이자 평소에는 매력적 으로 여기지 않던 다리털을 나와 ── 즉 그들이 사랑하고 매력을 느끼는 사람과 연결짓는 법을 익혔다. 이성애자 남 성인 친구 한명은 트랜스젠더 여성과 사랑에 빠져서, 원래 는 매력을 느끼지 못했던 남성의 음경을 자신이 사랑하는 여자친구와 연결짓는 법을 익혔다.

게이 예술가인 빌 라운디Bill Roundy는 자신이 트랜스젠더 남성을 만나 원래는 매력을 느끼지 못했던 여성의 질을 사 랑하는 남자친구와 연결짓는 법을 배워가는 이야기를 귀 엽고 재치있는 만화 「성지향성 경찰」Orientation Police로 그렸다(온라인에서 감상할 수 있다).

퀴어 이론가 잭/주디스 핼버스탬Jack/Judith Halberstam은 우리가 포스트트랜스섹슈얼post-transsexual(후기 성전환) 시대에 접어들고 있다고 주장한다. 그에 따르면 동성애가 19세기 말에 발명된 것과 꼭 같이, '성적인 신체'는 20세기 말에 발명되었다. 다시 말해 우리는 그때부터 우리의 젠더 정체성과 '들어맞게' 신체를 바꿀 수 있다는 생각을 품게 되었다. 그는 우리가 새로운 경계 변동의 시대를 맞고 있으나 그렇다고 해서 우리 모두가 성전환수술을 받지는 않으리라고 생각한다. 오히려 우리는 우리 자신이 이미 바뀌었음을 알아차리게 될 것이다. 핼버스탬의 관점에서 우리는 모두 성전환자다. 그의 이야기를 들어보자.

우리는 모두 복장도착자이지만, 우리가 원래 입어야 하는 것은 무엇이며 우리가 가로지르고 있는 경계는 어디를 향한 것인가? '다른' 성이나 '반대' 성 따위는 원래부터 존재하지 않았다. 수술로, 남장이나 여장으로, 패싱(생물학적 성과 젠더가 같은 척 행동하는 것)으로 건널 수 있는 자연적 차이는 애초에 존재하지 않았다. 우리는 모두 패싱에 성공하거나 실패한다. 우리는 모두 남장이나 여장을 하고, 의상에서 성적인 것이든 다른 종류의 것이든 다소간의 쾌락을 얻는다. 차이가 있다면 우리 몇몇에게 있어서는 의상이 천이나 물질로 만들어진 것이고 다른 몇몇에게 있어서는 살갗으로 만들어졌다는 것, 복장이 몇몇에게는 의상을 갈아입는 정도의 문제지만 다른 몇 몇은 피부를 다시 기워야 한다는 것이다.[89]

이것은 급진적인 생각처럼 보일지도 모른다. 근본적으로 이성애 행위에 생물적 또는 사회적 규범이 없으며, 우리의 성정체성이 생물학적 성에서 논리적으로 이어지는 것이 아니라 성, 성지향성, 젠더 정체성의 복잡한 상호작용에서 비롯된다고 하니까.

이 주장이 급진적으로 들리는 이유는 우리가 스스로를 경험하는 방식과 어긋나기 때문이다. '나는 이성애자이고 남자친구를 사랑해'라는 문장은 많은 여성들에게 진실한 것으로 여겨진다. 엄연한 사실이니까. 캐츠가 언급했듯 "성별화된 감정, 성별화된 신체, 성별화된 의상"의 과거와 현재를 검토하는 것은 다른 사람의 이성애를 비판하기 위해서가 아니다. 이성애적 감정이나 정체성이 영속적, 보편적인 것이 아니라 문화적, 역사적으로 특정화된 것이라는 지적 역시 이성애에 대한 공격은 아니다.

5장에서 살펴본 주디스 버틀러의 논의를 다시 꺼내자면, 젠더 정체성은 수행적이다. 그 말인즉슨 젠더 정체성이 불변하는 '나다움' 또는 '너다움'이 아니라 오랜 시간에 걸쳐 우리가 하는 행동으로써 빚어진다는 뜻이다. 젠더 정체성과 종종 결부되는 성정체성 역시 이와 유사한 성격을 지닌다. 나는 최근 다자간연애를 하는 친구들과 이야기하다가 이 점을 깨달았다(다자간연애polyamory 혹은 윤리적 비독점 연애는 그 관계의 모든 당사자들의 인지와 합의하에 한번에 한명이 넘는 연애상대를 사귀는 실천을 뜻한다). 그 친구들은 비독점적으로 이루어지는 연애생활이 자신들의 성정체성의 일부라고 생각하고 있었다. 다자간연애는 그들의 행동을 넘어, 그들 자체였다. (여기서는 다자간연애나 대안적 연애에 대해서 더 깊이 얘기하지 않겠다. 아마 다음 책을 이 주제로 쓰게 될 것 같다.)

남성과 자는 것, 여성과 자는 것, 누구와도 자지 않는 것은 단순히 한 사람의 행동이 아니라 그 사람의 정체성이다. 그러나 여기서 '정체성'이란 수행을 통해, 다시 말해 오랜 시간에 걸친 행동에 의해 빚어진다는 것을 기억해야한다. 행동은 물론 사회적 영향을 받는다. 이 사실을 인정하면, 젠더 이분법에 기반을 두지 않은 사회에서 우리가 사람들이 가진 생식기의 종류가 아니라 무한하게 다양한 신체와 정신의 조합들에 이끌리리라는 주장도 그렇게 큰 비약으로 느껴지지는 않을 것이다.

제11장

그대의
관객을
알라

강압적 체제 내에서 생존전략으로서의 젠더는 분명히 가혹한 결과를 낳는 공연이다. 개인의 젠더는 현대문화 내에서 개인을 '인간화'하는 것의 일부다. 실로 우리는 젠더를 올바르게 행하지 못하는 이들을 자주 벌한다.

—주디스 버틀러[90]

붉은 장미와 열광적인 박수

나는 열다섯살이고, 우리 할아버지는 방금 돌아가셨다. 할아버지의 시신은 아일랜드식으로 식당에 놓여 있고, 골웨이의 좋은 이웃들이 하루 종일 우리 집을 방문하며 조의를 표하는 중이다. 우리 할아버지는 골웨이의 터줏대감으로서 9명의 자녀와 25명이 넘는 손주를 두었다. 동네 사람들로 꽉 찬 조문객의 물결이 끊이지 않는다. 복도를 통과하기조차 어려울 정도다. 이 물결의 모든 물방울들은 차나 위스키를 마시고 햄샌드위치를 먹고 있는 것이 보통이다. 할머니는 손님들이 올 때마다 인사를 하고 위로를 받는다. 이 사랑스러운 아일랜드식 애도는 우리 집 문을 드나드는 모든 사람에게 흠 없이 자연스러워 보인다. 삶이라는 물결은 역사와 문화와 공동체에서 물 흐르듯 전해진 것으로서, 우리 모두가 그 안에서 노 저어 나아가는 법을 잘 안다.

그러나 당연하게도, 갑판 아래에는 배를 띄우기 위해 분투하는 한무리의 여성 선원들이 있다. 나보다 어린 사촌 로이신은 키다리 방문객들로 빼곡한 복도를 뚫고 남들 눈에 띄지 않게 돌아다니며 찻잔을 모아다가 주방에 전한다. 나는 싱크대에서 손을 비눗물에 적셔가며 깨끗하게 씻은 델프트 도기를 엄마에게 넘겨주고, 엄마는 그것을 행주로 닦아서 다시 내놓을 수 있도록 쟁반 위에 놓는다. 앤 고모와 마셀라 고모는 놀라운 샌드위치 생산라인을 구축했다. 고모들은 프라이팬에 버터와 햄을 툭툭 던져넣고, 층층이 쌓인 부드러운 사각형을 삼각으로 자르고, 모든 것을 깔끔하게 접시에 담아 내놓는다.

마리아 고모는 물이 끓어서 넘치지 않는지 지켜보는 동시에 새로 끓여 내놓은 차를 사람들이 잘 마시고 있는지, 우유나 설탕이 모자라지는 않은지 감독하고 있다. 때로 남자들이 얼굴을 들이민다. "라이언스 부인에게 물 한잔 내다줄 수 있나요? 알약을 먹어야 한대요." 엔진실에 모인 우리 여자들은 이야기꽃을 피우고 있다. 나는 일손을 돕는 것이 뿌듯하다. 엄마랑 고모들이 모든 것이 막힘없이 흐르게 하기 위해 이렇게 열심히 일하고 있는 동안 나 혼자 오빠와 남동생과 다른 남자 친척들이 모인 옆방에 앉아 있다면 뭔가 잘못된 기분이 들 거다. 꿈도 꿀 수 없는 일이다.

그러나 사촌인 쎄라 언니는 옆방 난롯가에서 남자애들과 나란히 앉아 건포도 케이크를 먹고 차를 마시고 있었다. 벨 훅스는 페미니스트는 태어나는 게 아니라 만들어지는 거라고 말하지만, 쎄라 오툴을 못 만나봐서 하는 소리다. 열아홉살인 쎄라 언니는 세상의 기대대로 가정적이고 순종적인 여자가 될 생각은 추호도 없다. 그래서야 가족들에게서 예쁨을 받겠냐는 참견을 들으면 언니는 아마 코웃음을 칠 거다.

쎄라 언니가 들어와서 말한다. "여자들은 죄다 부엌에서 일하고, 남자들은 옆방에서 빈둥거리고 있는 꼴 좀 보라지." 고모들은 무시한다. "에머, 로넌이나 키아란한테 와서 일손을 거들라고 하지그래? 여자라고 해서 네가 일을 죄다 떠맡을 필요는 없어." 나는 항상 똑똑하고 재능 있는 쎄라 언니를 우러러보았다. 언니는 그런지 밴드에서 활동했고, 섹시한 장발의 남자친구들을 사귀었고, 테이프를 듣고 러시아어를 독학했으니까. 쎄라 언니가 내게 빈정거리는 걸 보니 마음이 아팠다.

"여자라서 돕고 있는 거 아니야." 나는 단호하게 말한다. "할아버지가 돌아가셨으니까 돕고 있는 거지. 로넌이나 키아란한테 잔소리하는 건 내 임무가 아니고. 내 말은, 물론 오빠랑 키아란도 도와야 하지만, 걔들이 게으르게 구는 게 내 탓은 아니잖아? 나는 할머니랑 다른 사람들을 돕고 싶어서 여기 있는 거야. 남자들이 뭘 하든 내 알 바 아니야. 내가 여자라서 일손을 거들고 있는 게 절대 아니라고."

"에머, 말 한번 잘한다!" 고모들이 외친다. "에머 말이 맞지!" 엄마는 의기양양한 표정이다. 쎄라 언니는 꼬리를 내리고 응접실로 퇴각한다. 행위주체와 선택의 수사학으로써 현상은 방어되었고, 이제 우리 모두는 사회적으로 승인된 성역할에 충실한 본업으로 돌아갈 수 있다. 멍청하고 게으른 페미니스트(실은 착한 여자답게 돕는 게 귀찮았을 뿐인)를 요령 좋게 물리친 것에 안도하면서.

내가 영웅적인 연설을 펼쳤다는 소식은 산불처럼 번져나갔다. "그랬더니 에머가 대답하기를……" 나는 고모가 삼촌에게 말하는 목소리를 얼핏 들었다. "멋진 승부로군!" 모두가 기쁜 표정으로 미소를 지으며 감탄했다. "아주 대단한 여자애잖아."

나는 남은 장례식 기간 내내 이타적인 도우미 역할을 계속했다. 어린 사촌동생들이 사람들 앞에서 말썽을 부리면 나는 금방이라도 울음을 터뜨릴 듯한 고모의 어깨를 톡톡 치고, 식이 끝날 때까지 근처 놀이터에서 아이들과 놀다 오겠다고 알렸다. 영구차에 화환을 싣는 것을 도왔고, 묘지로 이동하기 전에 할머니 댁을 청소했다. "최고로 잘해 냈어." 믹 삼촌이 친절하게도 내게 20파운드를 쥐여주며 칭찬했다. 최고로 잘해냈다니! 나는 기꺼이 눈을 가리고 성역할을 훌륭히 수행했다. 모두가 나를 사랑했다! 나는 모두에게 내 사랑을 보여주었다! 사람들은 내게 빨간 장미를 던져주었다! 기립박수가 이어지고 있었다! 내가 바로 이 공연의 스타였다!

썩은 토마토와 중단된 공연

스물여덟살의 나는 런던에 거주 중이며, 친구 결혼식이 있어서 고향을 방문한 참이다. 결혼식 다음날, 골웨이 시내에서 신부와 신랑과 함께 술자리가 벌어진다. 오빠와 남동생과 나는 파티에서 한창 즐기고 있다. 그런데 엄마가 저녁을 먹으러 오런모어의 집으로 오라고 한다. 파티를 떠나고 싶지는 않지만, 나는 고향집에 그렇게 자주 가지도 않기 때문에 고향에 온 김에 엄마와 시간을 보내야겠다고 생각한다.

그래서 우리는 사촌 쎄어셔와 로넌의 대학 친구 한명과 함께 집으로 향한다. 마침 골웨이에 와 있던 아빠도 집을 방문한다고 한다(부모님은 별거 중이지만 그래도 좋은 친구 사이다). 엄마는 정성 가득한 고기구이 정찬을 준비하고 있다. 우리가 문을 열고 들어가자마자 엄마는 내게 새우 한 팩을 건네면서 그걸로 애피타이저를 만들라고 한다. 나는 칠리와 마늘 양념을 입힌 새우튀김을 만들어 루꼴라 샐러드와 함께 낸다. 그러나 엄마는 먹지 않는다. 여전히 요리하느라 분주하다. 7인분 음식을 내온 뒤 엄마는 합창단 연습에 가야 하니 저녁은 우리끼리 먹으라고 말한다. 그러고는 매트도 깔지 않은 식탁 한구석에 앉아 반 그릇이나 될까 말까 한 음식으로 저녁을 급히 때운 뒤 자리를 뜬다.

나는 생각한다. '이건 아주 이상하군. 정말 이상하잖아? 엄마가 항상 사람들의 시중을 들고, 모두가 그 사실을 무시하고 있다는 것. 전형적인 가부장제라고 할 수 있지. 하지만 엄마가 식사를 준비한 직후에 자리를 뜬 적은 거의 없었어. 뭔가 더 이상해졌단 말이야. 정말 끝내주게 불편한데?' 그러나 누구도 나처럼 생각하지 않는다. 여자가 종처럼 남자의 시중을 드는 것에 익숙하기 때문이다. 나도 한때는 그랬으나, 런던에서 4년을 살고 난 지금은 마치 1950년대의 외계 행성에 떨어진 기분이다.

나는 또한 딸로서 속이 상했다(나와는 달리 지난 4년 동안 런던에서 살지 않은 엄마에게는 너무나 불공평하지만). 나는 엄마의 시중을 받으며 밥을 먹으려고 집에 온 게 아니었다. 나는 유쾌하고 멋진 우리 엄마와 함께 시간을 보내러 온 것이었다. 영양과 서비스가 필요하다면 내 능력으로도 충분히 레스토랑에서 밥을 사먹을 수 있었다. 엄마가 몇시간이나 남들을 위해 요리를 했음에도 본인은 자리에 앉아 식사를 즐기지 못했다는 생각에 나는 마음이 몹시 불편해진다.

엄마는 가방과 코트를 들고는 문을 나서면서 말한다. "에머, 커피프레스에 원두 갈아서 넣어놨어. 식탁 위에 당근케이크랑 냉장고에 휘핑크림 있으니까 네가 잘 알아서 하려무나." 그리고 엄마는 사라져버린다.

페미니스트로서 나는 분명 이 상황이 조금도 기쁘지 않다.

우리는 식사를 마친다. 쎄어셔가 접시를 한데 모으기 시작한다. 식탁에 앉은 남자 네명은 그애에게 몸소 더러운 접시를 건네주는 대단한 수고를 제외하면 손가락 하나 까딱하지 않는다. 나는 이 사람들에게 디저트와 커피를 내다주느니 차라리 닉 그리핀Nick Griffin(영국의 극우 정치인)과 프렌치키스를 하겠다고 생각한다. 그러나 나는 학술지를 만들어보고 수많은 콘퍼런스와 대학 세미나와 공연 제작을 조직한 경험이 있는 성숙한 여성이며, 합리적인 사람들에게 집단 내에서 그들의 의무를 일깨워줄 능력을 갖추고 있다. 나는 이 상황을 해결하여 모두가 무엇이 공평하고 무엇이 불공평한지 깨닫게 만들 방법이 있을 거라고 생각한다.

"엄마가 부탁했으니까 나는 디저트 가지러 갈게. 로넌 오빠, 키아란, 식탁 정리 좀 해줄래?"

그러나 아무도 움직이지 않는다. 로넌 오빠가 짜증스러

운 표정으로 나를 쳐다볼 뿐이다. 쎄어셔가 식탁을 치우기 시작하자 로넌 오빠와 키아란은 한숨을 내쉬고 고개를 저으며 자기 자리에서 일어난다. 쎄어셔를 도울 모양이다. 나는 물주전자를 올려놓고 옆방에 가서 케이크와 접시를 챙긴다. 다시 식탁으로 돌아오기까지 아무리 길게 잡아도 채 90초도 걸리지 않았다.

그런데 돌아와보니 네명의 남자 — 로넌 오빠, 키아란, 로넌 오빠의 친구, 우리 아빠 — 는 다시 편안히 식탁에 앉아 있고 쎄어셔가 싱크대에 접시를 넣고 있는 게 아닌가. 나는 이 상황을 믿을 수 없다.

"거기 남자들," 나는 화난 목소리를 낸다. "어떻게 된 거야? 뒷정리하기로 한 거 아니었어?"

"다 했잖아." 로넌 오빠가 '상남자' 친구 앞에서 여동생에게 잔소리를 듣는 데 짜증이 난 게 역력한 말투로 대답한다. 축구 얘기를 하고 있는데 방해하다니!

"다 했다고? 그러면 남자 네명이 식탁에 가만히 앉아 있는 지금 이 순간도 여자 두명이 서서 일하고 있는 건 어떻게 설명할 건데? 딱 봐도 정리 안 끝났잖아. 쎄어셔, 이리 와서 앉아. 너는 손님이야."

쎄어셔가 자리에 앉는다.

"꼭 정리를 당장 해야 되냐? 우리 지금 대화 중이라고." 로넌 오빠가 말한다.

"조금 있으면 시내로 돌아갈 거잖아. 그러면 설거지는 집에 돌아온 엄마 몫이 될 테고."

로넌 오빠는 친구에게 미안하다는 표정을 지어 보인다. 키아란은 고개를 푹 숙이고 있다. 그애는 누나가 이러는 걸 아주 싫어한다. 누나는 왜 그렇게 공격적이냐고 속으로 구시렁대고 있겠지. 남자들은 계속 자리를 지키고 앉아 있다. 명령 따윈 듣지 않겠다는 거다. 이윽고 아빠의 일장연설이 시작된다.

"하지만 뒷정리는 여자 몫이다. 그런 일은 여자들이 더 잘하잖아, 안 그래? 그게 원래 여자가 하는 일이라고. 남자 시중을 드는 거 말이야. 남자들은 집안일을 하지 않아. 그게 옳아. 내 말이 틀렸냐?"

애써 좋게 생각한다면 아빠가 농담을 하려 했다고 해석할 수도 있다. 하지만 그의 '농담'이 a) 누구도 웃기지 못하고 b) 오히려 모두를 불편하게만 만들고 있는데도 그만두지 않는 걸 보면 아빠의 진짜 목적은 유머감각을 과시하려는 게 아니다.

"그래야 마땅한 거다! 여자들이 하면 되는 일을 왜 남자들을 시켜? 여자들은 집안일 하는 걸 좋아하잖아! 에머, 안 그러냐?"

아빠의 말은 끝없이 이어진다. 아무도 그만두라는 말을 하지 않는다. 내가 한마디라도 대꾸하면 상황은 악화일로로 빠질 것이다. 로넌 오빠나 키아란이 아빠에게 적당히 하라고 말해주겠지? 아빠가 말을 끝낼 기미가 안 보이자, 결국 로넌 오빠가 말을 끊는다.

"어, 아빠, 그만하는 게 좋겠어요. 그러다 재 폭발할 것 같은데요."

됐어. 고마워.

"쟨 너무 예민한 게 탈이야. 페미니스트라는 것들이 다 그렇지 어쩌겠냐. 요리랑 청소는 여자들이 하고, 남자들은 진짜 중요한 일을 하는 거야. 다들 그건 알잖아."

나는 대답한다. "아빠, 솔직히 말하면 아빠가 진짜 중요한 일을 하는 건 본 적이 없는데요. 똥구멍을 의자에 찰싹 붙이고 빈둥대는 건 봤어도."

나는 그만 형편없는 소리를 해버렸다. 잔인하고, 상처를 주려는 의도가 담긴 끔찍한 말이다. 그 말은 하지 말았어야 한다. 그러나 나는 머리끝까지 화가 나 있었다. 모두가 미웠다. 서른살이나 먹고도 엄마 집에서 접시 하나 닦을 수 없다는 듯 구는, 그런 부탁을 듣는 것만으로도 우월한 남성성을 모욕당한 것처럼 구는 로넌 오빠가 미웠다. 스물 여섯살이나 먹고도 입을 다물고만 있는 키아란도 미웠다. 아마 그애는 누군가 여성의 투표권을 빼앗아야 한다는 논리를 펼치고 있어도 마치 아무 갈등도 없다는 듯 입을 다물고 있을 것이다. 나를 이 상황에 몰아넣은 엄마도 미웠다. 젠더 얘기만 나오면 막무가내라 설득을 시도할 의미조차 없는 아빠도 미웠다. 착한 여자 역할을 계속하며 이 체제를 존속시키고 있는 쎄어셔도 미웠다. 집구석이 전부 미웠다. 아일랜드도 미웠다. 그저 나를 동등하게 대우해달라고 요구하는 것만으로도 망할 서쪽 마녀(프랭크 바움의 소설 『오즈의 마법사』 *The Wonderful Wizard of Oz*에 등장하는 못된 마녀)가 된 기분을 느끼는 게 지긋지긋했다.

나는 방을 나온다. 개를 데려간다. 적어도 개는 아직 나를 미워하지 않는다. 집 밖으로 나서는데 로넌 오빠가 데려온 상남자 친구의 목소리가 들린다. "그래서 로넌, 쟤 남자친구는 있냐?"

나는 그후로 1년 넘게 집에 가지 않았다.

비판의 목소리를 무시한다는 불가능한 임무

나는 가족들을 미워하지 않는다. 사실은 사랑한다. 아일랜드를 싫어하지 않는다. 사실은 좋아한다(가끔 나를 열받게 하는 건 사실이지만). 내가 싫어하는 것은 가부장제와 성차별을 기반으로 한 사회적 젠더관계지만, 내가 사랑하는 사람들이 가부장제에 속해 있다는 사실은 괴롭다.

나는 이 책에서 구조와 행위주체 사이의 긴장에 대해, 우리의 행동에서 얼마만큼이 개인의 선택이고 얼마만큼이 사회적으로 결정된 것인지에 대해 여러번 이야기했다. 이 문제를 탐구하는 가장 좋은 방법 하나는 실제로 다르게 행동해보고 결과를 확인하는 것이다.

기억하겠지만 버틀러는 성역할의 수행성을 이야기한다. 시간이 흐르면서 성별화된 행동들이 점점 '우리답게' 여겨진다는 주장이다. 착한 여자아이였던 열다섯살 때 내가 수행하던 성역할은 나 자신의 선택처럼 여겨졌다. 그러나 말할 것도 없이, 우리가 가장 내적인 정체성에서 비롯된 것으로 경험하는 행동조차도 조건화된 것이다. 열다섯살이던 나는 성역할을 '바르게' 수행할 때 내게 쏟아지는 박수갈채를 즐겼다. 그리고 성인 여성이 된 지금 나는 성역할을 '잘못' 수행한다는 야유를 들으며 주기적으로 무대에서 쫓겨난다.

정도의 차이는 있겠지만, 버틀러의 관점에서 우리 모두는 젠더를 다르게 수행하고, 주어진 역할 바깥에서 행동하고, 그럼으로써 체제를 바꿀 잠재력을 가지고 있다. 반면 삐에르 부르디외가 보기에 이는 지나치게 장밋빛 관점이다. 그는 우리가 지금까지와 완전히 다른 방법으로 바깥 사회와 상호작용하는 것은 불가능하다고 주장한다. 우리의 정체성에 사회와의 관계가 이미 체화되었다는 것이 하나의 이유다. 강자는 이 체제에서 이득을 보며, 체제가 바뀌면 특권을 잃게 되므로 다른 행동을 하려는 시도를 상벌로써 억누른다는 것이 또 하나의 이유다.

이런 얘기는 조금 추상적으로 여겨질지도 모른다. 다르게 행동한다고 해서 사악한 군주가 벌을 내리기라도 하겠는가? 하지만 사람들은 대개 무의식적으로, 의도하지 않았지만 현상을 보호한다. 오빠와 남동생이 '가부장제를 강화하자!'라는 생각으로 가족모임에서 집안일을 분담하지 않는 건 아니다. 그들은 그저 여성의 무급 가사노동에 가치를 두지 않는 체제의 산물이기에 집안일이 중요하지 않다고 믿을 따름이다. 그래서 남자들은 집안일을 도우라는 말을 들으면 잔소리와 이래라저래라 하는 명령으로 여기고, 잔소리를 들은 사람들이 으레 그러듯 꺼지라고 대답한다. 평등을 요구하는 여성들의 입을 다물게 하는 전형적인 장치다.

말할 것도 없이, 남자들은 그럼으로써 여성이 무급 가사노동의 대부분을 맡아 하는 가부장 체제를 강화하고 있다. 그들의 행동은 여성이 직업과 가정생활의 균형을 맞추고 힘있는 지위에 오를 가능성에 직접적인 영향을 미친다. 여기서 힘있는 지위란 여성의 경험을 보장해주는 구조가 되도록 사회를 급진적으로 개혁할 수 있는 지위를 뜻한다. 따라서 집안일이 자신의 일이 아니라고 생각하는 남자들은 a) 집에 머물거나 b) 가사도우미를 고용할 수 없는 노동계급 여성들에게 간접적으로 해를 끼치고 있는 것이다. 그러나 그들은 자신의 행동이 성차별적이거나 계급주의적이라고 느끼지 않는다. 성차별적인 성역할 바깥에서 행동하려 하는 여성들에게 **의도적으로** 벌을 주려는 건 아니기 때문이다.

마찬가지로, 워킹맘인 우리 엄마가 '가부장제 만세!'라고 생각하면서 우리의 시중을 들거나 내게 남자 가족들의 시중을 들라고 시키는 건 아니다. 엄마는 여성들이 가족들에게 음식을 해먹이고 그들의 자리를 청소하면서 사랑을 표현하게 만든 체제의 산물이다.

내가 우리 가족과의 이런 경험을 이야기하는 것은 구조와 행위주체에 대한 논의가 조금 차갑게 여겨질 것 같아서다. 구조라는 단어는 딱딱한 제도와 이해 불가능한 경제학의 이미지를 연상시킨다. 그러나 가족모임도 구조이며, 구조는 사랑의 힘으로 유지된다. 우리 여성들이 성역할을 수행하는 데는 우리가 사랑하는 사람들을 행복하게 해주고 싶고 또한 그들에게서 사랑을 돌려받고 싶기 때문이라는 이유가 아주 크다. 이 동기는 손가락질을 받아선 안 된다.

내가 이 이야기를 하는 또다른 이유는 다르게 행동하는 것이 감정적으로 고통스러울 수 있다는 걸 말해주고 싶어서다. 때때로 사랑하는 사람들을 불편하거나 화나게 만들지 않고서 성역할을 벗어난다는 것은 불가능하다. 갈등을 일으키지 않고는 세상을 바꿀 수 없다. 그러니 마음의 준비를 하고, 예측 가능한 갈등에 맞설 전략을 세워두는 편이 좋다. 솔직히 말하면 '예전의' 당신을 더 좋아했던 사람들에게 상처를 주거나 기분을 상하게 하지 않고서 성역할을 다르게 수행할 방법은 없다. 묘책이 있다면 엽서로 내게 알려주길.

슬픈 일이긴 하지만, 성역할을 다르게 수행하면서 당신은 가부장제에서 이득을 얻는 사람들과 가부장제를 섬기는 사람들의 호감을 잃을지도 모른다. 공격적인 잔소리꾼, 갈등을 몰고 다니는 사람, 대하기 어렵고 이기적인 사람, 다른 사람들은 더 심한 것도 견디는 판에 불평만 늘어놓는 사람 취급을 받을 것이다. 예전의 당신은 그러지 않았다는 말을 들을 것이다. 관객들은 자리에 남아 당신의 독백을 듣지 않을 것이다. 더는 빨간 장미를 던져주는 사람도 없을 것이다.

페미니스트들에게 메시지를 부드럽게 전달해야 한다고, 보다 상냥하게 굴어서 남자들도 이 운동에 합류시켜야 한다고 말하는 사람들이 종종 있다. 이건 헛소리다. 우리의 의도는 남성의 특권을 해체하는 것이며, 여기에 설탕옷을 입힌다는 건 불가능하다. 나는 어렸을 때부터 오빠와 남동생에게 제 몫의 집안일을 하라고 부탁해왔다. 크리스마스나 가족모임이 있어 집에 올 때마다 나는 그들이 얼마나 특권을 누리고 있는지, 여자가 남자의 시중을 드는 것이 당연하다는 생각이 얼마나 성차별적인지 일깨우려 애썼다. 결국은 어느날 화가 머리끝까지 치민 나는 그해 크리스마스에 집에 아예 가지 않았다. 가족들은 그제야 문제가 있음을 알아챘다. 그리고 정말 놀랍고 감사하게도, 그들은 변하려 노력하고 있다.

이건 예상치 못한 결과였다. 내 공연이 썩은 토마토 세례로 막을 내린 뒤 처음 집에 돌아왔을 때, 로넌 오빠와 나는 터놓고 대화를 나눴다. 오빠가 말했다. "너, 저번 크리스마스에 집에 안 왔잖아. 왜 그렇게까지 우리에게 화를 내는지 모르겠더라. 그래서 생각했지. 설마 진짜로 집안일 때문이겠어? 그런데 기억을 더듬어보니 학창 시절에도 너는 늘 나랑 키아란에게 도와달라고 했고, 밤늦게 퇴근한 엄마는 지쳐서 부엌 꼴이 이게 뭐냐고 소리를 질렀고, 아빠는 손가락 하나 까딱하지 않았지. 내 말은, 너는 우리 집에서 번개처럼 탈출했잖아. 열일곱살이 돼서 학교를 마치자마자 일자리를 구하더니 휙 떠나버렸어. 그래서 결론을 내렸지. 어쩌면 에머 너에게는 집에 돌아와서 엄마가 집안일을 다 하는 동안 우리가 여전히 멍하니 앉아만 있는 걸 보는 게 어려웠을지도 모른다고."

우리 오빠가 이렇게 대단하다.

"하지만 너, 일단 공격적인 태도는 버리고 설명할 필요가 있어." 오빠가 말을 이었다. "그깟 집안일 때문에 가족과 멀어진다니 바보 같잖아. 진짜 문제가 있는 것도 아닌데."

그리고 보다시피 아직 갈 길이 멀다.

마야 앤절루Maya Angelou는 말한다. "한 여성이 자기 자신을 옹호할 때, 그는 사실 자기도 모르게, 어떤 주장도 펼치지 않으면서, 모든 여성을 옹호하고 있는 것이다." 다른 사람들의 필요를 우선시하라고 사회화된 사람으로서, 나는 이 말에 큰 도움을 받았다. 백인 중산층인 내 문제가 다른 수많은 여성들의 문제에 비하면 극히 사소하다는 것을 안다. 그러나 그 모든 문제들은 똑같이 성차별적이다. 성차별이 발견되는 곳이라면 어디서든, 공적 행동으로써뿐 아니라 우리의 삶 자체로써 그것에 맞서야 한다. 그러지 않으면 우리가 무엇을 말하고 무엇을 쓰고 어디서 행진하든 상관없이 구조는 자가복제를 계속할 것이다.

나는 불평등을 인정하지 않고 고치려 하지도 않는 사람들의 호감을 사는 것보다는 자기 자신과 다른 여성들을 마음 가득 사랑하는 것, 동등하게 대우받기를 요구하는 것이 더 중요하다고 믿는다. 비록 내 감정은 정반대를 바랄지라도, 때로는 가슴이 찢어지더라도, 나는 정말 온 마음을 다해 그렇게 믿는다.

제12장

재공연

유희를 한다는 것은 '진지'하지도 '현실'적이지도 않은 행동을 한다는 것이다. 그럼에도 유희가 중요한 까닭은, 그것이 우리 일상에 영향을 미칠 수 있는 도전을 요구하고 보상을 약속하기 때문이다. 우리는 잠시 동안만이라도 매일의 일상에서 탈출하기 위해, 새로운 규칙을 찾기 위해 유희를 한다. 또한 우리 자신과 우리 주위의 세계를 탐험하고 익히기 위해 유희를 한다.

— 헨리 바이얼Henry Bial(캔자스대학교 공연학과 교수)[91]

대중의 청원에 따른 컴백

스물아홉살의 나는 이제 약 3년째 내 몸을 규범에 순응시키지 않는 실험에 열중하고 있다. 나는 여전히 꾸미는 걸 좋아하지만, 이따금 성별을 벗어난 옷차림을 한다. 다갈색 체모들을 밀었다가 기르고 또 다시 미는 것은 나의 생활방식이 되었다. 그래, 나는 한마리 짐승, 털북숭이 페미니스트다. 내가 가진 단 한켤레의 하이힐은 침대 밑에서 슬픔과 실의에 빠져 있다. 브라는 하고 싶을 때만 하고, 주로 민낯으로 다니지만 화장을 하는 날은 진한 스모키 메이크업을 즐긴다. 나는 분홍색을 입는 게 좋고, 파란색을 입는 게 좋고, 펨 같은 겉모습이, 부치 같은 겉모습이 좋고, 양성적인 겉모습이 제일 좋다. 그러니까 나는 대체로 좋다.

신체적 규범에서 벗어난다는 선택에는 신체를 둘러싼 일상적 의례들이 대단히 간소화되고 몸치장에 대한 스트레스 역시 감소한다는 장점이 있다. 아침은 수월하게 지나간다. 비누와 샴푸만 사용하는 샤워는 5분이면 끝난다. 그밖에 내가 매일 사용하는 제품은 페이스크림, 디오도런트, 치약이 전부다. 나는 편하고 귀여운 옷을 입고 거울 속 내게 미소 지어 보인 다음 커피 한잔과 토스트로 식사를 마치고 종종걸음으로 집을 나선다.

과거라면 이러했을 것이다. 샤워를 할 때는 샴푸와 린스, 보디젤을 듬뿍 묻힌 샤워볼을 사용한다. 셰이빙폼과 면도기로 겨드랑이와 다리를 면도한다. 얼굴 전용 세정제를 쓴다. 한때는 발 전용 세정제까지 있었던 것 같다. 샤워를 마치면 보디로션과 아이크림, 페이스크림, 헤어세럼을 바르고 머리칼을 지그재그로 나누어 드라이어로 말린 뒤 (뿌리염색을 감당할 수 없을 만큼 모근 상태가 최악이기 때문에) 눈썹과 뺨의 털을 족집게로 뽑는다. 디오도런트를 뿌리고 파운데이션과 컨실러를 바르고 아이라인을 그리고 아이섀도를 칠하고 마스카라를 한다. 블러셔와 파우더를 톡톡 얹고 립글로스를 바르고 나면 '자연스러운 얼굴'이 완성된다.

옷을 골라 입고 거울을 본다. 뚱뚱해 보인다. 옷을 갈아 입고 다시 거울을 본다. 여전히 뚱뚱해 보인다. 또 갈아입는다. 이 옷은 엉덩이를 강조하고(눈치 챘겠지만 제일 자신 있는 신체 부위다) 뱃살을 숨겨준다(눈치 챘겠지만 제일 자신 없는 신체 부위다). 귀걸이와 목걸이를 고른다. 파운데이션이 떡지거나 마스카라가 뭉친 곳은 없는지 얼굴을 점검한다. 향수를 뿌린다. 시계를 보고 비명을 지른다. 땅콩버터를 바른 빵 한조각을 들고 문밖으로 뛰쳐나간다. 아 망할, 매니큐어가 까졌다.

이게 하루 일과였다. 일주일에 한번 비트Veet Immac(제모 제품)로 하는 비키니라인 제모나 여름마다 페이크태닝을 유지하기 위해 들이는 노력에 대해서는 아직 말도 안 꺼냈다. 뺨과 윗입술과 턱의 솜털을 끊임없이 의식해야 하는 괴로움은, 말도 말라. 친구들에 비하면 나는 상대적으로 유지비가 덜 드는 편이었다. 제모, 매니큐어, 페디큐어, 얼굴 관리, 스프레이 태닝을 전문 숍에서 하는 친구들도 있었다. 나는 서너달에 한번씩 미용실에만 갔고, 머리를 펴거나 말지도 않았다.

나는 이 모든 걸 해냈으며, 그럴 시간을 어떻게 내느냐고 묻는 사람들에게 코웃음을 쳤다. 내가 몸치장을 하는 아침 시간 45분 동안 그들은 무엇을 했는가? 둥지에서 떨어진 아기 새의 부러진 다리에 부목이라도 대어줬는가? 지구온난화를 되돌렸는가? 어쨌든 나는 여성성의 의례들을 좋아했다. 그러나 이제 나는 손톱을 줄로 가는 대신 손톱깎이로 깎고, 피부는 균일한 베이지색 화장품을 바르는 대신 본디의 따뜻한 분홍색으로 놓아둔다. 이제 과거로 돌아간다는 건 상상도 할 수 없다. 그 모든 의례는 정말 스트레스였다. 그리고 나 자신을 긍정적으로 생각하는 데에 조금도 도움이 되지 않았다. 정말 그랬다.

아름다움이라는 미신에서 숭배받는 여신이 되려는 노력을 멈춘 뒤로, 나는 내 몸을 이용해 정치적 주장을 펼치고 있다는 느낌을 좋아하게 됐다. 하루는 여성스러운 외양으로 다음 날은 남성스러운 외양으로 출근하면서, 나는 젠더가 의상일 따름이라는 사실을 부각시키고 남성적이든 여성적이든 똑같이 대우해달라고 요구한다. 털이 난 다리를 내보임으로써 나는 여성의 체모만 수치스럽게 여기는 것이 성차별적이라고 말한다. 삭발한 머리로써 나는 이것이 어째서 여자가 아닌 남자만의 헤어스타일인지 생각해본 적이 있느냐고 묻는다. 월요일에 화장을 하지 않음으로써 나는 내 얼굴을 좋아한다고 말한다. 화요일에 화장을 함으로써 나는 내 얼굴을 꾸미는 걸 좋아한다고 말한다. 나는 내가 입는 의상들이 무엇을 상징하는지 이해하며, 그것이 해석되는 방식까지는 통제하지 못하더라도, 적어도 내가 전하고자 하는 젠더와 공연에 대한 이야기를 들려주고자 시도한다.

그렇게 3년이 지나고, 수없는 노력 끝에 타고난 몸을 편안하게 느끼기 시작한 나는 다시 규범에 맞는 여성성의 의상을 입으면 어떤 느낌일지 궁금해지기 시작했다. 한때는 이상적인 여성적 의상이 '나답게' 여겨졌으나, 이제는 규범에 순응하지 않는 내 몸을 진짜 나라고 느꼈다. 나는 면도와 페이크태닝과 염색과 그 모든 의례를 다시 치른다고 상상해보았다. 하지만 쉽게 용기가 나지 않았다. a) 백지 상태에서 의상을 갖춰 입는다는 것이 대단히 복잡하고 시간이 많이 드는 작업이며 b) 여성성의 극치를 뽐내며 런던을 돌아다닌다는 것은 생각만으로도 소름 끼치는 일이었기 때문이다.

그때 젠더 수행성과 구조와 행위주체를 놓고 새롭게 개인적 실험을 해볼 아이디어가 떠올랐다.

친구 댄에게 이 얘기를 들려주자 그는 웃었다. "시꺼먼 겨드랑이털을 내놓은 채로 지하철 손잡이를 잡는 건 괜찮고, 예쁜 여자 행세를 하며 외출하는 건 겁이 난다고?" 나도 웃음보가 터져버렸다. 댄은 내가 변신을 마치고 나면 내게 정신적 지지를 보내는 차원에서 한잔하러 가자고 약속해주었다.

대변신: 1일째

당시 내 머리는 매우 짧았다. 가발을 살까 고민했지만 가발 쇼핑의 결과는 처참했다. 여장한 남자처럼 보이고 싶은 여자는 내가 추구하는 규범적 이성애자의 미학과 거리가 있었다. 나는 머리를 염색하기로 타협을 보았다. 7파운드짜리 헤어컷이 펑키한 토니 앤 가이Tony and Guy(고급 미용실 체인) 픽시컷으로 보이기를 바라며.

그리고 브릭스턴의 한 미용실에 전신 제모, 눈썹 제모, 스프레이 태닝을 예약했다. 전에는 해본 적이 없었기에 다른 여자들의 미용의례를 경험해보는 것도 재미있으리라 생각했다. 나는 프렌치 네일을 할 수 있는 매니큐어 세트를 구입하고, 기타를 치거나 고양이를 괴롭힐 수 있었을 시간에 매니큐어가 마르기만을 하염없이 기다리며 한숨을 푹 쉬었다.

염색은 직접 할 자신이 있었다. 전에도 과산화수소로 머리를 탈색해서 금발로 만든 적이 있었고, 미용사인 내 친구 셔번이 우리 집 부엌 싱크대에서 내 머리를 여러번 탈색해주기도 했다. 그래서 나는 부츠Boots(영국의 드럭스토어)에서 탈색제 한통을 사와서 지시사항을 차근차근 따랐다. 패치테스트만 빼고. 그런 헛소리에 신경 쓰는 사람은 아무도 없으니까. 40분이 흐르자 내 머리칼은 밝은 주황색으로 아름답게 변해 있었다.

인터넷을 검색했다. 대충 보니 과산화수소로 금발 염색을 하는 건 상당한 전문기술을 요하는 일이었다. 게다가 보라색 토너라고 부르는 제품이 있어야 했다. 나는 달랑 스카프 한장으로 태양처럼 번쩍이는 머리칼을 가리고 거리를 달려 부츠에 도착했다. 염색약 코너에 보라색 토너가 보이지 않아 카운터의 직원에게 도움을 청하자 그는 오렌지 껍질 같은 내 머리칼을 보고 웃기 시작했다. 나도 따라 웃기 시작했다. 잠시 뒤 나는 웃음을 멈추고 아주 길게 느껴지는 시간 동안 기다렸다. 마침내 직원도 웃음을 멈추고, 심호흡을 한 뒤 말했다. "당신 머리 참 우습네요."

부츠에는 보라색 토너가 없었지만 2단계로 된 과산화수소 염색약 세트는 있었고, 2단계의 약품이 보라색 토너였다. 나는 그것을 사들고 집에 돌아가 2단계 지시사항을 충실히 따랐다. 패치테스트만 빼고. 그런 헛소리에 신경 쓰는 사람은 아무도 없으니까. 하지만 보라색 토너는 무용지물이었다.

나는 다시 인터넷에서 정보를 뒤지기 시작했다. 보라색 토너가 들지 않는다면 문제는 탈색이 충분하지 않았기 때문이라는 얘기가 있었다. 그래서 나는 2단계 염색약의 1단계를 시행했다. 바셀린으로 헤어라인을 보호하고 패치테스트를 하는 것만 제외하고. 두피가 미친 듯이 따가웠다. 30분 뒤 머리를 빗으로 빗자 머리칼이 끊어져 떨어지기 시작했다. 머리를 감을 때가 된 모양이었다.

이제 머리는 노란색이었다. 어쨌든 주황색보다는 나았다. 화학물질로 인해 얼굴 옆면에 지저분한 화상이 생겼지만 그건 걱정할 바 아니었다. 어차피 화장으로 가릴 테니까. 보라색 토너가 노란 머리의 노란 기를 빼준다는 출처불명의 인터넷 정보를 믿고, 나는 다시 한번 브릭스턴의 거리로 나서서 좀처럼 눈에 띄지 않는 보라색 토너를 찾아 헤맸다. 이번에는 아프리카계 카리브해 사람이 운영하는 미용실에서 토너를 손에 넣을 수 있었다. 나는 머리에 토너를 바르는 권장시간을 제외하고 모든 지시사항을 충실히 따랐다. 오늘은 충분히 불운을 겪었으니까.

드라이어로 머리를 말렸다. 노란색은 옅어져 있었다. 대신 보랏빛이 감돌았다. 충동적으로 보라색 부분에 수분크림을 바르자 얼마간 효과가 있었다. 나는 노란색과 보라색이 가장 덜한 부분이 드러나도록 머리칼을 가르고 집 안을 돌아다니며 각종 조명 아래에서 머리색을 관찰했다. 노란색이나 보라색 머리를 두어가닥, 어쩌면 열가닥 정도 뽑으면 봐줄 만한 탈색 금발이 될 것 같았다. 보다시피, 염색은 누워서 떡 먹기다.

이만큼이면 하루치 미용으로 충분했다.

대변신: 2일째

아침 일찍 제모를 예약한 날이었다. 미용실에 도착하자 매력적인 미용사 에이샤가 나를 반기고는 이름, 주소, 전화번호, 그리고 내 의사의 이름, 주소, 전화번호를 양식에 적어넣게 했다. 대단히 안심이 되는 조치였다. 에이샤는 임신 중이었고 타액분비과다증을 겪고 있어서(나는 임신 증상 중에 이런 게 있는지조차 몰랐다) 말을 많이 할 수 없었지만, 친근한 소리를 내는 데에 능숙했다.

조명이 근사한 방으로 들어가자 옷을 전부 벗고 마사지 테이블 위에 누우라는 지시가 떨어졌다. 가슴을 가리라고 수건이 한장 주어졌는데, 그건 좀 쓸데없다는 생각이 들었다. 댕그랑댕그랑 하는 잔잔한 음악이 흘러나왔다. 촛불이 타고 있었다. 전체적으로 사랑스러운 분위기였다.

시작은 다리였다. "마지막으로 제모한 게 언제죠?" 에이샤가 물었다. "3년 전요." 대답과 함께 나는 초조한 말투로 젠더에 대한 내 실험과 내 책에 당신이 해주는 제모 얘기가 실릴 거라는 것 등을 횡설수설 설명했다.

다리는 쉬웠다. 반창고를 떼는 것보다도 덜 아팠다. "생각만큼은 나쁘지 않네요." 내 말에 에이샤는 의미심장하게 "흠흠" 소리를 내고, 통닭구이가 회전하는 모양의 손짓으로 내게 돌아누우라고 알렸다. 다리 제모를 마쳤을 즈음 나는 꽤 우쭐해서 '다른 사람들보다 고통을 느끼는 역치가 높은지도 몰라. 그리 나쁜 경험은 아니겠어'라고 생각하고 있었다.

겨드랑이는 조금 더 어려웠다. 제모 숍 방문 직전에 털을 깎아서 체모가 너무 길지 않도록 했지만, 굵은 털을 뿌리째 뽑아내는 것은 고통스러웠다. 에이샤는 왁스 스트립을 붙인 자리와 반대 방향으로 가슴을 잡아당겨서 피부를 팽팽하게 만들라고 지시했다. 털이 나 있던 자리에 작은 핏방울이 송송 맺혔다. 에이샤는 탈지면으로 피를 살짝 누르면서 만족스러운 듯 혼자 "흠흠" 소리를 냈다. 체모와의 전쟁은 계획대로 진행되고 있었다.

다음은 외음부였다.

외음부.

외음부.

오 씨발 신이시여.

에이샤는 위쪽 음모를 제거할 수 있도록 배를 위로 잡아당겨 피부를 팽팽하게 만들라고 했다. 그는 이윽고 뜨거운 왁스를 내 몸에 붙이고 충분히 굳을 때까지 토닥였다. 그러고는 왁스를 떼어냈다. 산 채로 가죽이 벗겨지는 느낌이었다. "하느님 맙소사!" 나는 비명을 질렀다. 에이샤는 다시 "흠흠" 소리를 냈다. '알아요, 고통스럽죠?'로 번역되는 이 소리는 아마 연대의 표현으로 해석되어야 마땅하겠으나, 지금 내 상황에서는 내가 직전에 보인 자만심을 놀리는 게 아닌지 의심하지 않을 수 없었다.

비키니라인 구역은 나쁘지 않았지만 대음순 부위는 고문이었다. 피부를 팽팽하게 당길 수가 없어서 왁스를 그냥 떼어내야 했다. 타는 것처럼 찢어지는 감각이 내 몸에서 가장 민감한 부위를 집어삼켰다. 겨우 숨을 고르고 있을 때, 에이샤가 타액과 싸우며 말했다. "고통을 참아낼 가치가 있을 거예요." 세상의 어떤 것이 이런 고통을 참아낼 가치가 있단 말인가? 그러나 의혹을 제기할 시간은 없었다. 에이샤가 이번엔 반대쪽에서 왁스를 떼어냈기 때문이다. 나는 너무나 고통스러운 나머지 미치광이처럼 웃으며 소리를 질렀다. "여자들은 정말 용감해요! 우린 정말 용감하다고!"

에이샤가 다시 통닭을 빙글빙글 돌리는 모양으로 손짓해서 나는 배를 대고 누웠다. 그런 다음 그는 커튼을 걷는 시늉을 했고, 내가 그것이 손으로 양쪽 엉덩이를 가르라는 뜻임을 깨닫는 데는 약간 시간이 걸렸다. 엉덩이 털을 없애는 것은 매우 불쾌한 경험이지만, 음부의 털을 완전히 뽑아낸 뒤라 더 충격을 받을 힘도 없었다. 왁스 한덩이가 항문에 떨어질 수 있다는 걸 제외하면 말이다. 분명히 말해두는데, 당신의 항문에 실제로 왁스가 떨어질 수 있다는 말이다.

에이샤는 매끈해진 내 음부에 수분크림을 바르고 제모실을 나갔다. 나는 크림을 펴바르며 '외음부야 진정하렴, 치구야 진정하렴, 항문도 진정하고. 다신 이런 일이 없을 거란다'를 속으로 되뇌었다. 마침내 나는 방 안 거울 앞에서서 팔을 벌리고 외음부를 드러냈다. 모든 부위가 붉게 달아오르고 화끈거렸다는 걸 무시하면, 내 몸이 이런 모습이었던 건 열세살 때가 마지막이었다. 허벅지 사이의 접힌 조개껍질 같은 분홍빛 피부는 매우 아이 같고 매우 연약해 보였다.

이만큼이면 하루치 미용으로 충분했다.

대변신: 3일째

에이샤가 반갑게 나를 맞았다. 임신 증상은 여전했다. 우리는 우선 눈썹 모양을 결정하는 상담을 시작했다. 양쪽 눈썹이 짝짝이가 아니게 만들어달라고 말하자 에이샤는 눈썹을 꿈틀댔다. 올바른 대답이 아니었나보다. 재량껏 해달라고 고쳐 말하자 작업이 시작되었다. 열기와 고통을 견디는 동안 근거 없는 자만심이 속에서 꿈틀댔다. 내 눈썹은 원래도 꽤 예쁜데 제모가 끝나면 얇고 볼품없는 모양이되어 있을까봐 걱정이 되었던 것이다.

거울을 보고 나는 안도했다. 에이샤의 조각작품은 한쌍의 송충이를 원래 모습에서 크게 바꿔놓지 않았다. 단지이제는 양쪽 눈썹이 짝짝이가 아니었고(내가 요구한 그대로였다!), 내 모습은 확실히 벌컨(영화 '스타 트렉'Star Trek 씨리즈에 등장하는 외계 종족)에 더 가까워졌다. 짐, 이게 인생이라네(「스타 트렉」의 등장인물 스팍의 대사). 하지만 이제 내 얼굴에는 부드러운 곡선과 모호한 경계 대신, 스펙트럼과 비정상

대신, 앞뒤가 맞지 않는 신체 대신, 기하학적 선과 정밀성과 질서가 있었다. 나는 그 자리에 잠시 머무르며 혼돈에서 질서를 창조하고자 하는 인간의 욕망과 그것이 우리의 젠더 정체성 및 신체와의 관계에 미치는 영향에 대해 철학적 숙고를 펼칠 수도 있었겠지만, 이제 스프레이 태닝을 받을 시간이었다.

나는 일회용 팬티를 입고 벽이 높은 3면 텐트 안에 들어갔다. 「람보」Rambo의 소품실에서 빌린 것처럼 보이는 무언가 — 태닝계의 AK47 소총이라 할 법한 물건이었다 — 를 들고 나타난 에이샤가 그것을 내게 발사하며 손짓으로 내게 이런저런 자세를 취하게 했다. 이윽고 나는 뜨거운 공기를 뿜어내는 호스를 쥐고 텐트 안에 서서 몸을 말렸다. 건조에 걸린 시간은 분명히 10분이었는데 고문이라 해도 좋을 만큼 지겨워서 족히 10년은 걸린 기분이었다.

이만큼이면 충분한 미용이었다.

개봉 박두

저녁이었다. 나는 세심하게 화장을 하고 영 어쭙잖게 염색된 머리를 손질한 뒤 짧은 빨간 원피스(당연히 뉴룩New Look에서 산)를 입었다. 아주 길고 아주 깨끗하고 화려한 발톱의 환상을 자아내기 위해 서투른 솜씨로 프렌치 네일을 하고, 침대 아래를 뒤져 스틸레토 힐을 찾아냈다. 이로써 나의 변신은 완성이었다. 친구 플리스에게 후대에 남길 사진 몇장을 찍힌 뒤, 나는 와인의 힘을 빌려 친구들이 기다리고 있는 바를 향해 도심으로의 여행을 시작했다.

지하철에서 나는 기괴한 여장을 하고 있다는 기분이 들어, 남의 시선을 엄청나게 의식했다. 낯선 이들에게 설명을 늘어놓고 싶었다. "이건 원래 내 모습이 아니에요." 전에 나는 내 몸이 일종의 정치적 상징으로서 내가 무엇을 믿는지, 내가 어떤 사람인지 보여준다고 생각했다. 그 느낌이 그리웠다. 지금 내 몸이 전달하는 메시지는 내가 전하고자 하는 게 아니었다. 나는 **틀림없이** 사람들의 노골적인 시선을 받으리라 예상했다. 오랜 시간을 써가며 여러 괴상하고 고통스러운 과정을 거쳐 지금 이 모습이 되지 않았는가? 그러나 현실은, 누구도 나를 응시하지 않았다.

만화 속에서나 볼 법한 금발을 왁스와 스프레이로 고정시켰고, 런던의 여름 날씨는커녕 일주일 휴가로도 어림없는 구릿빛 피부를 내보이고 있었는데도, 빤히 쳐다보는 사람은 없었다. 내 입술은 피처럼 붉었고 눈가에는 콜kohl(아시아·아랍권 여성들이 주로 쓰는 화장먹)이 칠해져 있었으며 눈썹은 기하학적인 선을 그리고 있었다. 내 다리와 겨드랑이는 비인간적으로 번드르르하게 윤이 났다. 가슴선을 변형시키는 브라를 입어서 젖꼭지는 드러나지 않고 가슴은 커보였다. 발목에는 10센티미터 힐을 동여매고, 손톱과 발톱은 비현실적으로 길고 하얗게 보이려고 매니큐어를 발랐다. 이처럼 살갗을 얼얼하게 만들고 머리카락을 뚝뚝 끊어놓을 만큼 해로운 변형을 거쳤는데도, 타고난 신체 윤곽을 위장하는 기이한 총천연색 변신을 마쳤는데도, 나는 단순히 평범한 여자였다. 아무도 나를 돌아보지 않았다.

타고난 분홍빛 피부를 드러낸 민낯에 노브라 차림, 간편한 반바지를 걸치고 활동하기 편한 신발을 신고 돌아다닐 때면 나를 쳐다보며 수군거리는 사람들을 자주 만날 수 있었다. 한번은 오늘과 별다를 것 없는 지하철 칸 안에서 한 무리의 여자애들이 게일어(아일랜드어)로 이야기하는 것을 들었다. 나도 골웨이 출신이라고, 런던 여행 즐겁게 하고 있느냐고 물으려던 순간, 그애들이 내가 못 알아들을 줄 알고 내 다리털 얘기를 하고 있었음을 깨달았다. 심지어 낯선 이들이 내 사진을 몰래 찍은 적도 있다. 그 장면을 목격했을 때, 속에서 무언가 치밀어올랐다. 우리의 신체와 우리가 사는 사회 사이의 관계는 근본부터가 너무나 엉망진창이었다.

이 이야기의 교훈은?

젠더 수행성, 구조, 행위주체에 대한 실험을 통해 나는 변형되지 않은 여성의 신체가 얼마나 사회적으로 용인 불가능한 것이 되었는지를 강력히 입증했다. 그리고 그외에도 몇가지 교훈을 더 얻었다.

나는 몇주 동안 다시 규범에 맞는 여성적 신체를 가꾸려 노력하며 지냈고, 그게 너무 어렵다는 데 많이 놀랐다. 하루 일과에 미용을 위한 시간을 비집어넣는 법을 잊어버린 터라 매일같이 토스트 반쪽은 입에 욱여넣고 반쪽은 손에 쥔 채 지하철역으로 뛰는 게 끔찍이 싫었다. 두꺼운 화장을 하고 있는 것도 이제 기분이 좋지 않았다 ― 눈 밑에 마스카라 자국이 묻어 있을지도 모른다는 성가신 걱정을 거듭하는 게 짜증스러웠다.

긍정적인 면은, 과거와 달리 화장을 하면 더 예뻐 보인다는 미적 판단에서 벗어났다는 점이었다. 이건 놀라운 일이었다. 과거에 나는 매일 화장을 했으며, 어느 시점에는 화장을 하지 않고서는 집 밖으로 한발짝도 나갈 수 없다고 느끼기까지 했다. 그러나 지금은 거울을 보고 불그스레한 피부를 보면 내가 내 피부의 부드러움과 생명력을 얼마나 좋아하는지 깨닫는다. 이제는 피부를 빈틈없이 완전무결한 베이지색으로 물들이고 속눈썹을 검게 칠하는 것이 꺼려졌다. 전과 달리 화장은 미모를 향상시키는 게 아니라 한낱 변화를 낳는 행위로 느껴졌다. 화장을 한 나는 더 예뻐진 것이 아니라 그냥 달라진 것이었다. 지금도 금요일 밤이나 특별한 날이면 파우더와 색조화장을 즐기지만, 이제 나는 '애프터'보다 '비포' 모습을 더 사랑한다. 정말 기쁜 일이다.

할리우드 제모의 경험이 내게 남긴 유산은 여성의 미용 의례 가운데 제모야말로 미친 짓이라는 확신이었다. 막 털을 뽑은 닭 같은 모습에서 벗어나자 사흘간은 피부가 매끈했지만, 그다음엔 발진이 돋기 시작했다. 곧 외음부 전체가 작고 성난 뾰루지로 뒤덮였다. 걸을 때마다 피부가 가려웠고, 캐나다에서 새 직장을 구한 첫주 동안 나는 주기적으로 화장실에 숨어들어 외음부를 벅벅 긁어야 했다. 저녁에 집에 돌아오면 팬티를 벗어던지고 옴 붙은 딱한 짐승을 찬물로 다독이곤 했다. 할리우드 제모를 받은 다른 여자들에게 혹시 비슷한 증상이 있었느냐고 묻자, 몇명은 아무렇지 않다는 듯 대답했다. "아, 털이 다시 날 때는 원래 그래." 뭐라고? 이 미친 듯한 가려움과 흉측한 발진이 음모 제모의 평범한 부작용으로 받아들여진다고? 세상에 체모보다 발진을 더 섹시하게 여기는 사람이 있겠는가? 우리가 언제부터 수두성애자들의 사회에서 살고 있었는가?

그러나 모든 것을 아우르는 슬픈 진실은, 음부가 가렵고 아침을 먹을 시간이 사라졌다는 단점에도 불구하고, 하루이틀 간의 정신적 적응기가 지나고 나니 규범에 맞는 성별화된 의상을 입은 덕분에 일상이 너무나도 수월해졌다는 것이다.

여성스러운 의상을 입은 첫날 런던에서 나를 만난 친구

들은 믿을 수 없다는 듯 비명을 울렸다. 그러나 칭찬도 쏟아졌다. "너 오늘 예쁘다고 말해도 돼?" 헨리가 상냥하게 물었다. 술을 마시고 의상이 편안해지자 나도 곧 즐기기 시작했다. 여자화장실에 가는 길에 몇몇 시선이 따라붙는 것에는 ─ 그 시선이 내가 다리털이 수북하고 머리는 삭발하고 'Kiss Me I'm Palestinian' 티셔츠를 입은 여자라서가 아닐 경우 ─ 부인할 수 없는 즐거움이 있다.

다음 날 길 건너의 친구에게 팔을 흔들며 나는 순간적으로 고뇌에 휩싸였다가 이윽고 안도의 한숨을 내쉬었다. '아, 괜찮아, 지금은 겨드랑이털을 면도했으니까.' 머리 위로 팔을 올리는 단순하고 일상적인 몸짓이 3년간 매일 내게 약한 고통을 유발하고 있었다는 걸 깨달았다. 체모가 없을 때조차도 그 몸짓에서 고뇌를 느낄 정도로 말이다. 나는 그동안 불편함에 너무나 익숙해진 나머지 내가 불편함을 느끼고 있다는 것을 자각하지 못하고 있었다.

여름 원피스를 입는 것도 더 쉬웠다. 새로운 사람들과 사귀는 것도 더 쉬웠다. 나는 다시 남자들의 관심을 받기 시작했다 ─ 대부분은 형편없는 남자들이었지만 몇몇은 썩 괜찮았다. 인쇄소 주인 남자는 내가 "너무 예뻐서" 인쇄비를 받지 않겠다고 했다. 새로운 나라에서 새로운 직장으로 출근하기 시작했을 때 동료들, 학생들, 이웃들, 애인들, 친구들의 시선과 평가를 걱정하지 않아도 된다는 것 역시 안심이었다.

마치 몸을 규범에 순응시키기를 거부하는 페미니즘운동에서 짧은 휴가를 얻은 기분이었다. 내게는 이런 휴식이 필요했다 ─ 내 경험에 대해 새로운 관점을 얻기 위해, 그리고 처음 실험을 시작했을 때 내가 느낀 불안을 벌충하기 위해. 한때 나는 목표를 완벽히 달성했다고 생각했다. 내 신체에 대한 성별화된 조건화를 끊으려는 시도에 성공했다고 생각했다. 그러나 그 모든 노력을 되돌리는 것은 너무나도 쉬웠다. 내 몸이 사회적 관습을 거스르지 않는다는 정신적 해방감을 느낀 순간, 나는 새장의 문을 연 것일지도 모른다는 걱정에 사로잡혔다. 그러나 나는 새장을 버리고 날아가지 않았다. 삐에르 부르디외 씨, 아비뛰스의 지속성에 대한 당신의 주장은 제가 바라는 것 이상으로 옳았군요.

점차 나는 금발을 잘라냈고, 체모를 다시 길렀고, 마음대로 남자 의상과 여자 의상 사이를 오가기 시작했다. 두번째 시도이다보니 규범에 어긋나는 의상을 입고도 전보다 훨씬 마음이 편안했다. 그러나 나는 우리 사회가 남자와 여자를 어떻게 부호화하고, 어떻게 행동하기를 기대하고, 규범에 순응하지 않는 여성에 얼마나 역겨움을 느끼는지 언제까지고 기억할 것이다. 이 지식은 이제 내 정체성의 일부가 되어서, 걷어낼 수가 없다.

어쩌면 이것이 다르게 행동하기가 힘을 갖는 이유일지 모른다 ─ 당신의 믿음이 당신의 감정과 어떻게 갈등을 일으키는지를, 당신이 생각하고 행동하는 방식이 얼마나 자발적이지 못한지를 자각하도록 만들기 때문에. 내게 있어 이러한 자각은, 매번 성공하지는 못했을지라도 다르게 행동할 힘을 이끌어낼 강력한 원천이 되었다. 젠더를 자유롭게 수행하는 것이 어렵지 않은 세상을 꿈꿀수록, 나는 그러한 세상을 만들기 위해 더욱더 노력하게 된다.

공연 중

젠더 수행성에 대한 나의 실험 이야기를 듣고 사람들은 때로(사실은 자주) 묻는다. "그런다고 해서 뭐가 바뀌나요?" 나는 개인적인 수준에서든 집단적인 수준에서든, 페미니즘운동이 무표정하고 근엄해야만 효과적이거나 가치가 있다는 생각에 반대한다. 유희로써 어떠한 변화를 이끌어내고 있다는 내 생각에 성을 내며 반대한 친구도 여럿 있었다. "진지하게 하는 말이야?" 그들은 말한다. "똥구멍 털을 제모하고 감상을 기록하는 게 가부장제에 대드는 일이라고?"

뭐, 그런 식으로 표현한다면 어쩔 수 없지만.

내가 진지하냐고? 나는 장난스럽게 진지하다. 나는 진지하게 장난스럽다.

유희라는 개념은 기이하고도 매혹적이다. 4장에서 지적했듯 사람들은 사실과 허구 사이, 현실과 표상 사이에 명확한 선이 있다고 믿기를 좋아한다. 이런 논리에서 허구와 표상은 사실적이거나 현실적인 것이 아니라 사람이 만들어낸 인공물일 따름으로, 우리가 공유하는 문화적 상상에 속한다.

언뜻 보기에 유희는 허구나 표상의 영역에 국한되는 것으로 보인다. 그러나 요한 하위징아Johan Huizinga(네덜란드의 역사학자, 문화학자)가 말했듯, 사람만이 유희를 하는 동물은 아니다. 실로 여러 동물들이 유희를 할 줄 안다. 아기 여우들은 싸우는 시늉을 하고 돌고래들은 신이 나서 물 위로 뛰어오른다. 유희는 인간의 문화에 속하는 것이라기보다는 그에 선행하는 것이다. 모방, 공연, 재미는 이성의 영역에 속하지 않는다.[92]

그럼에도 유희를 단순히 본능이라 부를 수는 없다. 인간의 유희는 결코 본능이 아니다. 축구경기, 술래잡기, 연극 공연, 병원놀이를 하는 아이들을 떠올려보라. 우리는 문화적 체계 내에서 이 모든 놀이의 방법을 배운다. 하위징아는 말한다. "유희를 인정하는 것은 곧 정신을 인정하는 것이다. 유희가 무엇이든 간에 실질은 아니기 때문이다." 이것은 우리가 유희로써 자연세계 바깥에 또 하나의 현실 ― 우리가 공유하는 상징적 공간 ― 을 만들어낸다는 주장이다.

그렇다면 유희는 역설이다. 인간의 문화가 이성적이지 않음을 보여주는 동시에 우리가 정신으로써 의도적으로 세계를 빚을 줄 안다는 것을 보여주니까. 유희는 실없다. 유희는 체제 전복적이다. 표상과 현실 사이의 선을 흐려 놓음으로써 허구 속에 사실이, 사실 속에 허구가 있음을 보여준다.

그래서 나는 나를 미심쩍게 바라보는 사람들을 모른 척한다. 내가 공연에 관심을 쏟거나 인생의 장난스러운 것들을 진지하게 평가할 때, 젠더 중립적인 장난감을 찾아 사냥을 떠나거나 만화에서 드러나는 젠더 고정관념을 비판하거나 남장을 하거나 젠더를 비틀 때, 사람들은 눈살을 찌푸린다. 누드예술 프로젝트에 참여하거나 다리털을 기를 때, 내 친구가 여자인지 남자인지 알려주지 않을 때, 미디어에서 표현되는 섹스를 조롱할 때, 눈알을 곤두세운다. 내 이상한 성정체성에 대해 의심을 표한다(도무지 진지하게 받아들일 수 없다는 것이다).

유희는 우리의 불평등한 문화에 비합리적인 밑바탕이 있음을 폭로하는 동시에, 새로운 가능성을 상상할 수 있게 하는 도구다. 그리고 아주 재미있기도 하다. 사회적 기대를 가지고 장난치는 사람을 비웃는 이들은 자신들의 즐거움을 합리화하는 모든 것을 그가 조롱하고 있는 것임을 마음

깊이에서 알고 있다. 그러므로 유희는 단순히 유희가 아니라 그 이상이다.

결론

마지막
커튼콜

한마디로, 성품은 각기 거기 대응하는 활동들에서 기인한다. 따라서 우리가 전개하는 활동은 일정한 성격을 띤다. 성품이 활동들 사이의 차이에 대응하기 때문이다. 그렇다면, 우리가 아주 어렸을 때부터 가지는 습관은 사소한 차이가 아니라 아주 큰 차이를 불러온다. 아니, 모든 차이가 거기에서 비롯된다.

—아리스토텔레스[93]

대단원

기원전 327년, 나는 전만큼 앙상하지 않은 다리로 아테네에 돌아가서 아리스토텔레스와 몇마디 더 나눠보기로 결정한다. 아리스토텔레스는 아크로폴리스 발치에 앉아 위대한 철학자답게 사색에 잠겨 있다. 내가 다가오는 것을 보고 그는 공상에서 깨어나, 잠깐 멈칫하다가 나를 알아본다. "아, 에머로군." 그가 부드러운 수염을 쓰다듬으며 말한다. "용서해주게나. 점심 메뉴를 생각하고 있었다네. 오랜만에 다시 보니 반갑군그래. 마지막으로 만난 지 14년이나 지나지 않았나? 전에는 트림을 세게 하면 날아갈 것 같더니만 지금은 덜 그렇구먼. 아이를 낳느라 체력이 좋아진 모양이야."

"아직 아이를 낳은 건 아니고요." 내가 대답한다. "저희 시대에는 여자들이 가정을 전보다 늦게 꾸리거든요. 어쨌든, 저는 젠더에서 해방된 육아가 가능한 가족과 연애 구조를 찾아내려고 노력하는 중이에요." "아, 자네 내 책 『정치』*Politika*를 읽어봤는가? 남자와 여자의 역할과 가정을 꾸리는 최선의 방법을 상술해놓았다네." "그렇군요. 친애하는 아리스토텔레스 씨, 그거 아세요? 2천년이면 많은 게 변해요. 어떤 사람들은 노예로 타고난다는 당신의 생각요? 미래에는 아주 케케묵은 것이 되어 있지요. 낭만적 사랑과 성적 욕망에 대한 고대 그리스인들의 개념요? 완전히 격파되었어요. 그리고 미래에는 과학적 증거 — 남성의 편향된 인식이 아니라 —를 통해 남녀가 지적으로 동등하다는 사실이 밝혀져요. 여자들은 성별화된 신체에 따라 사회적 역할이 정해지지 않는 세상을 만들려고 분투하고 있죠."

아리스토텔레스는 웃음을 터뜨린다. "에머, 그거 참 재미있는 농담이로군. 하지만 우스갯소리는 그만 접어두게나. 미래에서 여기까지 와서 나와 얘기하려는 이유가 뭔가?" 나는 설명한다. "아리스토텔레스 씨, 저는 지난 몇년 동안 제 시대의 여성들이 성별화된 행동양식에 갇힌 이유를 되새겨보았어요. 직접 다르게 행동하려고 노력하면서 어떤 교훈을 얻을 수 있는지 확인해보았죠." "아하, 그거야 식은 죽 먹기지!" 귀여운 성차별주의자 현인이 말한다.

"그 문제는 내가 이미 해결했다네! 여자들은 사고력이 떨어져. 여자들은 감정에 지배되고 남자들은 이성에 지배되지." "집어치워요, 아리스토텔레스 씨. 한번만 이렇게 상상해보면 어때요? 어렵겠지만, 당신 말이 틀렸다고 가정해봐요. 그리고 여자랑 남자가 사실은 심리학상 아주 유사하다고 상상해보세요. 그런데도 남자들과의 신체적 차이를 강조하고, 둘 사이에 유의미한 심리적 차이가 있다는 착각을 만들어내고, 궁극적으로는 자신들을 불리하게 만드는 젠더 정체성을 여자들이 수행하는 이유가 뭘까요?" "흐으으음." 철학자는 아무리 경박한 것일지라도 사고실험에 기꺼이 참여하여 숙고한다. "아마 그들은 어떤 수준에서 그 행동이 자신들을 행복하게 만들리라 믿는 것일 테지."

이 말에는 확실히 진실이 담겨 있다. 3장에서 논했듯, 성별에 '적합한' 특징에 순응할수록 행복해지고 사회에 잘 적응할 수 있다는 생각은 1970년대에 쌘드라 뱀의 성역할 목록 연구에 의해 뒤집혔다. 그러나 여자다운 여자와 남자다운 남자가 가장 행복하다고 믿는 이 오래된 유산은 아직까지 살아 있다. 만약 젠더 규범에 순응하지 않으면 — 가령 여자가 콧수염을 면도하지 않거나 남자가 원피스를 입는다면 — 그들은 별나고 미숙하고 심지어는 불안정한 사람으로 여겨질 것이다. 따라서 젠더를 사회가 처방한 대로 수행하면 어느정도는 나쁜 평가와 위해로부터 보호된다.

이처럼 불행을 피하는 것이 행복으로 가는 가시밭길의 일부라고 주장할 수도 있을 것이다.

주디스 버틀러는 젠더 정체성이 수행적이라고 — 즉 오랜 시간에 걸친 양식화된 행동의 반복을 통해 구성된다고 — 말한 바 있다. 그러나 양식화된 행동이 무에서 만들어지는 것은 아니다. 우리는 역사와 우리를 둘러싼 문화에서 규범의 틀을, 각본을 물려받는다. 버틀러는 우리가 자신의 젠더 정체성을 '올바르게' 수행할 때 여러 면에서 보상을 받는다고 지적한다. 사회가 이상으로 삼는 여성성에 부합하는 의상과 행동을 선택하면 성적으로 더 매력적이거나, 믿음직스럽거나, 사랑스럽다는 평가를 받을 수도 있을 것이다.

마찬가지로 젠더를 틀리게 수행하는 데에는 안 좋은 반향이, 심지어는 폭력적인 반향이 뒤따른다. 버틀러는 계집애처럼 걷는다는 이유로 동급생들에게 다리 아래로 떠밀려 죽은 찰리 하워드Charlie Howard의 예를 들며 걸음걸이가 여성스러운 소년의 존재가 살인으로 이어지는 불안감을 만들어내는 이유가 무엇인지 묻고, 다른 많은 사례처럼 이 사건도 우리가 젠더 규범에 순응하는 이유의 큰 부분이 강요에 의한 것임을 인정하게 만든다고 말한다.

누군가는 이러한 상벌 체계를 염두에 두고, 젠더 규범에 순응하는 것이 더 큰 행복을 보장하는 길이라고 말할지도 모른다. 그러나 이득을 얻거나 고통을 면하기 위해 여성을 무력화하는 체제에 순응하는 것은 체제 자체의 변화에는 아무런 기여를 하지 못한다. 물론 가정적이고 상냥하고 고분고분한 여성을 연기하고 관습에 따른 의상과 신체 조건이라는 이상에 따르면서 개인적으로 얼마간의 자신감을 얻을 수는 있다. 그러나 여기서 비롯되는 행복은 남녀의 몸에 동등한 가치를 두는 세상에서 얻을 수 있는 행복과는 다르다. 당신의 성격, 재능, 당신에 고유한 아름다움, 선함, 당신 자신에 가치를 두는 세상에서 얻을 수 있는 행복과는 다르다는 말이다.

"아리스토텔레스 씨," 나는 다시 말을 건다. "여자들이 행복하기 위해 이런 행동을 한다는 건 충분한 근거가 되지 못해요. 사실 행복이 궁극적 목적이라면, 여성성의 공연은 우리가 결코 행복할 수 없도록 막고 있어요. 체제에 순응하면서 얻는 작은 충족감이 순응하지 않음으로써 얻을 수 있는 큰 충족감을 영영 막고 있단 말이에요. 훌륭한 만찬에 참석하러 가는 길에 배가 고프다고 자동차 뒷좌석에 굴러다니던 눅눅해진 또띠야 칩으로 배를 채우는 거나 마찬가지예요." 아리스토텔레스는 또띠야 칩이 뭔지 모르지만, 상당히 출출하던 터라 만찬 얘기에 이때다 싶어 점심을 먹으러 가버린다.

우리가 무력한 행동체계에 갇혀 있는 이유는 우리의 생

각, 느낌, 행동이 미묘하게 강압적인 체제(구조)의 산물임에도 우리가 그것들을 선택(행위주체)으로 경험하기 때문이다. 구조와 행위주체 사이의 긴장에 대해서는 이 책 전반에 걸쳐 다루었다. 그러나 우리가 성역할을 그대로 지키는 또다른 이유는 대안을 상상하기 어렵기 때문이다. 우리 주변에서 보이는 행동, 우리가 물려받은 각본에 적힌 행동을 반복하는 건 쉽다. 직접 각본을 쓰는 것은 어렵다. 그러나 이는 (아리스토텔레스식으로 말하자면) 더 큰 성취를 안겨주고, (씬디 로퍼Cyndi Lauper식으로 말하자면) 더 재미있기도 하다.

이 책이 여러분에게 알맞은 방식의 유희를 시작할 수 있는 대안들을 제시했기를 바란다. 차세대 신진 여배우들에게 좋은 각본과 좋은 소품, 그리고 무엇보다도 본받을 만한 여자 주인공 역을 제공해 그들을 대스타로 길러내자. 당신이 소비하는 예술을 분석해 문학, 영화, 텔레비전, 공연이 어느 정도나 여성에 대한 것 혹은 여성에 의한 것인지 알아보고 보다 평등한 텍스트로 당신의 주위를 둘러쌀 수 있도록 노력하자. 우리가 행위주체를 경험하는 방식을 빚어낸 구조를 꿰뚫어보고, 우리 모두의 심리에 박혀 있는 성차별적이고 인종주의적이고 계급주의적이고 장애인차별주의적인 전제들을 깨기 위해 분투하자. 핼러윈 파티에서 교묘한 위장을 하거나 '실제' 생활에서 젠더를 비틂으로써 젠더 이분법을 기반으로 세워진 상징체계를 뒤흔들어보자. 수행적 젠더 정체성을, 그리고 젠더와 생물학적 성의 관계를 검토해보자. 여성의 신체에 씌워진 금기에 도전장을 던지고 아름다움을 향한 혁명적인 방법들을 찾아보자. 겨드랑이털을 기르고 젠더 중립적인 언어를 사용하자. 이분법에서 벗어난 섹스를 뜨겁게 나누거나 이분법적이지 않은 성정체성을 자랑스러워하자. 소꿉놀이를 거부하고, 관습적인 사회적 역할에 반기를 들자. 이 가운데 아무것도 하지 않더라도 괜찮다. 다만 여러분이 원하는 변화를 만들어내기 위해 세상에 들고 나갈 수 있는 무언가를 이 책에서 찾았기를 바란다.

우리의 공연은 해피엔딩으로 끝날 거라고 믿는다. 우리 사회 내 젠더 불평등의 밑바탕에는 능력, 심리적 특성, 감정 면에서 남녀의 차이가 같은 성 구성원끼리의 차이보다 더 크다는 잘못된 믿음이 널리 퍼져 있다. 이 믿음은 우리가 젠더를 수행하는 방식에 의해 유지되며, 수많은 이들이 불가피하다고 결론지은 바 있다. 그러나 남성성과 여성성의 사회적 구조는 우리의 신체와 행동으로써 뒤흔들 수 있다. 이는 정치적, 윤리적으로 매우 중요한 의사표시다.

자신이 마음속 깊이 믿지 않는 방식으로 행동한다면 ― 단지 그렇게 길들여졌다는 이유만으로 ― 우리는 결코 진정한 의미에서 만족하지 못할 것이다. 우리가 느낄 유일한 행복은 우리가 존중하지 않는 체제 내에서 보상을 받거나 징벌을 피하는 것뿐이다. 이건 마치 당신이 좋아하지 않는 사람을 그가 당신을 좋아한다는 이유만으로 사귀는 것과 비슷하다. 우리의 목표는 모든 사람을 동등하게 존중하고, 똑같이 가치있게 평가하는 사회를 만드는 것이다. 이는 곧 우리 사회 내에서 남녀 간의 문화적 구분이 임의적이라는 것을 강조해야 한다는 뜻이다. 모두에게 자신의 생물학적 성에 적합한 것으로 여겨지는 성역할 바깥에서 행동할 진짜 자유를 주어야 한다는 뜻이다. 그리고, 이는 여자들이 여자가 되는 방식을 선택함으로써 세상을 바꿀 수 있다는 것을 의미한다.

옮긴이의 말

　모든 것의 발단은 겨드랑이털이었다. 겨드랑이털 '따위'
라고 생각한다면 재고해볼 때다. 서구의 변방이라 할 수
있는 아일랜드 골웨이 출신의 20대 여성 에머 오툴이 유명
세를 얻은 것은 영국 지상파 채널인 ITV의 「디스 모닝」에
출연하여 18개월 동안 제모하지 않은 겨드랑이를 당당히
뽐냈기 때문이다. 미디어에서 제멋대로 붙인 '겨털녀'라는
딱지에 그 퍼포먼스의 본질이 담겨 있지 않듯, 겨드랑이털
을 깎지 않는다는 선택에는 표면상으로 드러나는 것보다
깊은 의미가 있다. 털 없는 여성이라는 환상은 적법한 이
유 없이 여성에게만 강요되는 족쇄이자, 기업들이 이윤을
목적으로 여성들에게 팔아넘긴 미용상품의 근거이다. 이
환상에 반발하여 제모를 거부하는 것은 우리 여성들이 간

단히 시도해볼 수 있는 실험이기도 하다. 겨드랑이털을 깎지 않는 것으로 대체 무엇을 바꿀 수 있겠냐는 의문이 든다고? 이 책은 그에 대한 대답이다.

오툴은 한국에서 열시간 넘게 비행기를 타야 다다를 수 있는 먼 나라 아일랜드 출신이며, 런던에서 공부했고 현재는 캐나다에서 일하고 있다. 그러나 여성의 삶이란 어디서나 크게 다르지 않은 모양이다. 어느날 우리는 길을 걷다가 오지랖 넓은 낯선 사람에게서 옷차림에 대한 지적을 받는다. 우리는 낙태가 여자의 잘못이라고 배우고, '걸레'라는 멸칭은 여자에게만 붙여진다는 사실을 깨닫는다. 단지 여자라서 할 수 없는 일들의 기나긴 목록을 학습한다. 여자의 나이는 크리스마스 케이크와 같으며 몇살이 넘으면 '상장 폐지'를 당한다는 말을 농담으로 받아넘기는 법을 익힌다. 여자의 권리와 성평등을 주장하기 시작하면 '너 남자친구 없지?'라는 소리를 듣는다. 익숙하게 들리는가? 그렇다면 오툴이 들려주는 이야기들에 공감할 수 있을 것이다.

이 책에서 오툴은 연극학 전공자답게 여성들이 세상이라는 무대에 올라 본의 아니게 선보여야 하는 여성성의 연기를 의상, 대사, 베드신, 관객 등 연극의 요소를 빌려 꼼꼼히 뜯어본다. 여성들이 사회적 강요와 학습에 따라 수행하는 일상적 연기들의 면면에는 우리가 이미 너무나 익숙해져서 그냥 지나치기 쉬운 젠더 문제들이 숨겨져 있다. 어린 시절 어른들이 안겨주는 선물의 종류부터 시작해서 학예회에서 부르는 노래, 핼러윈 분장, 숨 쉬듯 소비하는 문화상품에 이르기까지 모든 것이 우리에게 여성성의 연기를 학습시킨다. 남녀가 불평등한 사회구조 속에서 우리가 개인의 선택이라고 믿는 많은 것들은 진정한 의미에서 선택이 아니게 된다.

오툴은 그 모든 것이 어째서 문제인지를 규명하기 위해 시간 여행을 떠나 아리스토텔레스와 가상 대화를 나누기도 하고, 저승에 거주하는 부르디외에게 고민을 상담하는 편지를 쓰기도 한다. 주디스 버틀러와 나오미 울프 같은 페미니즘 거장들의 이론들은 오툴이, 그리고 다수의 여성들이 현실에서 빈번히 겪는 사건들의 예시를 통해 피부로 느껴진다. 실로 오툴은 서두부터 이 책이 많은 면에서 몸에 대한 책이라고 못 박고 있다. 그러니까 그가 들려주는 이야기는 몸으로 겪은 젠더 문제의 체험담인 동시에, 사회구조를 바꾸기 위해 직접 몸을 던져본 모험담이라 요약할 만하다.

바꿀 수 없는 것처럼 공고해 보이는 현실에 딴죽을 걸고 "꼭 그래야만 해? 이렇게 해보면 어떨까?" 제안하는 오툴의 목소리는 발랄하고 가볍지만, 정곡을 찌른다. 그는 핼러윈에 남장을 해보고, 겨드랑이를 비롯해 온몸의 털을 길러보고, 삭발을 해보고, 일상 언어에서 '그'와 '그녀'를 없애본다. 화장하지 않은 민낯으로 도시를 거닐어보는 일도 우리 여성들에게는 충분히 모험이며, 우리를 둘러싼 견고한 세계에 조금이나마 균열을 일으킬 수 있는 도전이다.

물론 이 도전이 쉽지만은 않다. 가령 겨드랑이와 다리에 수북하게 털을 기른 채로도 아름다운 민소매 드레스를 입을 수 있을까? 오툴은 누군가에게는 지나치게 사소해 보일 수 있으나 당사자는 눈물이 찔끔 날 만큼 괴롭게 만드는 번민을 털어놓는다. 여성의 권리를 주장하는 목소리를 내다가 가족이나 연인 등 가까운 이들에게 배척당할지도 모른다는 두려움과 으스대면서 페미니즘을 무시했던 과거마저도 고백한다. 세상의 누구도 완벽하지 못하고 우리는 현재진행형으로 성장하고 있지 않은가. 그렇기에 오툴의 때론 지나치게 솔직하고 누군가는 신변잡기라 치부할 고백들이 자신을 둘러싼 세계를 바꾸려 작은 도전을 시작하는 여성들에게 힘이 되리라 믿는다.

오툴은 『가디언』 『아이리시 타임스』 등에 낙태, 데이트 강간, 쏘셜네트워크에서 불거지는 여성혐오, 다자간연애 등 페미니즘 및 성과 관련하여 다양한 주제의 글을 기고하고 있다. 그리고 여전히 자신의 방식대로 실험들을 계속하고 있다. 또래 친구처럼 친근한 동시에 본받고 싶은 언니처럼 멋진 오툴의 재치있고 청량하고 무엇보다도 즐거운 실험들이 한국의 독자들에게도 용기를 불어넣어주었으면 한다. 고리타분한 극본을 버리고, 우리를 조금 더 행복하게 하는 극본을 직접 집필할 수 있도록.

2016년 여름
박다솜

주

1 Judith Butler, "Performative Aacts and Gender Constitution: An Essay in Phenomenology and Feminist Theory," *Theatre Journal* 40:4 (1988) 519~31면 중 526면.

2 Lisa Duggan and Kathleen McHugh, "A Fem(me)inist Manifesto," *Women & Performance: A Journal of Feminist Theory* 8:2 (1996) 153~59면 중 154면.

3 Kathleen Hanna, "Riot Grrrl Manifesto," *Bikini Kill Zine* 2 (1991) 2면.

4 Aristotle, *Nicomachean Ethics*, trans. W. D. Ross, Kitchener: Batoche 1999, Book 2, Ch 1.

5 "노예에게는 기획능력이 없다. 여자에게는 기획능력이 없이 권한만이 있고, 어린이에게는 미성숙한 능력만이 있다. 도덕적 탁월함(moral virtue) 역시 마찬가지리라 생각하는 것이 타당하다. 즉 모두가 도덕적 탁월함을 지니되, 그 방법과 정도는 각자 맡은 기능을 수행하는 데 요구되는 만큼일 것이다. 따라서 통치자는 완전한 도덕성(moral virtue)을 지녀야 한다. 그의 기능은 진정한 의미에서 우두머리 장인의 기능

이고, 이성이 곧 우두머리 장인이기 때문이다. 반면에 피통치자들은 각자에게 필요한 도덕적 탁월함(moral virtue)을 갖추어야 한다. 그리하여 모든 사람들이 도덕적 탁월함(moral virtue)을 지니는 것은 명백하지만, 남자와 여자의 절제와 용기와 정의는 소크라테스가 주장했듯 같지 않다. 남자의 용기는 명령하는 것에서, 여자의 용기는 복종하는 것에서 드러난다." Aristotle, *Politics* Book 1, Ch 8.

6 "공주님입니다!"와 관련된 용법은 주디스 버틀러의 책에서 빌려온 것이다. Judith Butler, *Bodies that Matter: On the Discursive Limits of Sex*, 1993, New York: Routledge 2011, 177면 〔주디스 버틀러 『의미를 체현하는 육체』, 김윤상 옮김, 인간사랑 2003〕.

7 Cordelia Fine, *Delusions of Gender: The Real Science Behind Sex Difference*, London: Icon Books, New York: W. W. Norton 2010, 특히 189~213면을 보라.

8 Nicky Hutchinson and Chris Calland, *Body Image in the Primary School*, New York: Routledge 2011, 8~9면을 보라.

9 T. L. Thompson and E. Zerbinos, "Gender Roles in Animated Cartoons: Has the Picture Changed in 20 Years?," *Sex Roles* 32 (1995) 651~74면.

10 T. L. Thompson and E. Zerbinos, "Television Cartoons: Do Children Notice It's a Boy's World?," *Sex Roles* 37 (1997) 415~32면.

11 Campbell Leaper, Lisa Breed, Laurie Hoffman and Carly Ann Pearlman, "Variations in the Gender Stereotyped Content of Children's Television Cartoons Across Genres," *Journal of Applied Social Psychology* 32:8 (2002) 1653~62면.

12 Kristen Harrison and Nicole Martins, "Racial and Gender Differences in the Relationship Between Children's TV Use and Self-Esteem: A Longitudinal Panel Study," *Communications Research* 39:3 (2012) 338~57면.

13 Ngũgĩ wa Thiong'o, *Decolonizing the Mind: The Politics of Language in African Literature*, 1986, Nairobi: East African Educational Pub 2004 〔응구기 와 시옹오『마음의 탈식민지화: 내 마음을 담는 그릇』, 박혜경 옮김, 수밀원 2007〕.

14 Jonathan Dollimore, *Radical Tragedy*, Brighton: Harvester, Chicago: University of Chicago Press 1984, 25면.

15 구조와 행위주체, 그리고 관련된 사회학적 개념들에 대해 더 알고 싶다면 앤서니 기든스의 저서가 정확하며 읽기도 쉽다. 입문자에게 추천하는 책은 다음과 같다. Anthony Giddens, *Sociology* (7th Edition) Cambridge: Polity 2013.

16 Sir Leslie George Scarman, *The Scarman Report: the Brixton Disorders, 10-12 April 1981*, London: Her Majesty's Stationary Office 1981.

17 James Browne, "The Impact of Tax and Benefit Reforms by Sex: Some Simple Analysis," IFS Briefing Note 118, 23 June 2011.

18 James Randerson, "World's Richest 1% Own 40% of All Wealth, UN Report Discovers," *Guardian*, 6 Dec 2006.

19 Heather Stewart, "Shocking Figs Reveal Growth in UK's Wealth Gap," *Guardian*, 10 Feb 2013; Moussa Hadda, "The Perfect Storm: Economic Stagnation, the Rising Cost of Living, Public Spending Cuts, and the Impact on UK Poverty," Oxfam Briefing Paper, 14 June 2012.

20 Linda Levine, "An Analysis of Distribution of Wealth Across Households, 1989~2010," Congressional Research Service, 17 Jul 2012.

21 Institute for Public Policy Research 2013, "Great Expectations: Exploring the Promises of Gender Equality".

22 Melissa Milkie, Sara B. Raley and Suzanne M. Bianchi, "Taking on the Second Shift: Time Allocations and Time Pressures of US Parents and Preschoolers," *Social Forces* 88:2 (2009) 487~517면.

23 Mikhail Bakhtin, *Rabelais and His World* (1965), trans. Helene Iswolsky, Bloomington: Indiana UP 2009.

24 헤겔의 『정신현상학』(*Phaenomenologie des Geistes*, 1807)에 나오는 유명한 구절 '주인-노예의 변증법'의 내용은 인터넷에서 쉽게 찾아볼 수 있다.

25 헤겔, 『법철학』(*Grundlinien der Philosophiie des Rechts*, 1820). 인터넷에서 쉽게 찾아볼 수 있다.

26 Bell Hooks, *Feminism is for Everybody: Passionate Politics*, Cambridge: South End Press 2000, 3면 〔벨 훅스 『행복한 페미니즘』, 박정애 옮김, 큰나 2002〕.

27 무의식적 편견에 대해 더 알고 싶다면 다른 사회과학 서적보다 이 글이 읽기 훨씬 쉽고 설명도 훌륭하여 추천한다. Jerry Kane and Kristin Lane, "Seeing Through Colourblindness: Implicit Bias and the Law," *UCLA Law Review* 59 (2010), 465~520면.

28 Rich Barlow, "BU Research: A Riddle Reveals Depth of Gender Bias," *BU Today*, 16 Jan 2014.

29 이 문제를 해결하기 위해 우리가 무엇을 할 수 있는지를 다룬 재미있는 연구가 있다. Jerry Kane, et al., "Implicit Bias in the Courtroom," *UCLA Law Review* 58 (2012), 1124~84면.

30 Sandra L. Bem, *The Lenses of Gender: Transforming the Debate on Sexual Inequality*, New Haven: Yale UP 1993.

31 Sandra L. Bem, "The Measurement of Psychological Androgyny," *Journal of Consulting and Clinical Psychology* 42:2 (1974) 155~62면.

32 Sandra L. Bem, *The Lenses of Gender: Transforming the Debate on Sexual Inequality*, New Haven: Yale UP 1993, p. viii.

33 Sandra L. Bem, *An Unconventional Family*, New Haven: Yale UP 1998.

34 Naomi Wolf, *The Beauty Myth: How Images of Beauty Are Used Against Women*, London: Vintage 1991, 19면.

35 Bell Hooks, *Feminist Theory: From Margin to Centre*, Cambridge: South End Press 1984 〔벨 혹스 『페미니즘: 주변에서 중심으로』, 윤은진 옮김, 모티브북 2010〕; *Feminism is for Everybody: Passionate Politics*, Cambridge: South End Press 2000.

36 Margrit Shildrick and Janet Price, "Breaking the Boundaries of the Broken Body," *Body & Society* 2:4 (1996) 93~113면 중 111면.

37 Neal Gabler, "Life the Movie," *The Performance Studies Reader* (2004), ed., Henry Bial, London and New York: Routledge 2007, 76~77면.

38 포스트모더니즘에 대해 더 알고 싶다면 짐 파월(Jim Powell)의 『입문자를 위한 포스트모더니즘』(*Postmodernism for Beginners*, Danbury, CT: For Beginners Books 1998)의 삽화 버전을 추천한다. 재미있고 세련된 책으로, 내가 많은 분량을 할애하지 못한 포스트모더니즘의 탄생과 이론가들, 예술가들을 자세히 설명하고 있다.

39 Cordelia Fine, *Delusions of Gender: The Real Science Behind Sex Difference*, London: Icon Books, New York: W. W. Norton 2010, 207~08면.

40 Lynda Birke, "Bodies and biology," *Feminist Theory and the Body: A Reader*, eds., Janet Price and Margrit Shildrick, Edinburgh: Edinburgh UP 1999, 42~49면 중 42면.

41 Moira Gatens, "Power, Bodies and Difference," *Destabilising Theory*, eds., M. Barrett and A. Phillips, Cambridge: Polity Press 1992, 228면.

42 Intersex Society of North America, "How Common is Intersex," ISNA.org.

43 Charlotte Gleghorn, "Myth and the Monster of Intersex: Narrative Strategies of Otherness in Lucia Puenzo's XXY," *Latin American Cinemas: Local Views and Transnational Connections*, ed., N Bermúdez Barrios, Calgary, AL: University of Calgary Press, 149~74면.

44 Erving Goffman, *The Presentation of the Self in Everyday Life*,

Edinburgh: Anchor University of Edinburgh Social Sciences Research Centre 1959 〔어빙 고프먼『자아 연출의 사회학: 일상이라는 무대에서 우리는 어떻게 연기하는가』, 진수미 옮김, 현암사 2016〕.

45 Simone De Beauvoir, *The Second Sex*, 1949, trans. Constance Borde and Sheila Malovany-Chevallier, London: Vintage 2011.

46 Judith Butler, "Performative Acts and Gender Constitution: An Essay in Phenomenology and Feminist Theory," *Theatre Journal* 40:4 (1988) 519~31면.

47 Judith Butler, *Bodies that Matter: On the Discursive Limits of Sex*, 1993, London and New York: Routledge 2011, 177면.

48 '원치 않는' 얼굴털이 나는 여성의 비율은 2010년 6월 12일자 BBC 뉴스 건강란에서 제인 엘리엇(Jane Elliott)이 보도한 자료에 따른 것이다. 같은 수치가 2010년 8월 줄리 바인델(Julie Bindell)의 『가디언』 기사에 인용되었다. 채널4의 프로그램 「부끄러운 몸매들」 (Embarrassing Bodies)에 출연하는 돈 하퍼(Dawn Harper) 박사는 얼굴털이 나는 여성들을 위한 의식 제고 캠페인 '맞설 수 있다'(We Can Face It)를 지지하면서 이 문제가 약 40퍼센트의 여성들에게 영향을 미치고 있다고 말했다. 그러나 나는 이 수치의 근거가 되는 연구는 발견할 수 없었다. 어쩌면 '얼굴에 털이 나는 여성'이라는 것이 과학적으로 아주 엄밀한 범주라고는 할 수 없기 때문일지 모른다. 가령 눈썹 숱이 많은 사람, 볼에 솜털이 보송보송한 사람, 턱에 억센 털이 몇오라기 나는 사람도 해당이 되는가? 어쨌든 「부끄러운 몸매들」 연구팀이 자금이나 의학지식 면에서 나보다는 나을 거라고 믿고 이 수치를 인용했다.

다모증이라고도 하는 '과다한 얼굴털'에 대한 연구는 훨씬 쉽게 찾을 수 있었다. 「부끄러운 몸매들」 제작진은 영국 여성 가운데 많게는 15퍼센트 가량이 다모증에 시달린다고 말한다. 실로 이와 같은 수치를 발표한 연구가 여럿 있다. 그러나 '과다한' 털의 기준은 주관적이기에, 어떤 연구에서는 여성의 22.1퍼센트가 과다한 얼굴털을 지니고 있다고 주장하기도 했다(Catherine Marin DeUgarte, K. S. Woods, Alfred A. Bartolucci and Ricardo Azziz, "Degree of Facial and Body Terminal Hair Growth in Unselected Black and White Women: Toward a Populational Definition of Hirsutism," *The Journal of Clinical Endocrinology & Metabolism* 91:4 (2006), 1345~50면). 여러 연구를 종합해볼 때 여성의 2/5가 원치 않은 얼굴털에 괴로워하고 여성의 1/5이 '과다한' 털에 시달린다면, 여성의 얼굴털을 병으로 규정할 수 있을까? 여성의 얼굴털은 지극히 정상이며 아무런 문제가 없다. 우리가 얼굴털에 대해 느끼는 감정에 문제가 있다면 모를까.

49 Rod J. Rohrich, M.D., Richard Y. Ha, M.D., Jeffrey M. Kenkel, M.D., and William P. Adams, Jr, M.D., "Classification and Management of Gynecomastia: Defining the Role of Ultrasound-Assisted Liposuction," *Plastic and Reconstructive Surgery* 111:2 (2003) 909~32면. 보다시피 유방이 발달하는 남성도 지극히 정상이다.

50 Ami Sedghi, "UK Plastic Surgery Statistics 2012," *Guardian Datablog*, 28 Jan 2013.

51 Sandra L. Bem, *The Lenses of Gender: Transforming the Debate on Sexual Inequality*, New Haven: Yale UP 1993, 30~37면.

52 같은 책 5면.

53 Wendy Clupper, "The Erotic Politics of Critical Tits: Exhibitionism or Feminist Statement?," *Political Performances: Theory and Practice*, Susan C. Haedicke, et al., Amsterdam and New York: Rodopi 2009, 251~67면.

54 남성의 대상화와 다이어트콜라 광고에 대한 훌륭한 논평을 들어보고 싶다면 이 책을 추천한다. Laura Bates, *Everyday Sexism*, New York and London: Simon & Schuster 2014, 309~19면.

55 Naomi Wolf, *The Beauty Myth: How Images of Beauty Are Used Against Women*, London: Vintage 1991.

56 Ami Sedghi, "UK Cosmetic Surgery Stats, 2013," *Guardian*, 3 Feb 2014.

57 Kathy Davis, *Reshaping the Female Body: The Dilemma of Cosmetic Surgery*, New York and Abingdon: Routledge 1995.

58 Kathy Davis, *Dubious Equalities and Embodied Differences: Cultural Studies on Cosmetic Surgeries*, London and Lanham: Rowman & Littlefield 2003, 114면.

59 그 이유를 알고 싶다면 이 책을 읽어보자. Holly Baxter and Rhiannon Lucy Cosslet, *The Vagenda: A Zero Tolerance Guide to the Media*, London: Square Peg 2014.

60 Bell Hooks, *Feminism is for Everybody: Passionate Politics*, Cambridge: South End Press 2000, 36면.

61 Karín Lesnik-Oberstein, "The Last Taboo: Women, Body Hair and Feminism," *The Last Taboo: Women and Body Hair*, ed. Karín Lesnik-Oberstein, Manchester and New York: Manchester UP 2006, 1~17면 중 1면.

62 Teres Riordan, *Inventing Beauty: A History of the Innovations That Have Made us Beautiful*, Random House New York: Broadway Books 2004.

63 Kristen Hansen, *Hair or Bare? The History of American Women and Hair Removal, 1914-34*, Barnard.edu 2007. Senior Thesis in American Studies Barnard College, Columbia University, 18 April 2007.

64 부르디외는 아비튀스가 무엇인지 명확히 규정한 적이 없지만, 그의 저서 『실천이성』 53~67면을 읽어보면 아비튀스를 이해하는 데 도움이 될 것이다. 다만 상당히 읽기 어렵게 쓰인 책이므로 부르디외의 사회학에 관심이 있다면 그보다는 읽기 쉬운 『구별짓기』로 시작하기를 권한다. 나는 그렇게 했다. Pierre Bourdieu, *Distinction: A Social Critique of the Judgement of Taste*, trans. Richard Nice, Harvard:

Routledge 1986〔피에르 부르디외『구별짓기』, 최종철 옮김, 새물결 2005〕; *The Logic of Practice*, trans. Richard Nice, California: Stanford UP 1980〔피에르 부르디외『실천이성』, 김웅권 옮김, 동문선 2005〕.

65 부르디외는 버틀러의 초기 젠더수행성 이론에 가혹한 태도를 보이며, 버틀러가 제안하는 풍자적 공연이 '기대와 달리 불확실하고 변변찮은 결과를 낼 것'이라고 평했다. Pierre Bourdieu, *Masculine Domination*, California: Stanford UP 1998.

66 부르디외의 말이 맞다. 버틀러는 1990년 저서『젠더 트러블』에서 다르게 행동하는 것이 체화된 기준을 바꾸고, 나아가 사회구조를 바꿔놓을 힘이 있다고 주장했지만, 1993년작『의미를 체현하는 육체』에서는 우리의 선택과 행위주체가 구조에 의해 크게 영향을 받는다고 강조한다. 그러나 버틀러는 끝까지 부르디외만큼 결정주의를 주장하지는 않았다. Judith Butler, *Gender Trouble*, New York: Routledge 1990〔주디스 버틀러『젠더 트러블』, 조현준 옮김, 커뮤니케이션북스 2016〕; *Bodies that Matter: On the Discursive Limits of Sex*, New York: Routledge 1993.

67 Audrey Lorde, "The Transformation of Silence into Language and Action," *Sister Outsider: Essays and Speeches*, 1984, Berkeley: Ten Speed Press 2007, 40~44면 중 43면.

68 Corinne A. Moss-Racusin, et al., "Science Faculty's Subtle Gender Biases Favor Male Students," *Proceedings of the National Academy of Sciences* 109:41 (2012) 16474~79면.

69 Marianne Bertrand and Sendhil Mullainathan, "Are Emily and Greg More Employable than Lakisha and Jamal? A Field Experiment on Labor Market Discrimination," National Bureau of Economic Research, NBER Working Paper No. 9873 (July 2003).

70 J. L. Austin, *How To Do Things With Words*, 1955, Oxford UP 1971〔J. L. 오스틴『말과 행위: 오스틴의 언어철학, 의미론, 화용론』, 김영진 옮

김, 서광사 2005).

71 문법의 성차별 문제에 대해 페미니스트의 관점으로 평한 훌륭한 글이 있다. 앤 패디먼(Anne Fadiman)의 비범한 수필집 『서재 결혼시키기』의 「그/그녀의 문제」라는 글을 읽어보라. Anne Fadiman, "The His'er Problem," *Ex Libris*, New York: FSG 1998 (앤 패디먼 『서재 결혼시키기』, 정영목 옮김, 지호 2002).

72 Ludwig Wittgenstein, *Philosophical Investigations*, 1953, Chichester: Wiley-Blackwell 2010 (루트비히 비트겐슈타인 『철학적 탐구』, 이승종 옮김, 아카넷 2016).

73 Angela Carter, *The Sadean Woman and the Ideology of Pornography*, New York: Pantheon 1978, 17면.

74 Norman Doidge, "Brain Scans of Porn Addicts: What's Wrong With This Picture," *Guardian*, 26 Sept 2013.

75 Shere Hite, *The Hite Report: A Nationwide Study of Female Sexuality*, 1976, New York: Dell 1981.

76 Helen E. O'Connell, "Anatomy of the Clitoris," *The Journal of Urology* 174 (2005), 1189~95면.

77 "The Internal Clitoris," *Museum of Sex*, 30 Nov 2011에서 인용. 이 훌륭한 블로그는 멋진 이미지도 갖추고 있다.

78 T. D. Fisher, Z. T. Moore and M. J. Pittenger, "Sex on the Brain? An Examination of Frequency of Sexual Cognitions as a Function of Gender, Erotophilia, and Social Desirability," *Journal of Sex Research* 49:1 (2012).

79 Deborah Cameron, *The Myth of Mars and Venus: Do Men and Women Really Speak Different Languages?* Oxford and New York: Oxford UP 2007, 특히 8장을 보라.

80 Ariel Levy, *Female Chauvinist Pigs: Women and the Rise of Raunch Culture*, New York: Free Press 2005, 46~74면.

81 bell hooks, *Feminism is for Everybody: Passionate Politics*, Cambridge: South End Press 2000, 87~92면.

82 Michel Foucault, *The History of Sexuality*, 1976, Volume 1, New York: Vintage 1978, 20면 〔미셸 푸코 『성의 역사』, 이규현 옮김, 나남출판 2010(1980)〕.

83 Julia Serrano, *Excluded: Making Feminist and Queer Movement More Inclusive*, Berkeley: Seal Press 2013, 81~99면.

84 Jenny Graves, "An Evolutionary View of "Gay Genes"," Latrobe.edu. au, 6 June 2014.

85 Michel Foucault, *The History of Sexuality*, 1976, Volume 1, New York: Vintage 1978.

86 Jonathan Katz, *The Invention of Heterosexuality*, Chicago and London: Chicago UP 1995.

87 같은 책 14면.

88 Joan W. Scott, "Fantasy Echo: History and the Construction of Identity," *Critical Inquiry* 27:2 (2001), 284~304면.

89 Judith/Jack Halberstam, "F2M: The Making of Female Masculinity" (1994), *Feminist Theory and the Body: A Reader*, eds., Janet Price and Margrit Shildrick, Edinburgh: Edinburgh UP 1999, 125~33면.

90 Judith Butler, *Gender Trouble*, New York: Routledge 1990, 139면.

91 Henry Bial, "Play," *The Performance Studies Reader*, 2004, ed., Henry Bial, London and New York: Routledge 2007, 135~36면 중 135면.

92 Johan Huzinga, *Homo Ludens: A Study of the Play Element in Culture*, Abingdon: Routledge 1949 〔요한 하위징아 『호모 루덴스』, 이종인 옮김, 연암서가 2010〕.

93 Aristotle, *Nicomachean Ethics*, trans. W. D. Ross, Kitchener: Batoche 1999, Book 2, Ch 1.

지은이 에머 오툴(Emer O'Toole)은 아일랜드 골웨이에서 태어나 런던 로열홀러웨이 대학교에서 박사학위를 취득했으며 현재 캐나다 몬트리올 소재 콩코디어대학교에서 연극학을 가르치고 있다. 영국 지상파 채널인 ITV의 「디스 모닝」(This Morning)에 출연하여 제모하지 않은 겨드랑이를 번쩍 들어올리는 퍼포먼스로 유명세를 얻었다. 『가디언』을 비롯한 여러 매체에 여성문제에 대한 칼럼을 기고하고 있다.

옮긴이 박다솜은 서울대학교 언어학과를 졸업했다. 옮긴 책으로는 『관찰의 인문학』 『이슬람 예술과 건축』 『왜 그때 그렇게 말했을까?』 『거꾸로 생각하기』 『놀란 라이언의 피처스 바이블』 『암호 클럽』 등이 있다.

여자다운 게 어딨어
어느 페미니스트의 12가지 실험

초판 1쇄 발행 / 2016년 8월 30일
초판 3쇄 발행 / 2017년 6월 16일

지은이 / 에머 오툴
옮긴이 / 박다솜
펴낸이 / 강일우
책임편집 / 최지수·정편집실
조판 / 신혜원
펴낸곳 / (주)창비
등록 / 1986년 8월 5일 제85호
주소 / 10881 경기도 파주시 회동길 184
전화 / 031-955-3333
팩시밀리 / 영업 031-955-3399 편집 031-955-3400
홈페이지 / www.changbi.com
전자우편 / nonfic@changbi.com

한국어판 ⓒ (주)창비 2016
ISBN 978-89-364-7300-6 03300